管理重塑

数字化转型与AI的融合

周丽　范春风　张怡瑾　曾炳◎著

MANAGING REINVENTION:
THE CONVERGENCE OF DIGITAL
TRANSFORMATION AND AI

经济管理出版社
ECONOMY & MANAGEMENT PUBLISHING HOUSE

图书在版编目（CIP）数据

管理重塑：数字化转型与 AI 的融合 ／ 周丽等著.
北京 ：经济管理出版社，2024． -- ISBN 978-7-5243
-0079-3

Ⅰ．F272.7

中国国家版本馆 CIP 数据核字第 2024PQ4309 号

组稿编辑：魏晨红
责任编辑：魏晨红
责任印制：张莉琼

出版发行：经济管理出版社
　　　　　（北京市海淀区北蜂窝 8 号中雅大厦 A 座 11 层　100038）
网　　址：www. E-mp. com. cn
电　　话：（010）51915602
印　　刷：北京市海淀区唐家岭福利印刷厂
经　　销：新华书店
开　　本：720mm×1000mm/16
印　　张：20.25
字　　数：303 千字
版　　次：2025 年 1 月第 1 版　　2025 年 1 月第 1 次印刷
书　　号：ISBN 978-7-5243-0079-3
定　　价：68.00 元

前　言

习近平总书记在 2023 年中央经济工作会议上强调，要以科技创新推动产业创新，特别是以颠覆性技术和前沿技术催生新产业、新模式、新动能，发展新质生产力。要大力发展数字经济，加快推动人工智能发展。近年来，人工智能、机器学习、机器人和无人机技术、云计算、物联网、大数据、新一代移动通信技术、虚拟现实和增强现实技术、数字孪生、元宇宙等新科技和新概念的出现，为数智时代的到来奠定了基础。

人工智能和机器学习通过算法使计算机能够从数据中学习并作出决策或预测。机器人和无人机技术的发展，使自动化和远程操作变得更加高效和精确，在制造业、物流、救援等领域发挥着重要作用。云计算作为一种按需分配计算资源的技术，带来了低成本、高安全性和可扩展性的优势，使数据存储和处理变得更加灵活和高效。物联网通过将各种设备连接到互联网，实现了设备之间的互联互通，极大地提高了生活质量和工作效率。大数据通过对海量数据的存储、计算和分析，帮助企业和组织从复杂的数据中提取有价值的信息，从而作出更精准的决策。新一代移动通信将开启"智赋万物、智慧内生"的信息技术新时代，实现更广泛的物联网应用。虚拟现实和增强现实技术通过模拟和扩展现实世界，提供了沉浸式用户体验，广泛应用于教育和医疗等领域。数字孪生是一种通过传感器和数据分析对物理实体进行建模和仿真的技术，支持远程监控、实时数据同步和数据分析等功能。元宇宙是一个整合多种新技术产生的虚实相融的新型互联网应用和社会形态，融合了虚拟世界与现实世界的经济系统、社交系统和身份系统。新科技和新概念层出不穷，快速迭代，不仅实现了自身的进步，也在不断改变经济社会发展的产业业态和生活形态。

随着互联网的普及和移动设备的广泛使用，我们每天都在产生海量的数据。而数据正是数智时代的核心内容，被视为新时代的石油，是推动社会进步和经济发展的关键资源，为智能技术的应用提供了丰富的素材。智能技术、云计算与大数据、物联网等技术在各个领域的应用均取得了显著的进展。例如，在就业和生活领域，改变了人们的工作方式，促进了灵活就业和远程办公；在教育培训领域，加深了教学的个性化程度，提升了教学效率；在医疗健康领域，借助数据分析和智能诊断，提高了疾病预防和治疗的准确性等。

数智化打破了传统行业的边界，使企业能够跨行业、跨领域合作，共同开发新产品和新服务，不仅为企业带来了更多的商业机会，也为消费者提供了更加多元化、个性化的选择。与数字化的数据采集和分析不同，数智化更强调数据价值及智慧共享，更多地用于辅助决策，是在数字化基础上的更高诉求。从数字化到数智化，无论是技术角度还是产业角度都在不断演进和升级，对数据决策、客户洞察、供应链优化、智能制造、数字化营销、风险管理、人才与技能需求等产生了深刻影响，为下一步数字经济的发展注入了新动能。

数字经济时代不仅成为我国经济增长的重要支撑和产业发展的关键动力，能够促进跨界融合，提高资源配置效率，推动产业结构优化升级，具有信息化、网络化、智能化、知识化的时代特点；还为各行各业带来了前所未有的发展机遇，在广泛应用数字技术的基础上，有效激发市场活力，降低经营成本，提高企业效能；同时也存在着诸多风险和挑战，如面临优胜劣汰的挑战，并且需要在缺乏健全的数字化生态体系、复杂的信息环境中胜出。对此，加快数字化转型成为企业的必然选择，以实现企业的可持续发展，并在竞争中保持领先地位。大数据化、实时化、场景化、智能化及移动化是 AI 时代企业进行变革与革新的重要力量，企业要根据客观趋势和自身发展状况，以适应变革的步伐。

数智时代带来的新环境、新需求，使企业在管理层面出现了新的问题。一是企业面临传统管理的新困境，如组织流程固化、工具应用低效、营销融合保守等；二是数字技术带来的新需求、新影响及新技术，使传统企业的经营理念和管理模式受到了冲击和挑战；三是市场及管理规则的转变及数字化趋势使市场运行模式发生转变，场景化使成员更加聚合、传统链路发生改变，智能化使各角色的定位发生转变；四是新时代企业管理不断涌现新概念和新思路，如敏捷型组织力、数字化领导力、高效化执行力及战略型共创力。

人工智能的崛起标志着我们进入了一个全新的时代——AI 时代。AI 时代的管理变革不仅是技术层面的革新，更是对传统管理理念和实践的深刻反思与重构。从管理变革思路来说，企业及其管理者应当及时更新其管理理念，以适应新时代的新要求，并且重置管理定位和内部管理框架，搭建全新的管理平台，从而有效帮助组织适应日益变化的商业环境，优化组织结构，提升运营效率，增强企业的竞争力和可持续发展能力。另外，企业要切实掌握管理变革的方法，打破"信息孤岛"，换位价值模式，运用共创思维，切实使管理变革与新时代的要求相契合。与此同时，企业及其管理者可以在人工智能技术（以下简称"AI 技术"）的推动下，从思维韧性、组织韧性、流程韧性、战略韧性及文化韧性五个方面尝试管理变革的突围路径，以应对市场的快速变化。

若变革尚未达到 AI 时代下企业的核心要求，抑或企业内部传统管理思维及方式难以撼动，企业则需要进行管理重塑与升级。管理重塑与升级意味着企业需要从根本上改变传统的管理思维和方法，引入新的技术和理念，打破传统的业务流程和组织架构。通过智能化、自动化的手段，优化企业的运营流程，重塑流程、生态、人力及价值，进而提高工作效率，降低成本。同时，企业还需要重视数据分析，深入挖掘实现数据转换，防范信息风险，使其能够更好地适应新的工作模式和需求。

基于此，AI 技术已从"云端"逐步"落地"，转化为现实生产力，成为新时代企业变革与重塑的有力手段。AI 技术凭借独特的优势，如智能化决策支持、自动化工作流程、精准数据分析等，正成为企业管理者不可或缺的工具，企业变革与 AI 技术的融合为企业的管理重塑与升级带来新的动力。因此，AI 技术正在为企业带来前所未有的竞争优势。对此，企业可以从管理数据化、管理平台化、管理 AI 化三个层面，将 AI 技术更好地融入企业管理，提升企业重塑效果及运营效率。

感谢胡肖凡、胡雅婷、曾炳、刘昀等同学参与本书相关资料的整理工作。需要特别说明的是，本书学习、借鉴、吸收和参考了国内外众多专家学者的研究成果及大量的相关文献，并引用了一些书籍、报刊、网站的部分数据和内容，已尽可能地在参考文献中列出，也有部分由于时间紧迫，未能与有关作者一一联系，敬请见谅，在此，对这些成果的作者深表谢意。

2024 年 8 月 16 日

目录
CONTENTS

第一章

数智时代

　　随着我国社会经济及科学技术的不断发展，各行各业均已开始追随数智化的脚步，这一转变不仅标志着技术与商业的深度融合，更引领了商业模式创新的浪潮。数智化打破了传统行业的边界，使企业能够跨行业、跨领域地合作，共同开发新的产品和服务。这不仅给企业带来了更多的商业机会，也为消费者提供了更加多元化、个性化的选择。如今，数智化时代已经来临，各行各业都在积极主动地进行数智化转型，不断推动业务创新，提升竞争力，共同迈向更加美好的未来。

今天所有中国的企业都在推进高质量发展，关键路径之一就是要推进数智化转型，成为数智企业。

——用友网络科技股份有限公司董事长兼 CEO　王文京

<table>
</table>

学习要点

☆数字经济时代发展

☆数智化转型

☆科技变革推动企业发展

☆生产要素的应用

开篇案例

中国巨石：大步跨入智能化阶段

一、企业简介

中国巨石股份有限公司(以下简称"中国巨石")于1999年在上海证券交易所上市。中国巨石以玻璃纤维及玻纤制品的生产与销售为主要业务,在我国玻璃纤维行业处于领军地位,其成长史就是我国玻纤行业发展历程的缩影。经过多年的努力,中国巨石已成为治理完善、战略清晰、资产优良、文化优秀、管理精细、技术先进、营销网络完整的行业龙头企业。中国巨石拥有浙江桐乡、江西九江、四川成都、江苏淮安(在建)、埃及苏伊士、美国南卡六大生产基地,已建成玻璃纤维大型池窑拉丝生产线20多条,玻纤纱年产能达260万吨。中国巨石响应国家政策号召,积极推动"数字技术+制造技术"融合发展,坚持探索智能化生产工艺和数字化信息技术,积极创新示范,构建数字系统,推动了玻纤行业低能耗、高质量的数字化智能发展。中国巨石的数字化主要在生产制造环节,目前已经进入智能化阶段。

二、进入智能化制造阶段

早在2004年,中国巨石就开始在内部推广自动化生产,开展了一系列生产线的优化和改造。2015年,中国巨石决定建造自己的智能制造基地。2019年,当很多同行在实施机器换人时,中国巨石已经跨过了信息化、自动化阶段,进入智能化制造阶段,全方位利用"互联网+"、云计算、大数据等信息技术,实现了智能化、精益化生产。中国巨石智能制造基地总投资超140亿元,形成了60万吨粗纱和8亿米电子布的产能规模,各项生产技术指标均列行业世界第一，这代表中国巨石的玻纤制造真正实现了国际引领，为世界玻纤工业发展树立了新标杆。中国巨石智能制造基地充分利用科研创新和关键技术，在高性能玻璃配方、超大型池窑、绿色制造、智能制造等方面实现了 100% 自主知识产权，并率先基本实现了国产化。中国巨石智能制造基地深入推动"数字技术＋制造技术"融合发展，深化"产业大脑＋未来工厂"建设，集成了最先进的生产技术与工艺，实现了智能装备、智能系统与人的互联、感知和适配，玻璃纤维生产的数字化、网络化、智能化，以及全要素、全产业链、全价值链的连接，促进了生态圈信息数据的流通，打造出更具竞争力的玻纤产业生态链。

中国巨石智能制造基地建成后，实现了集信息共享、生产计划、过程协同、设备控制、资源优化、质量监管、决策支持于一体的智能管控平台，以及智能化、精细化生产，资源优化配置，最终实现了效率更高、质量更好、成本更低、节能减排更显著、生产运行更安全的目标。

三、实现全供应链数字化

全供应链数字化是现代企业发展的关键，涉及采购、研发、生产、销售、运营等环节，通过建立产品全生命周期的数字化模型，实现企业间端到端集成和网络化制造。中国巨石通过数字化转型，构建了互利共享的工业生态圈。

在数字化转型过程中，中国巨石通过总部统一控制 ERP 系统及各工序的自动控制系统，实现了实时自动管理，提高了工作效率。企业利用大数据技术，实现了生产部门协同生产，资源优化配置。通过数据协同传递建立了产业生态圈，优化智能制造。工业大数据中心实时采集和汇总数据，实现了对生产经营指标的实时分析、跟踪和监控。管理层可以通过图表直观地了解关键指标，对异常情况进行实时监测和深入分析，及时、准确地把握企业运营情况，作出合理决策。生产执行系统（MES）与数据采集和监视控制系统（SCADA）的集成，使生产工艺参数能够反向控制，通过 PC 端、手机 App 等实时调整生产设备参数。

中国巨石还投资建设了"未来工厂"，通过物联网、工业互联网技术和数字技术的高度融合，实现了产品设计、制造流程、供应链管理、组织部门协同、生产过程的全面智能化和安全化，以及经济效益的最大化。第六分厂成功入选浙江省"未来工程"，标志着企业的数字化转型取得了显著成果。在"未来工厂"的设计中，机器人成为主力，智能化系统负责调度统筹，极大地降低了人力资源需求。同时，资源循环通过提高效率，提升原材料利用率，精准管控能源消耗，降低生产成本，实现了环境保护和经济效益的双赢。中国巨石的"未来工厂"通过数字化、智能化优化了生产系统，对每种资源进行精准调度，解放了人力，提高了生产效率和产品质量，不仅提升了企业的竞争力，也为玻纤行业的数字化转型提供了宝贵的经验。

四、数字技术保障全流程数字化

数字信息平台技术和系统的有效融合使用是供应链数字化转型的重要保障，供应链数字化所需技术囊括了很多内容，如智能设备（仓储物流、包装加工、计量检验等）、网络的连接（物联网、互联网、网络标识等）、云基础设备设施（计算机资源存储、数据库、网络安全技术等设施设备）、业务系统（TMS、MES、ERP、APS、SCM、CRM、WMS 等）、新一代的信息技术（云计算、大数据、区块链、人工智能等），甚至还有大量尚未开发和探索的技术领域。企业应以自身业务为主体，充分发挥数字化技术优势，促进供应链业务的发展和信息技术的融合创新。

1. 信息化管理系统

中国巨石建立了信息化管理系统，如战略规划系统、科研开放系统、动力保障系统等。2020 年，中国巨石革新管理模式、重塑信息平台、优化审批流程，对工艺参数管理、主工艺技术实现了数据库管理，将几千份工艺技术标准简化编制成 11 个工序数据库表单，创建了工艺智能化管理新模式。由此可知，中国巨石利用大数据能够提升内部控制的有效性，及时发现并修补漏洞。

2. 智能化业务系统

中国巨石通过整合 ERP 系统和 OA 系统，实现了原材料的统一采购和结算，优化了采购周期和成本控制，强化了集团对供应链的管理。中国巨石优化 ERP 系统，采用经济订货批量策略，实现供应商与企业系统的互联互通，允许供应商在库存达警示线时自动更新采购订单，解决了供货延迟和库存积压问题。这一智能化采购系统减少了人为错误，提高了采购效率和透明度，通过跟踪表实现了对采购订单的实时监控。

3. 数字化生产设备

中国巨石自 2008 年起致力于生产装备的智能化和信息化改造，推动自主创新并探索智能生产模式。2014 年，中国巨石利用生产线窑炉冷修时期升级自动化技术，实施智能生产。2017 年，启动大数据智能制造战略，建造工业大数据中心，探索智慧管理模式。中国巨石不断建设智能制造基地，推进生产升级改造，并全面升级海内外生产线的智能化。为确保生产安全，选用施耐德电气的 EcoStruxure 架构进行实时电气分析和能源管理，以确保供电稳定性。

4. 自动化仓储物流

中国巨石于 2014 年投资 2 亿元建立了全国规模最大、自动化程度最高的玻纤产品自动化仓储中心，占地百亩，拥有 8.5 万多个货位和 9 万吨的仓储能力。该中心仅需 4 名人员通过操作主控系统和自动化设备进行管理，包括智能配送车、自动引导车和 AGV 运输车等，实现了从入库到装运的全流程自动化，显著降低了差错率，提升了仓储效率和安全性。

五、结论与展望

随着数智化转型的深入推进，大数据和人工智能等技术的发展让我们的生活更加数字化和智能化。中国巨石作为国家智能制造示范工厂，紧跟时代步伐，通过实施数字化转型项目，有效提升了企业的运营管理效率和经营绩效。数字化转型是中国巨石实现高质量发展的重要途径之一，在未来的发展过程中，中国巨石要继续深入探索数字化转型的道路，并根据行业和企业的自身特点选择相应的数字化转型项目。

参考文献

[1]谭峰. 中国巨石：一流专精特新企业的成长历程[J]. 国资报告，2023(6)：105-108.

[2]杨国明. 进击的"未来工厂"向智能制造要质量要增量[J]. 施工企业管理，2024(5)：114-116.

[3]武志强. 改革赋能新发展：纵看央企核心竞争力增挡提速[J]. 国有资产管理，2023(8)：42-50.

[4]魏平，王伟栋. 中国巨石：提升玻纤绿色设计水平争做"双碳""零"跑者[J]. 中国建材，2022(12)：72-75.

第一节 数字经济时代

随着数字技术的蓬勃发展，我国进入了数字经济时代，这不仅是我国经济转型升级的重要标志，也是我国在国际竞争中保持领先地位的关键（周文、李吉良，2024）。数字经济已成为我国经济增长的重要支撑和产业发展的关键动力（郭馨梅、陈思宁，2023）。促进跨界融合和提高资源配置效率是数字经济时代的重要策略，有助于提升企业信息化水平，打破行业壁垒，推动产业链协同，促进产业结构优化升级，为各行各业带来前所未有的发展机遇，提升经济效益和社会效益。

一、时代演进

数字经济是在信息技术的发展下出现的，以全球化为主要发展方向，以数字技术为支撑，在整合知识资源的基础上形成的全新社会经济发展模式。在互联网技术的应用和推广下，已经对社会多个方面尤其是对企业生产经济管理产生了较大的影响。

在早期的技术化阶段，数字经济的崛起和发展几乎完全依赖数字技术的突破与应用。计算机技术的普及为数字经济的蓬勃发展奠定了坚实的基础。随着计算机技术的不断进步，数字经济时代经历了三个高速发展阶段，如图 1-1 所示。

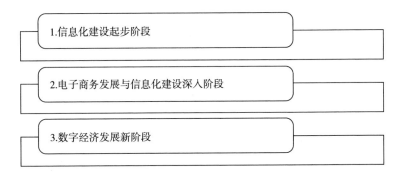

图 1-1 数字经济时代经历的三个高速发展阶段

1. 信息化建设起步阶段

数字经济时代的基础建设是信息化建设。信息化建设起步阶段的发展状况与中国的信息化基础、技术、人才等因素密切相关。在互联网刚刚进入中国时，相关政策都围绕着信息化建设展开，其中包括构建完善的移动通信网络、空间信息基础设施、软件产业，以及扶持相关服务行业的发展等。

信息化建设通过整合信息技术、网络技术和数据处理技术，打造数字基础设施，能够为当下数字经济的发展提供了有力的支撑。信息化建设是数字经济时代的基础，通过建设完善的数字基础设施，能够推进数据治理与安全、推动数字化转型、支持技术创新、制定政策法规和加强国际合作。基于此，企业和政府才能有效应对数字经济带来的机遇和挑战，打造新质生产力，促进经济社会的高质量发展。

2. 电子商务发展与信息化建设深入阶段

随着互联网行业的迅猛发展，企业对网络的依赖程度显著增强，互联网的普及则进一步推动了电子商务的便捷化和普及化。这种变化不仅改变了商业运作方式，也在不断影响着人们的生活方式。在这个阶段，网络基础设施的不断完善及移动设备的广泛普及，为电子商务的蓬勃发展提供了更广阔的空间。从线上购物到移动支付，电子商务的每个进步都引领着社会的数字化变革，为人们带来更加便捷、高效的生活体验。

在这个阶段，政府出台了一系列政策支持电子商务的发展。例如，2021 年 3 月中国广告协会发布了《网络直播营销选品规范》，明确了商品选品的资质要求，以促进电商行业的健康发展。技术的进步是推动电子商务发展的关键因素之一。随着互联网和相关技术的不断发展，电子商务平台能够提供更加便捷和高效的服务。随着消费者对网络购物的需求不断增加，电子商务市场迅速扩大。网络购物逐渐成为人们日常生活的一部分，促进了电子商务的普及和发展。社会化投资的增加也为电子商务的发展提供了资金支持。投资者对电子商务行业的看好和大量资本的注入，进一步推动了其快速发展。电子商务企业不断创新商业模式，如线上到线下（O2O）模式、供应链金融等，这些新的商业模式为电子商务的发展注入了新的活力。通过对大量数据的分析和利用，电子商务企业能够更好地了解消费者需求，优化产品和服务，提升用户体验。

3. 数字经济发展新阶段

随着数字经济上升为国家战略高度，国家政策逐渐以产业规划和指导意见为主，形成了较为明确的产业发展方向和发展目标，这些政策和指导意见的提出，不仅为数字经济的发展提供了良好的环境和基础，同时也进一步推动了数字经济的快速发展和创新。同时，"数字化转型"首次写入了五年规划，这进一步表明了国家对数字经济的重视。

在数字经济时代，数据成为关键生产要素，推动了经济的发展。数据确权和分类分级管理、数据交易流动的畅通等成为研究的重点。数字经济的核心技术涉及大数据、云计算、物联网、区块链、人工智能、5G 通信等新兴技术。这些新兴技术通过深度融合传统产业，推动了产业形态的变革。国家加大了对高端芯片和集成电路、操作系统和关键软件、人工智能、量子信息、类脑智能等领域的基础研究和战略前瞻布局力度。5G-A（5G 向 6G 演进的关键阶段）网络的部署和三载波聚合技术的应用显著提升了 5G 的上下行能力。将现代信息网络作为重要载体，推动了经济社会的数字化、网络化、智能化水平的提高。数字技术与实体经济的深度融合，形成了新的经济动能，推动了经济高质量发展。

在这个阶段，数据的可复制、可流动、可联通和便于应用等特点，对经济发展发挥着放大、叠加、倍增的作用，大幅提高了生产效率，涌现出了许多数字技术与实体经济融合的成功案例。《数造新实体——数字技术赋能实体经济案例研究（2023 年）》蓝皮书显示，共有 16 个具有行业典型性、先进性的数实融合案例入选。这些案例展示了数字技术如何赋能传统产业，推动其数字化转型。

二、时代特点

随着互联网、大数据、云计算、人工智能等数字技术的发展，数字经济时代已经超越了单一的互联网经济、信息经济、知识经济或智慧经济范畴，它展现为一个多元融合的新形态，具有时代特点，如图 1-2 所示。

1. 信息化

信息化作为数字经济时代的核心驱动力，是建立在现代通信、网络和数据库技术基础上的一种新的经济形态。信息化不仅将各类事物的要素汇聚在一个庞大的数据库中，更通过强大的数据处理能力，为人们的生活、工作、学习和辅助决策提供了技术支持。在数字经济时代，信息化技术不仅是数据收集、处理、分析和应用的强大引擎，更是推动产业升级、提高生产效率、优化资源配置的重要手段。

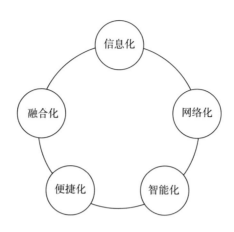

图 1-2 数字经济时代的特点

2. 网络化

在数字经济时代，网络化是一种重要的特征和趋势。网络化依托互联网、物联网等先进的信息技术，实现了各类资源、要素和主体的全面互联互通。这种互联互通不仅极大地促进了信息的快速流动和共享，更推动了经济社会的数字化转型和升级。一方面，随着网络技术的不断发展和普及，互联网已经成为人们获取信息、交流沟通和开展经济活动的重要平台，互联网基础设施的完善为网络化的实现提供了坚实的基础。另一方面，在数字经济时代，数据已经成为一种重要的生产要素。网络化使各类数据资源在不同主体之间实现流通和共享，进而推动数据的价值得到充分发挥。

3. 智能化

智能化是指通过人工智能、机器学习、大数据分析等先进技术，实现经济活动的自动化、智能化，从而更高效地处理信息、优化决策和提供服务。在数字经济时代，智能化的发展不仅为企业带来了更高的生产效率和更低的运营成本，也为消费者提供了更加个性化、精准化的服务。未来，随着智能化技术的不断进步和应用场景的不断拓展，智能化将成为推动经济社会发展的重要力量，为人类社会的进步和发展注入新的活力。

4. 便捷化

知识获取的便捷化是通过构建便捷的知识获取平台、利用智能技术提升知识获取效率、促进知识共享与协作。在数字经济时代，随着信息技术的飞速发展，互联网、大数据、云计算等先进技术的广泛应用，人们能够利用先进的信息技术和平台，使知识的获取、处理和传递变得更加便捷和高效。知识获取的便捷化与传统意义上的知识传播和应用不同，其更强调知识在推动社会经济发展中的核心作用。人们能够轻松地通过网络获取各种知识资源，无论是学术研究、市场动态还是行业趋势。不仅如此，知识获取的便捷化也为不同领域之间的知识共享和合作提供了良好的条件，实现了资源的优化配置和效率提升。

5. 融合化

一是供给和需求融合。在数字经济时代，传统的供给和需求界限变得越来越模糊。数字技术的应用使生产和消费过程更加紧密地结合在一起，消费者的需求可以直接影响生产企业的供给。二是市场形态融合。信息技术不仅仅是单纯的软件产品，而是一种新的平台化工具，能够整合各种资源和服务，提供更高效、更便捷的服务。三是数字化领域融合。数字化转型正从消费领域向生产领域延伸，越来越多的传统企业开始借助数字化手段提升生产效率和管理水平。四是实体经济融合。数字经济与实体经济的深度融合是其重要特征之一。通过应用数字技术，生产、分配、流通、消费等环节都发生了深刻变革。五是全球竞争格局融合。数字经济的发展正在重组全球要素资源、重塑全球经济结构、改变全球竞争格局。各国纷纷制定数字经济发展战略，出台鼓励政策，以抢占未来的发展先机。

数据在多个行业和领域的创新应用示例如表1-1所示。

表1-1　数据在多个行业和领域的创新应用示例

行业和领域	创新应用
工业制造	数据在工业制造中的应用显著提升了生产效率和产品质量，如通过数据分析和机器学习算法，企业能够优化生产流程，减少浪费，并实现个性化定制
现代农业	数据被用于精准农业管理，如土壤湿度监测、病虫害预测等，从而提高农作物的产量和质量
金融行业	数据在金融行业的应用包括风险评估、欺诈检测、智能投顾等方面，如通过大数据分析，金融机构能够更好地理解客户需求，提供更加个性化的服务
智慧城市	数据被广泛应用于交通管理、公共安全、环境监测等领域，如通过实时数据分析，城市管理者可以优化交通流量，提高应急响应能力
医疗健康	数据被用于疾病预防、健康管理、药物研发等方面，如通过分析患者数据，医生可以提供更精准的治疗方案，提高医疗服务的质量和效率

行业和领域	创新应用
数字政府	数据被用于优化政务服务、提升行政效率，如通过数据共享和交换平台，政府部门可以实现信息互通，减少重复工作，提高服务透明度

三、时代机遇

在数字经济时代的浪潮中，我国正迎来前所未有的发展机遇。数字技术的强大生产力不仅催生了数字产业，为全球经济增长增添了新动能，还在创造就业机会、建设基础设施、推动自主创新和促进市场联通等方面扮演了极其重要的角色。数字技术的应用正逐步渗透到社会的各个角落，为企业和社会带来了深远的影响与变革。

1. 激发市场活力，获得发展空间

数字经济为市场带来了全新的商业模式和服务方式。一方面，互联网技术的普及和应用改变了消费者的习惯。如今，消费者凭借便捷的搜索引擎，就可以很轻松地从世界各地获取产品和服务，不仅能为消费者提供更多的选择，还能够让他们享受到更个性、更便捷的消费体验。同时，数字支付、在线客服等服务的兴起，进一步提升了消费者的购物体验和满意度。另一方面，在数字技术的驱动下，许多传统企业开始利用大数据、云计算、人工智能等先进技术，优化生产流程、提高管理效率、创新产品和服务。此外，数字经济催生了众多新兴产业的迅速崛起，不仅为市场带来了新的增长点，还推动了整个社会的进步。

2. 扩展生产要素，降低经营成本

在数字经济时代，新兴数字技术的崛起和应用，使数据的流动性与共享性得到了极大的提升，从而使数据自身蕴含的丰富价值得以释放，成为企业生产与交易过程中不可或缺的一种生产要素。随着数字技术的不断进步，企业获取数据的成本已显著下降，远低于这些数据所能为企业带来的实际价值。数据的快速获取和信息的实时更新，极大地减少了信息的非对称性，为企业的决策提供了更加准确和及时的信息支持，从而有效地降低了企业的组织成本。此外，随着数字技术的深入应用，智能化的机器装备逐步取代了一些简单的劳动力，在很大程度上优化了交易流程，同时也减

少了在运输、物流等环节的浪费，有效降低了企业的执行成本。

3. 技术应用广泛，提高企业效能

随着科技的迅猛发展，技术应用在各个领域变得越来越广泛，为企业带来了显著的效能提升。互联网技术的广泛应用使企业能够实现更加灵活多样的办公方式，如移动办公、异地办公等，突破了地域限制，有助于企业各环节之间的衔接更加流畅，促进企业决策迅速和高效。并且，员工不再需要在固定的地点办公，而是可以在任何地点通过网络进行工作，缩短了沟通时间，提高了工作效率，加快了响应速度，进而提升企业效能（张华，2018）。

四、时代挑战

数字经济时代为我们带来了前所未有的机遇，同时也带来了诸多挑战。在数字经济环境下，企业面临的挑战主要体现在以下四个方面。

1. 优胜劣汰的局面

进入数字经济时代，市场中涌现出大量新业态企业，这些企业凭借独特的商业模式和技术优势，对传统行业产生了深远的影响。特别是在零售行业，购物平台的崛起，改变了人们的消费方式和消费观念。新零售企业的迅速崛起给传统实体购物企业带来了巨大的冲击。另外，企业为了在市场中立足，不得不加快数字化转型的步伐。然而，数字化转型并非易事，无论是技术的更新、产品的调整，还是组织的变革、管理的创新，都需要企业付出巨大的努力。数字化转型带来的优胜劣汰局面要求企业不断创新和适应变化。那些能够积极拥抱数字化转型、提升自身竞争力的企业有望在激烈的市场竞争中脱颖而出，而那些裹足不前的企业会被市场淘汰。

2. 复杂多样的风险

目前，企业正面临前所未有的复杂多样的风险，这些风险不仅源自技术层面，更涵盖了商业模式、市场环境等层面。

在技术层面，随着新技术的不断涌现，企业需要持续更新和升级自身的技术体系，以适应市场的快速变化。然而，技术更新换代的速度极快，企业往往难以跟上这种步伐，出现技术落后、安全风险增加等问题。此外，数字技术的应用也带来了新的安全风险，如数据泄露、网络攻击等，对企业的信息安全和正常运营构成了严重威胁。

在商业模式层面，数字经济时代已经深刻改变了企业的传统经营方式，

企业需要重新思考自己的商业模式和发展方向。然而，在商业模式变革的过程中，企业需要面对诸多不确定性，如市场需求变化、竞争对手的策略调整等，这些不确定性可能导致企业的商业模式失败，进而影响企业的生存和发展。

在市场环境层面，数字经济的兴起使市场竞争更加激烈，用户的需求更加多样化和个性化，企业需要快速响应市场需求变化，不断创新和改进以吸引用户。然而，创新本身也伴随巨大的不确定性，可能面临投资失败和市场需求下降、供应链断裂等风险。

3. 缺乏健全的数字化生态体系

一个健全的数字化生态体系能够为企业提供全面的数字化支持，帮助企业更好地适应数字经济时代的变化，然而，当前，我国企业在发展过程中面临数字化体系不健全的问题，这在一定程度上限制了数字化转型进程，使其处于相对滞后的状态。一方面，数字化生态体系不健全使企业在数字化转型过程中无法获得足够的技术支持、管理咨询和人才培养等方面的帮助，从而导致数字化转型难以顺利进行。另一方面，在数字经济时代，企业的竞争力不仅取决于其产品或服务的质量，还取决于其数字化能力。若企业未能构建健全的数字化生态体系，就可能会失去竞争优势，被其他更具数字化能力的企业替代。

4. 复杂的信息环境

随着信息技术的飞速发展和普及，信息的产生、传播和获取方式发生了深刻变化。一方面，在数字经济时代，信息量呈爆炸式增长，海量的信息让企业难以辨别真伪，有效信息的获取变得困难，不仅增加了企业的信息处理成本，还可能使企业面临误导和错误决策的风险。另一方面，随着信息技术的广泛应用，网络安全问题层出不穷，给企业的信息安全带来了严重威胁。一旦企业的信息系统遭受攻击，可能导致重要数据丢失、业务中断等严重后果。此外，由于企业获取信息的渠道和能力不同，可能导致企业之间在信息掌握上存在差异。这种信息不对称可能导致企业面临不公平竞争和市场风险。

在数字经济蓬勃发展的当下，企业发展既迎来了前所未有的机遇，也面临着诸多挑战。为了实现长远且健康的发展，企业要充分利用把握和利用这些机遇。同时，对于面临的挑战，需要制定并执行切实有效的应对策略，从而增强自身的核心竞争力，以确保在数字经济的浪潮中稳健前行。

●专栏 1-1● 快手：数字技术推动经济朝数字化方向发展

一、企业简介

北京快手科技有限公司(以下简称"快手")于 2021 年 2 月上市，其业务涵盖直播与增值服务、在线营销(广告业务)、电商业务及优质视频内容的运营等多个方面，是数字经济时代一款领先的短视频社交平台。快手发布的财报显示，快手 2024 年第一季度营业收入为 294 亿元，同比增长 16.6%；经调整净利润为 43.88 亿元，同比增长超百倍，创下单季历史新高。

二、数字经济时代下快手运营策略

1. 注重用户体验和内容创新，实现价值共创

快手是一款专注短视频社交的平台，始终将用户体验和内容创新放在首要位置，通过持续的创新和优化，实现了与用户之间的价值共创。快手通过一键生成、智能模板等模块降低了用户创作内容的门槛，为他们创造智能化的内容创作条件。

在用户体验方面，快手通过不断地技术迭代和功能优化，为用户提供更加流畅、便捷、智能的服务。平台拥有简洁直观的界面设计，使用户能够轻松上手并快速找到感兴趣的内容。同时，快手还注重用户反馈和需求，不断优化算法，提升内容推荐的精准度，确保用户每次打开应用都能发现新的、有趣的内容。

在内容创新方面，快手鼓励并支持用户创作多元化、高质量的短视频内容。平台提供了丰富的特效、滤镜、音乐等素材，帮助用户轻松创作出个性化的作品。另外，快手积极引入优质创作者和机构，打造多元化的内容生态，为用户提供更多有价值、有深度的内容选择。

2. 利用数字化技术与客户建立有效的情感连接

一方面，快手通过大数据等技术，精准识别用户的兴趣和需求，为用户提供有价值的信息，同时还提供了丰富的实时互动功能，如评论、点赞、分享等，使用户能够更直接、更快速地与创作者和其他用户进行互动，满足用户的社交需求，增强用户的参与感和归属感，进一步加深用户与平台之间的情感连接。

另一方面，快手给每个用户平等的曝光机会，去中心化的运营策略使小众的内容也能获得展现的机会，极大地激发了创作者的积极性，让他们愿意在快手上投入更多的时间和精力去创作优质内容。同时，这种多样化的内容生态也吸引了更多用户加入快手，形成了良性循环。此外，快手通过构建良好的媒体关系、举办各类主题活动、加强与内容创作者的合作等方式，积极与用户进行互动，为用户构建了一个充满活力、积极向上的社区环境。

3. 积极推动各产业间的融合与发展

快手利用先进的数字化营销策略，突破了传统产业的界限，促进了不同产业间的融合与发展。例如，与电商平台合作，实现"短视频+电商"的模式，让用户在欣赏精彩短视频的同时，可以直接点击链接，进入电商平台购买心仪的商品，不仅为用户提供了一种全新的购物体验，还为电商平台带来更多的流量和转化机会。

此外，快手还与旅游、餐饮、教育等多个行业展开合作，通过直播、短视频等形式展示行业内容，生动地展示了各行业的特色内容。用户通过快手平台，可以更加直观地了解不同行业的产品和服务，满足消费需求。这种融合不仅丰富了直播的内容和形式，也为各产业带来了更多的商业机会和增长空间。

不仅如此，快手还利用大数据等技术，对用户行为进行深入分析，为广告主提供精准的目标用户定位，让广告主能够更准确地了解用户需求和市场趋势，确保广告投放的精准性和有效性。同时，快手还通过数据分析工具，为广告主提供实时数据反馈。广告主可以通过这些工具，实时了解广告的曝光量、点击量、转化率等关键指标，从而不断优化营销策略，提升广告效果。

三、结论与展望

数字经济时代为快手提供了前所未有的发展机遇。快手凭借其先进的技术手段、创新的运营策略和丰富的用户体验，成功地抓住了这一时代的机遇，为用户创造了一个全新的互动体验平台。未来，随着数字经济的不断发展，快手有望继续保持其领先地位，并为用户和社会带来更多的惊喜和贡献。

参考文献

[1]林磊，阮亦南."平台化"的生产与消费：短视频作为一种"情动"媒

介[J].现代传播(中国传媒大学学报)，2024，46(3)：148-160.

　　[2]王福，高化，刘俊华，等.场景如何基于供应链赋能商业模式创新？——快手和抖音的双案例研究[J].管理案例研究与评论，2023，16(3)：275-290.

　　[3]孙维章，宋文，孙莹.基于包容性创新的短视频平台商业模式研究——以快手为例[J].财会通讯，2023(4)：164-170.

第二节　数智化转型

　　随着科技的迅速进步和全球经济的不断发展，企业面临的竞争愈演愈烈。为实现可持续发展，并在竞争中保持领先地位，加快数智化转型成为企业的必然选择。数智化转型不仅能提升运营效率、降低成本，还能推动创新、优化用户体验，从而显著增强企业的市场竞争力。

一、数字化发展

　　如今，我国社会已经进入了以数据为核心、以云计算技术为驱动的大数据时代。在这一时代背景下，"十四五"规划明确提出了"加快数字化发展"的重要指导方针，并将其作为经济体系优化和现代产业体系发展的重要目标。这标志着数字化已成为我国未来经济发展的核心方向。数字发展是指在各个行业和领域内应用数字技术进行创新和优化，利用数字技术和信息系统，实现生产方式、生活方式、社会组织形态和价值观念的变革，从而实现更高的效率、更好的质量和更可持续的发展。数字发展的主要内容包括以下四个方面，如图1-3所示。

图1-3　数字发展的主要内容

1. 数字经济

数字经济是指以数字技术为核心推动力，通过互联网、大数据、人工智能等技术手段进行生产、分配、交换和消费的经济活动。它不仅涵盖了传统产业的数字化转型，还包括新兴的数字产业，如电子商务、数字金融、数字娱乐等。数字发展是数字经济发展的重要基础和支撑，数字经济发展则是数字发展的必然结果和重要推动力。数字经济发展以数据为新的生产要素，通过大数据分析、云计算、人工智能等技术手段，实现资源的优化配置，提高生产效率，推动产业的数智化转型和升级。随着数字经济的不断发展，传统的生产模式和业务模式正逐渐被数字化、智能化所取代。

数据成为经营者的核心生产要素，通过数据的收集、分析和应用，实现对市场、用户和运营的精准洞察和决策；平台经济是数字经济的重要形式，企业通过搭建平台，将供需双方连接起来，形成生态系统，如阿里巴巴、亚马逊等；人工智能技术在数字经济中的广泛应用，提升了自动化和智能化水平，如智能推荐系统、自动驾驶等；通过互联网平台实现资源共享和协作，如共享出行、共享住宿。

数字经济的主要组成部分包括电子商务、数字金融、数字内容、云计算、大数据及物联网。例如，通过互联网进行商品和服务交易（如 B2C、B2B、C2C 等）、金融服务数字化（如在线支付、互联网银行、金融科技等）、在线教育、数字娱乐（如视频、音乐、游戏等），提升数智化水平；通过提供基础设施和提高数据处理能力，支持其他数字经济活动的开展；通过传感器和网络连接实现物物相连，提升各行业的智能化水平。

2. 数字政府

数字政府是指利用数字技术和互联网手段来提升政府服务、管理水平和决策效率的政府模式。其目的是通过技术手段，提高政府工作的透明度、决策效率和公共服务水平，增强政府与公民和企业的互动与合作。数字政府立足以人为本的发展理念，是信息技术和社会发展的必然产物（朱东云、褚建勋，2024）。利用数据驱动技术实现数据采集和分析，提取有效信息，提高政府决策的智能化和准确性。一方面，数字政府的实施有利于改善公共服务和转变政府职能，优化政府治理流程，实现惠及人民的目标。另一方面，数字政府的实施可以提高政府的工作效率，降低行政成本，增强政府的服务能力，提高公众参与度，促进政府决策的科学化和民主化。同时，数字政府建设也可以推动信息技术的进步和应用，促进数字经济发展，推进信息化进程。

数字政府的核心特征体现在在线服务、数据驱动决策、跨部门协同、透明度和开放性等方面。通过互联网提供政府服务，如在线申请、审批、缴费等，方便公民和企业。利用大数据分析辅助政府决策，提高政策的科学性和针对性。通过信息系统的互联互通，实现政府部门间的数据共享和业务协同，提升工作效率。提高政府工作的透明度，通过公开数据和信息，增强公民的参与意识。

数字政府的主要组成部分包括电子政务、数字基础设施、数据治理、公民参与平台等。政府部门通过互联网和信息技术提供公共服务和管理，包括政务门户网站、移动应用等；利用物联网、人工智能等技术提升城市管理和公共服务水平，包括政府数据中心、网络基础设施、云计算平台等，支持各类数字政府应用的运行；制定和实施数据标准、规范和管理制度，确保数据的安全性、准确性和有效性；提供公民参与公共事务的平台，如在线意见征集、电子投票、公共论坛等。越来越多的国家和地区推行电子政务，提高政府服务的便捷性和效率；智能城市项目在全球范围内快速发展，提升了城市管理和公共服务水平。

3. 数字城市

数字城市（也称智慧城市）是指利用信息和通信技术（ICT）及各种智能传感器网络，对城市的各类资源进行智能化管理，提升城市的运行效率、服务水平和居民生活质量。数字城市是信息技术革命的产物，它综合各种高科技手段，对城市进行了全方位的数字化升级，使城市的各个方面都能实现数字化和智能化，从而高效、智能、可持续地发展。一方面，通过物联网、云计算、大数据、人工智能等技术的应用，数字城市可以实现城市数据资源的整合、共享和开放，推进数据要素的市场化配置和开发利用（陶飞等，2023）。同时，数字城市还可以提供智能化服务，如智能交通、智慧医疗、智慧教育、智慧旅游等，为居民提供更加便捷、高效的服务体验。另一方面，数字城市建设可以吸引更多的投资和创新资源，推动城市产业转型升级。同时，数字城市为企业提供了更加开放、便捷的商业环境，有利于企业的创新和发展。

数字城市核心特征体现在智能基础设施、数据驱动、互联互通。通过物联网技术连接城市中的各类基础设施，实现实时监控和智能管理；利用大数据、人工智能和云计算，对城市数据进行分析和利用，以优化资源配置和决策；各类系统和设备的互联互通，实现信息共享和协同管理；以人为本，提升居民的生活质量，增强居民的参与感和获得感。

数字城市通过利用现代信息技术，提升了城市管理和服务的智能化水平，提高了居民的生活质量和城市的可持续发展能力。数字城市主要组成部分包括智慧交通、智慧能源、智慧环保、智慧安防、智慧医疗、智慧教育、智慧社区等。通过智能交通系统(ITS)，实现交通流量的实时监控和调度，缓解交通拥堵，提高出行效率；利用智能电网和可再生能源技术，提高能源利用效率，推动绿色低碳发展；通过环境监测系统，实时监控空气质量、水质等环境指标，及时预警和应对污染；利用视频监控、人脸识别等技术，加强城市公共安全管理，提升应急响应能力；通过远程医疗、电子病历等方式，提高医疗服务的便捷性，扩大医疗服务的覆盖面；利用在线教育平台和智能教学设备，提升教学质量，实现资源共享；通过智能家居、社区服务平台等，提高居民的生活便利性，增强居民的幸福感。

4. 人工智能

人工智能是指计算机系统通过模拟人类的思维和行为来完成特定任务的技术和方法，包括学习、推理、问题解决、感知和语言理解等。随着技术的不断进步和应用领域的不断拓展，人工智能作为计算机与互联网时代的创新技术，取得了显著的发展。人工智能的崛起不仅标志着技术革命的又一次飞跃，更成为推动社会经济发展、促进产业升级换代的重要力量。人工智能不仅提高了人们的生活质量，也为社会带来了更多的便利和效益。例如，在智能家居领域，人工智能可以实现家庭设备的互联互通，提供便捷、舒适的居住环境；在智能交通领域，人工智能可以优化交通管理，减少拥堵和事故发生，提高出行效率；在金融领域，人工智能通过应用风险识别、投资决策等功能，提高金融服务的效率和准确性；在医疗领域，人工智能通过图像识别、智能诊断等技术，帮助医生更准确地诊断疾病，提高医疗质量；在教育领域，人工智能通过个性化学习、智能辅导等方式，为学生提供更加优质的教育资源，使其获得更好的学习体验。

人工智能的核心特征体现在机器学习(ML)、自然语言处理(NLP)、计算机视觉、机器人学等。通过数据训练模型，使计算机系统能够从经验中学习和改进性能；使计算机系统能够理解和生成人类语言，包括语音识别、语言翻译、文本分析等；使计算机能够识别、理解图像和视频中的内容，如图像识别、目标检测、视频分析等；开发能够感知和行动的机器人系统，以执行复杂任务。

人工智能的主要应用领域包括医疗健康、金融服务、制造业、交通运输、教育、零售和电子商务、安防和监控等。人工智能用于疾病诊断、药物研发、个性化治疗和健康监控等方面，如 IBM 的 Watson Health、谷歌的 DeepMind Health。人工智能用于风险管理、欺诈检测、投资分析和客户服务等方面，如算法交易、智能投顾、信用评分。人工智能用于优化生产流程、预测维护、质量控制和供应链管理，如工业机器人、智能工厂。人工智能用于自动驾驶、智能交通管理、物流优化等方面，如特斯拉的自动驾驶系统、Uber 的智能调度系统。人工智能用于个性化学习、智能辅导、教育资源推荐等方面，如智能教育平台、在线课程推荐系统。人工智能用于个性化推荐、库存管理、客户服务等方面，如亚马逊的推荐系统、聊天机器人；人工智能用于图像和视频分析、异常行为检测、公共安全管理等方面，如智能监控系统、人脸识别。

大模型（如 GPT-3、GPT-4、BERT 等）是基于深度学习框架构建的具有海量参数和复杂结构的神经网络模型，是人工智能最具代表性和前沿性的技术之一。通过在大规模数据上进行训练，大模型具备了强大的表达能力和广泛的应用潜力。未来，随着计算能力的提升和模型优化技术的发展，大模型在各个领域的应用将更加广泛和深入。大模型通常通过深度学习框架（如 TensorFlow、PyTorch 等）进行构建和训练。深度学习框架提供了构建、训练和优化复杂神经网络所需的工具和基础设施。这些模型基于神经网络，尤其是深度神经网络（DNN），其特点是具有多层的神经元，这些神经元之间的连接和权重可以通过大量数据进行反复训练和持续优化。当前大模型受到越来越多的关注，大模型的应用需要真正融入千行百业，推动实现多用户、全场景的数字化转型。

二、数字化转型

数字化转型是顺应当前科技革命与产业变革的关键步骤，它要求企业不断深化对云计算、大数据、物联网、人工智能和区块链等新一代信息技术的应用，以充分挖掘数据作为创新驱动力的潜能。这一过程不仅增强了企业在信息时代的生存力与竞争力，还促进了企业业务的快速优化、升级和创新发展，为企业创造、传递和捕获新的价值（周永斌等，2024）。加快数字发展并构建完善的数字发展体系是企业迎接挑战、抓住机遇的重要途径。数字发展能够为企业的数字化转型提供有力支撑，助力企业实现协同创新、高效运营和价值增长。

数字化转型促使消费者、生产者、技术创新实现高效的互动匹配，并影响企业技术创新行为（Ballestar et al.，2021）。因此，数字化转型对市场中的各相关方都产生了不同的影响，如图 1-4 所示。

图 1-4　数字化转型对市场各相关方的影响

1. 对消费者的影响

数字化转型对消费者的影响是深远且多方面的。它改变了消费者的购物行为、信息获取方式、生活方式和消费体验。数字化转型推动了企业与消费者之间的实时互动，打破了传统信息交流的时空限制，不仅改变了消费者的消费模式，而且促使企业及时根据消费者需求来调整其经营模式和产品功能设计（钱雨等，2021a）。一方面，数字化转型使产品更加智能化，消费者可以获得更优质的产品体验。例如，智能家居产品让消费者可以更方便地掌控家庭设备，如通过手机应用控制家里的空调、照明和安全系统等。另一方面，数字转型改变了消费者的购物行为和消费模式。例如，消费者可以通过互联网定制自己喜欢的服装、鞋子等产品，大大提升了消费者的购物体验。

2. 对生产者的影响

数字化转型对生产者的影响是多方面的。涵盖生产流程、产品开发、市场营销、供应链管理等领域。随着信息技术和数字技术的快速发展与应用，数字转型深刻地改变了企业和生产者的运营管理行为（陈剑等，2020）。一方面，数字化转型使生产过程更加高效和精确，减少生产成本、缩短交货时间。同时，数字化技术还可以帮助企业更好地管理和优化供应链，减少浪费。另一方面，数字化转型推动了生产者思维模式的转变。传统的运营管理往往依赖经验和直觉，而数字转型要求企业和生产者以数据为驱动，通过收集、分析和应用数据来指导决策和行动，使企业和生产者能够更准确地把握市场趋势，预测消费者需求，从而制定出更加精准和有效的运营策略。

3. 对技术创新的影响

数字化转型对技术创新的影响是深远而全面的。它不仅改变了创新的方式和速度，还扩展了创新的领域和范围。随着数字技术与实体经济的深度融合，数字化转型已是企业实现转型发展的必然选择，极大地提高了数据与信息的传递效率，有效地破解了"信息孤岛"问题，为技术创新创造了有利条件（郑志强、何佳俐，2023）。数字化转型的核心是利用信息技术，将制造过程数字化，实现生产过程的全面自动化、信息化、智能化。在这个过程中，技术创新起到了至关重要的作用。数字化极大地促进了技术创新，提升了研发效率，降低了创新成本，扩展了创新领域和应用场景。在数字化转型浪潮中，各种新型技术的广泛应用，如物联网、云计算、大数据、人工智能等，为各行各业数字转型提供了强有力的支持，促进了技术的进一步创新。数字化转型对技术创新的影响如表 1-2 所示。

表 1-2　数字化转型对技术创新的影响

功能维度	维度分解	效果呈现
加速创新过程	高效研发	数字化工具如计算机辅助设计（CAD）、计算机辅助制造（CAM）和虚拟仿真等，大大缩短了产品设计和开发的周期，提高了研发效率
	快速原型	3D 打印技术使快速原型制造变得更加便捷和经济，促进了快速迭代和创新实验
	数据驱动创新	大数据和数据分析技术使企业能够利用大量数据进行市场分析、用户需求预测和技术趋势分析，从而推动数据驱动的技术创新

续表

功能维度	维度分解	效果呈现
跨领域融合	多学科协作	数字化打破了传统行业和学科之间的界限，促进了跨领域的协作和创新，如人工智能与医疗、生物技术与信息技术的融合
	开放创新	数字平台和在线社区使企业能够更方便地进行开放创新，利用外部资源和创意，加速技术突破
成本和风险降低	虚拟仿真	利用虚拟现实（VR）和增强现实（AR）技术进行产品和系统的虚拟仿真测试，降低了实际测试的成本和风险
	云计算	云计算提供了灵活的计算资源和数据存储服务，使中小企业也能够负担得起大规模数据处理和复杂计算，提高了技术创新的可行性
创新平台和生态系统	创新平台	数字化平台（如开源平台、开发者社区、众包平台等）为创新提供了丰富的资源和支持，推动了技术创新的生态系统发展
	物联网	物联网技术通过连接各种智能设备和传感器，创造了大量的数据和应用场景，为技术创新提供了新的机会和动力
个性化和定制化	个性化需求	通过大数据分析和人工智能技术，企业能够深入了解用户需求，提供个性化、定制化的产品和服务，推动创新
	用户参与	数字化使用户能够更方便地参与到产品设计和开发过程中，通过用户反馈和参与，提升创新的针对性和成功率
全球化和协同创新	全球协作	数字化打破了地理和时间的限制，使全球化协作和创新成为可能，企业可以利用全球的人才和资源进行技术创新
	在线协同工具	视频会议、项目管理软件、协作平台等在线工具使分布式团队能够高效协同工作，促进了跨地域的技术创新
市场和商业模式创新	新兴市场	数字化创造了新的市场和商业模式，如共享经济、平台经济、按需服务等，为技术创新提供了新的应用场景和商业机会
	灵活商业模式	数字化使企业能够更灵活地调整商业模式，如订阅模式、按使用量收费等，增强了市场适应能力和竞争力
监管和标准	监管创新	数字化推动了监管科技（RegTech）的发展，通过大数据和人工智能技术，提高了监管效率和透明度，促进了技术创新的合规性和可持续性
	标准化	数字化推动了技术和应用的标准化，促进了不同系统和设备之间的互联互通，推动了技术创新的广泛应用和推广

三、数字内核

以大数据、人工智能、云计算、移动互联、物联网等为代表的新一代信息技术形成与行业融通，赋能千行百业，推动企业实现信息化向数字化的变革。数字内核是数字化转型的基础和核心，它通过数字技术对传统业务和运营模式进行改造和升级，为企业提供了强大的数字化能力和支持。数字内核包括连接、数据和智能三个关键要素。

连接是数字内核的基础。在数字经济时代，企业内外部的各种资源、应用和服务都需要通过高效、稳定的连接来实现信息的流通和共享。这种连接不仅包括企业内部各部门、各系统之间的连接，还包括企业与外部合作伙伴、用户、供应商等之间的连接。通过构建全面的连接体系，企业可以打破"信息孤岛"，实现信息的无缝对接和高效利用。

数据是数字内核的核心。数据不仅是信息时代的基石，更是推动数字化转型和智能化发展的关键要素。在数字经济时代，数据已经成为企业最重要的资产之一。数据不仅能够帮助企业更好地了解市场、用户和竞争对手，还能够优化生产流程、提高运营效率、降低成本。

智能是数字内核的关键。智能贯穿整个数字化过程，为企业的数字化转型和智能化发展提供强大支撑。智能技术可以帮助企业更加智能地分析和处理数据，发现其中的规律和趋势，为决策提供更加精准的建议。同时，智能技术还可以帮助企业实现自动化、智能化的运营和管理，提高生产效率和服务质量。

数字内核的作用是将传统的业务流程和数据转化为数字化形式，以提升企业的业务效率、创新能力和竞争力。具体来说，数字内核包括以下 6 个功能，如图 1-5 所示。

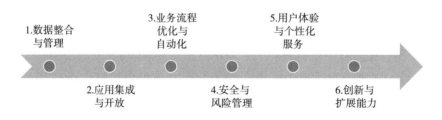

图 1-5　数字内核的功能

1. 数据整合与管理

数据整合与管理是指将不同来源的数据进行统一收集、整理、存储和管理，以便实现数据的一致性、完整性和可访问性。数字内核负责整合和管理企业内外部的数据、应用和服务。它通过企业提供的平台，将不同来源、格式和类型的数据整合在一起，同时管理和调度各种应用和服务，使企业能够更有效地利用这些资源。有效的数据整合与管理对企业的数据分析、决策支持和业务运营至关重要。

2. 应用集成与开放

应用集成与开放是指将不同的软件应用和系统进行连接和协同工作，以实现数据共享、业务流程自动化和提高整体运营效率。开放性则意味着系统和应用能够与外部系统进行无缝对接，通过开放接口和标准化协议相互操作。数字内核可以集成和管理企业内外部的各种应用系统和服务，实现数据的流动和共享，提高业务协同和效率。同时，数字内核也支持开放接口和标准，方便与第三方系统进行对接和集成。

3. 业务流程优化与自动化

数字内核通过对企业业务流程的深入分析和理解，能够发现潜在的优化点，帮助企业进行业务流程的优化和重构，不仅能够提高企业的运营效率和市场竞争力，还能够为企业创造更多的价值。在优化和重构业务流程的过程中，数字内核还能够提供实时的监控和反馈。通过对业务流程的实时监控，数字内核可以确保优化措施的有效实施，并及时发现和解决可能出现的问题。同时，数字内核还能够根据业务数据的变化，不断调整和优化业务流程，以适应市场的变化和企业的需求。

4. 安全与风险管理

数字内核具备强大的安全保障能力，可以对数据进行加密和权限控制，保护企业的核心数据资产。同时，数字内核也可以进行风险管理和预警，通过实时监控和分析系统数据，及时发现企业潜在的安全风险，使企业能够及时采取相应的措施来应对，降低企业的风险，保障业务的稳定运行。

5. 用户体验与个性化服务

数字内核可以通过用户画像和行为分析，为用户提供个性化的服务和体验，提升用户的满意度和忠诚度。基于用户画像和行为分析，企业可以提供定制化的内容推荐、个性化的产品设计和服务，以满足用户的特定需求。此外，通过持续收集和分析用户反馈和行为数据，企业还可以不断优化和调整服务策略，确保所提供的服务始终与用户的期望保持一致。

6. 创新与扩展能力

数字内核具备良好的可扩展性和灵活性，可以支持企业的创新和业务扩展，满足不断变化的市场需求。数字内核作为操作系统的核心，通过其模块化设计和标准化接口，使企业能够轻松地添加或替换功能模块，从而满足新的业务需求。另外，数字内核通过提供丰富的配置选项和参数调整功能，使企业能够根据不同的业务场景对系统进行灵活的配置和优化。

● 专栏 1-2 ●　三一重工：数智化助力企业长期可持续发展

一、企业简介

三一重工股份有限公司（以下简称"三一重工"）于 2003 年 7 月 3 日上市，是三一集团有限公司旗下的上市公司之一，是中国股权分置改革首家成功并实现全流通的企业。2011 年 7 月，三一重工首次入围 FT 全球市值 500 强，是唯一上榜的中国工程机械企业。2012 年，三一重工跨国并购"全球混凝土机械第一品牌"德国普茨迈斯特、持股"全球随车起重机械巨头"奥地利帕尔菲格。2021 年 5 月 13 日，三一重工入围福布斯全球企业 2000 强，排名第 468 位，首次跻身全球企业 500 强。

二、聚焦实现数智化

1. 营销环节——信息整合和精准营销

在营销环节，三一重工通过搭建全网营销平台和客户关系管理系统（CRM），实现客户信息的整合和精准营销。三一重工大力开发 AI 技术，开发了一系列智能化系统，如智能投放、智能管理等，以提升营销的精准度和效果。三一重工还利用大数据分析技术，深度挖掘市场需求，精准定位目标用户，并推出个性化定制服务，为客户提供了更好的购买体验。另外，三一重工成立了电商营销小分队，通过线上营销，创造出 1 小时卖出 31 台压路机的惊人业绩。

2. 研发环节——"自力更生"模式

面对新能源、低碳化的发展趋势，三一重工重视推动产品的电动化与智能化，核心是智能产品与技术开发。三一重工大力推进"自力更生"模式，坚持自主研发。一是搭建 PLM 平台，将研发过程管理起来，实现了产品设计制造、管理等的数据共享。二是搭建研发数字化平台，建立研发云与仿真云，将研发过程的设计知识线上化，包括每个研发人员的设计工作均在云端进行，逐渐完成从产品研发到管理过程的数字化环境。三是基于根云平台搭建了试验数据管理平台，使试验核心业务流程在线化率大大提升，设计与测试协同效率相应提升，试验数据在线化率提升至90%，产品研发周期平均缩短8天。

3. 制造环节——全面规划并启动建设"灯塔工厂"

三一重工全面规划并启动建设"灯塔工厂"，致力于实现企业管理者、研发人员、生产人员的"大协同"。三一重工"灯塔工厂"广泛采用视觉识别、工艺仿真、重载机器人等前沿的工业技术和数字技术，极大地提高了人机协同和生产效率，改善了生产工艺，降低了制造成本。三一重工以"灯塔工厂"建设为核心，以数据采集与应用、工业软件建设与应用、流程四化为抓手，实现管控精细化、决策数据化、应用场景化。目前，三一重工在车间产线的数字化转型、制造工艺的重构、管理模式的智能化等方面已取得阶段性成果。

4. 服务环节——从卖产品至卖服务的转变

为打造企业竞争优势，三一重工以数字化转型为基础，致力于实现工程机械从卖产品至卖服务的转变。对此，三一重工的工程机械产品运用物联网、3G/4G/5G、GPS等技术，配合嵌入式智能终端、车载终端、智能手机等硬件设施，将分布全球的几十万台客户设备全部连接、实时获得相关数据。然后通过网络协同和数据智能，为客户提供设备健康管理、操作模式评估优化、工程施工信息服务等很多增值服务，进而实现工程机械从卖产品至卖服务的转变。依托物联网平台"云端+终端"，三一重工构建了覆盖全球的智能服务平台和网络，在全球拥有1700多个服务中心，7000余名技术人员，可以实现全时服务，工程师响应时间由原来的300分钟缩短为15分钟，主要服务区域2小时到现场，24小时完工。渠道的备件库存从10亿元降低到7亿元，一次性修复率从75%提升到92%。

三、结论与展望

随着科技发展日益迅猛，市场竞争越发残酷，数智化转型已经成为许多传统企业寻求破局的关键点，企业必须深刻认识到数智化转型的必要性。三一重工率先意识到数智化转型是企业发展的未来之路，分别从营销环节、研发环节、制造环节和服务环境四个方面全方位实现数智化转型。在未来，相信三一重工的数智化转型程度会进一步加深，通过数智驱动实现更好的发展，坐稳市场品牌地位。

参考文献

[1]王欣兰，石美琪．数字化转型如何驱动企业动态能力生成实现价值创造？——基于三一重工的纵向单案例研究[J]．财会通讯，2024(6)：153-159.

[2]李玉倩．三一重工数字化转型中价值创造研究[J]．合作经济与科技，2024(6)：111-113.

[3]周文辉，胡蓉，杨筱卿．基于边界跨越的制造企业服务数字化转型：三一重工案例研究[J]．科学学研究，2024(7)：1472-1481.

第三节　AI时代

在21世纪的技术变革浪潮中，AI作为推动技术革命和产业变革的关键力量，在推动经济高质量发展进程中发挥着重要作用。随着大数据、云计算、量子科技等新技术的不断革新与发展，AI技术也取得了突破性进展，并逐渐渗透到各个领域，为人类带来了巨大的便利性提升了工作效率。

一、大数据化

大数据化是指利用大数据技术和方法，将海量、高维、多样化、快速变化的数据集合进行高效处理和分析，以挖掘其中潜在的价值和信息，为企业的决策提供支持、促进企业业务创新，改善企业社会治理能力。大数据化的特征如图1-6所示。

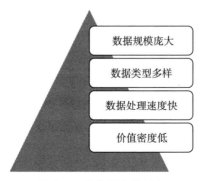

图1-6　大数据化的特征

1. 数据规模庞大

大数据化最显著的特征之一就是数据规模庞大。随着信息技术的不断发展，数据收集、存储、分析和使用的数量不断增长。来自互联网、社交媒体、物联网设备、传感器、视频监控、交易系统等的数据，也可能来自社交媒体、物联网设备、企业信息系统等渠道，形成了海量的数据集合。由于规模巨大，数据的体量通常以 TB（太字节）、PB（拍字节）甚至更大的单位来衡量，其规模远远超过了传统数据处理能力所能应对的范围，需要导入新的存储和处理技术来处理和分析这些庞大的数据集，如分布式存储系统（如 Hadoop HDFS）和分布式计算框架（如 Apache Spark）。

2. 数据类型多样

大数据不仅规模庞大，而且类型也极为多样。随着社交媒体、移动互联网、物联网等技术的广泛应用，人们可以随时随地产生和获取各种类型的数据。这些数据来源多样，格式各异，包括结构化数据（如数据库表）、半结构化数据（如 XML、JSON）和非结构化数据（如文本、图像、视频）。这种数据类型的多样性给数据处理和分析带来了更大的挑战，需要灵活的数据管理系统和分析工具，处理和整合不同类型的数据，如 NoSQL 数据库（如 MongoDB、Cassandra）和数据湖（Data Lake），为挖掘更深层次的信息提供了可能。

3. 数据处理速度快

随着信息技术的飞速发展，各种业务活动、用户行为、社交媒体互动等不断产生海量的数据，这些数据以惊人的速度增长和更新。数据生成和处理的速度非常快，实时性要求高。为了充分利用这些数据的价值，数据处理系统必须具备实时或近实时的分析及处理能力。例如，社交媒体上的数据每秒都会产生大量新内容，物联网设备不断地实时传输数据。需要实时数据处理技术，如流处理框架（如 Apache Kafka、Apache Flink）和内存计算技术（如 Apache Ignite）。快速的数据处理能力是现代数据驱动决策和实时应用的基础，通过硬件、软件和算法的优化，可以显著加快数据处理速度。大数据化技术能够迅速处理和分析这些海量的数据，提取有价值的信息和知识。

4. 价值密度低

尽管大数据规模庞大，但其中真正有价值的信息或数据所占的比例较小。这种现象在大数据时代很常见，虽然我们可以收集和存储大量的数据，但并不是所有的数据都有用。因此，大数据处理和分析的一个关键任务就是如何从海量的数据中提取出有用的信息。这需要对数据进行深入的分析和挖掘，以发现隐藏在其中的模式和规律。具体方法主要包括：利用数据清洗和预处理技术，提高数据质量，并使用数据治理框架来确保数据的可信性；通过选择最相关的特征来提高数据的价值密度，使用先进的算法从大量数据中提取有用的信息；建立数据管理和质量控制流程，确保数据的高质量和高相关性；使用数据挖掘、机器学习和人工智能技术，可以从数据中提取有意义的模式、趋势和预测。

以企业大数据化决策为例，企业大数据化决策是指企业利用大数据技术和方法，从庞大的数据集中提取有价值的信息，以支持业务决策和优化运营，涵盖数据收集、分析和应用的各个环节。通过对大数据的分析，可以帮助企业作出更准确的决策，发现潜在的商机和风险，并优化业务流程和服务质量，为企业经营决策提供重要的数据支持。大数据化的作用如图1-7所示。

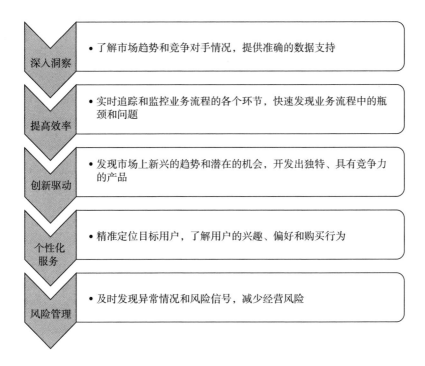

图 1-7　大数据化的作用

二、实时化

大数据的实时化是指在数据生成的同时，对其进行迅速的收集、处理和分析，从而在最短的时间内获得有价值的信息和洞见。在 AI 时代，实时化成为数据处理和分析的重要趋势，对于企业来说非常重要。企业大数据的实时化是指通过人工智能技术与实时数据处理和分析的结合，使数据能够在短时间内得到快速处理和智能分析，以满足企业实时决策和应用的需求。实时化的特点如图 1-8 所示。

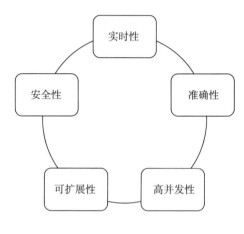

图 1-8　实时化的特点

1. 实时性

实时性是指系统能够在极短的时间内对外部事件或数据做出响应。这是实时性最显著的特点之一，对需要快速响应和决策的场景至关重要。实时性能够确保数据的新鲜度和有效性，使基于这些数据作出的决策更加准确和及时。大数据的实时化是一个复杂而多层次的过程，需要高效的数据采集、传输、处理和存储系统的支持。通过利用先进的技术架构和工具，实时数据处理在多个行业和应用场景中展现出强大的价值。未来，随着技术的不断进步，实时数据处理将得到进一步发展，带来更多创新和变革的机会。

2. 准确性

大数据的准确性是指数据在收集、处理和分析过程中保持高质量和可靠性，系统能够准确地处理和分析数据并得出正确的结果。实时化要求数据处理和分析的结果必须准确可靠，因为任何误差或延迟都可能导致决策的失误或错失良机。因此，实时化系统通常采用高精度的时间同步和校准技术，以确保数据的准确性和一致性。提高大数据的准确性需要从数据采集、清洗、存储、处理到治理的全流程进行管理和控制。通过采用可靠的数据源、先进的技术手段和严格的数据治理框架，可以有效提高数据的准确性和可靠性，从而支持高质量分析和决策。

3. 高并发性

大数据的高并发性是指在处理大规模数据时，系统能够同时处理大量的并发请求和操作，而不影响其性能和实时性。这对实时分析、物联网数据处理和大规模数据存储等大数据应用场景至关重要。在实时化系统中，由于需要处理大量的实时数据流，实时化系统通常具备高效的并发控制机制、负载均衡技术和资源调度策略，以确保系统的稳定性和性能。实现大数据高并发性需要综合运用分布式架构、负载均衡、缓存技术、并行处理、异步处理和多线程编程等多种技术和策略。通过优化数据库、采用容器化和微服务架构，以及持续监控和优化系统性能，可以有效提升大数据处理系统的并发处理能力，满足大规模数据处理和实时响应的需求。

4. 可扩展性

大数据的可扩展性是指系统在数据量、请求量、用户量等不断增长的情况下，能够通过增加资源（如计算节点、存储容量等）保持良好的性能和响应速度。实现大数据的可扩展性对构建高效、灵活和可靠的数据处理系统至关重要。随着业务的发展和数据的增长，实时化系统能够灵活地扩展其处理能力，其中包括水平扩展和垂直扩展。水平扩展是通过增加节点或服务器来实现的，垂直扩展则是通过提升单个节点的性能来实现的。可扩展性使实时系统能够应对不断增长的业务需求和数据量。

5. 安全性

安全性是指系统能够保护数据和资源免受未经授权的访问、使用、修改或泄露。实时化涉及大量敏感数据的传输和处理。因此，实时化系统往往采取多种安全措施，如数据加密、访问控制、安全审计等，以确保数据的安全性和秘密性。此外，实时化系统通常还具备防御网络攻击和恶意软件的能力，以应对日益复杂的安全威胁。

实时化已逐渐成为企业提升竞争力及创造新价值增长点的重要手段之

一。随着技术的不断进步和应用场景的不断扩展，实时化将在企业运营中发挥越来越重要的作用，为企业创造更多的商业价值和社会价值。

三、场景化

场景化是指将人工智能技术应用于各个领域和场景，以实现智能化、自动化和智能化决策的目标。其核心在于通过技术手段，对用户的特定时空、社交环境和氛围进行精准捕捉和营造，从而为用户提供定制化的交互体验、情感联结和价值交换。这种体验不仅改变了目标受众的认知方式，也对人们的日常信息生产、传播与消费产生了深远的影响。场景化具有多个显著特点，这些特点使场景化设计、营销和服务能够更好地适应和满足用户的需求，如图 1-9 所示。

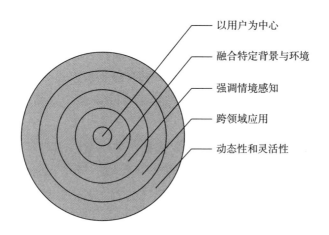

以用户为中心

融合特定背景与环境

强调情境感知

跨领域应用

动态性和灵活性

图 1-9 场景化的特点

1. 以用户为中心

个性化、智能化和无缝的用户体验，在提升用户满意度和业务成功方面具有重要意义。场景化设计的核心是以用户的需求和体验为出发点，强调在特定的时间和空间内，深入了解用户的行为、习惯和需求，不仅考虑产品的功能、特性和外观，还要深入考虑用户在使用产品时的环境和情境，从而提供更加顺畅自然的用户体验。例如，企业可以通过个性化体验、情境感知、智能交互和实时响应等技术手段，将产品和服务设计与用户的实际使用场景紧密结合，提供贴合用户实际使用场景的产品和服务。同时，通过数据驱动决策和持续优化，不断提升用户满意度和业务绩效。

2. 融合特定背景和环境

融合特定背景和环境是指在产品和服务设计中，充分考虑用户所处的具体背景和环境因素，以提供个性化、相关性强且贴合用户需求的体验。场景化将具有特定背景和环境的场景融合进产品设计、营销策略、用户体验等方面，帮助产品或服务更好地适应不同的场景和环境，进而精准地满足用户在不同情境下的习惯和需求，提升用户的满意度和忠诚度，为产品或服务创造更大的市场价值。

3. 强调情境感知

场景化关注用户在特定情境下的需求和感知。通过利用传感器、大数据等技术手段，场景化可以实时感知用户的行为和情绪，从而设计出更加精准、个性化的产品和服务。这种情境感知能力有助于提升用户体验，增强用户与产品或服务之间的情感联系。

4. 跨领域应用

随着科技的不断进步，跨领域应用在多个行业中展现出巨大的潜力和影响力。场景化不是局限于某一特定领域，而是广泛应用于各个领域，将不同领域的技术、知识和方法结合起来，创新性地解决问题，创造新的价值。无论是电商平台、App、网站界面，还是传统制造业、服务业等，都可以通过场景化设计来提升用户体验、增强市场竞争力。

5. 动态性和灵活性

场景化具有动态性和灵活性，能够根据场景的变化和需求进行灵活调整。随着用户需求的变化和技术的不断进步，场景化设计也需要更新和优化，以适应新的市场环境和用户需求。

场景化设计的特点使它能够提供更加贴近用户需求、适应不同环境和情境的解决方案，从而提升用户体验、增强市场竞争力。随着技术的不断进步和应用场景的不断拓展，场景化将会使企业向更加智慧、高效和可持续的未来迈进，为各个行业和领域带来更加创新、优秀的产品和服务。

四、智能化

随着信息化技术的不断普及和发展，智能科技正逐渐成为引领未来发展的重要驱动力。全球化所带来的文化交流、经济合作及人口流动等复杂因素，使智能化在各个领域中的应用变得越来越广泛和深入。

智能化是指通过运用计算机技术、大数据、物联网和人工智能等先进技术来模拟、扩展和增强人类智能，从而使各种事物能够具备满足人类各种需求的智能化属性。智能化的特点如图 1-10 所示。

图 1-10　智能化的特点

1. 高效性

智能化系统通过强大的计算能力和先进的算法，能够快速、准确地处理和分析大量的数据。高效性不仅体现在速度上，更体现在决策和执行的精确度与准确性上。企业在面临复杂多变的市场环境时，智能化系统能够迅速做出反应并给出最优解，大大提高了工作效率。

2. 自动化

智能化系统能够自动执行一系列任务，减少对人工的依赖。自动化不仅降低了人力的成本，还提高了工作的稳定性和可靠性，使许多烦琐、重复的工作得以简化。

3. 自适应性

智能化系统具有自我学习和自我适应的能力。在现实生活中，环境和需求往往是不断变化的。智能化系统能够实时感知这些变化，并根据变化进行自我调整和优化。这种自我适应能力使智能化系统能够在不同的场景中保持高效和稳定的工作状态，满足用户的多样化需求。

4. 集成性

智能化系统能够将不同的技术、设备和服务进行集成，形成一个统一的、协同工作的系统。集成性使智能化系统能够充分利用各种资源和技术优势，提供更加全面、高效的服务。同时，集成性也提高了系统的可扩展性和灵活性，使系统能够适应不同的应用场景和需求。

5. 交互性

智能化系统通常具备良好的人机交互界面，使用户能够方便地与系统进行交互和操作。智能化的交互性不仅提高了用户的使用便利性，也增强了用户对系统的信任感和依赖度。通过友好的交互界面和便捷的操作方式，用户能够轻松地掌握系统的使用方法，并充分使用系统提供的功能和服务。

智能化在现代企业运营中的作用日益重要，对企业的生产运营有巨大的帮助。企业应充分认识智能技术的重要性，并结合自身的实际情况，科学合理地运用智能技术，以实现可持续发展的战略目标。

五、移动化

移动化是指借助现代移动通信和互联网技术构建的综合通信平台，通过移动终端、服务器等平台的互动交流，将管理、业务、服务转化为更便捷、高效的移动化、信息化、电子化和网络化形式。这种方式旨在为企业内部及外部用户带来更优质、规范、透明、实时且互动性强的全方位管理与服务体验。

移动设备作为企业数字化转型的重要工具，其独特性越来越明显，这些独特性不仅体现在技术应用层面，还融入企业的运营模式和人们的生活方式中。移动化的特征如图 1-11 所示。

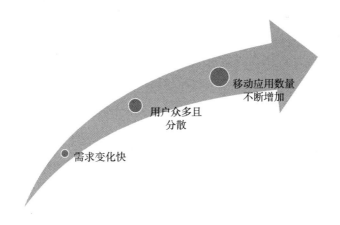

图 1-11 移动化的特征

1. 需求变化快

在移动时代，信息和服务的传播速度极快，用户对移动应用的需求也随之提高。一方面，移动技术的迅猛发展和不断更新，为即时性需求的满足提供了强大的技术支撑。新的硬件设备、操作系统、开发工具等不断涌现，不仅极大地提升了移动应用的性能和用户体验，也使移动应用能够更快地适应市场变化。另一方面，随着移动设备的普及和移动互联网的深入发展，用户的行为习惯和个性需求也在发生深刻变化。用户越来越依赖移动设备来获取信息和服务，无论是新闻资讯、社交互动还是购物娱乐，用户都期望能够立即获得所需的信息和服务，提供更符合自己需求的功能和服务。这就需要持续更新、优化移动产品和服务，同时深入挖掘用户的个性化需求，以更好地满足用户的需求。

2. 用户众多且分散

移动用户遍布全球，没有固定地点，有各种各样的终端和操作系统。一方面，随着移动互联网技术的不断发展，智能手机和平板电脑等移动设备的普及率不断上升，导致移动用户的数量急剧增加。这些用户拥有不同的年龄、性别、职业和地域背景，他们的需求、兴趣和行为习惯各不相同，形成了一个庞大而复杂的用户群体。另一方面，移动用户遍布全球各地，他们的位置信息每时每刻在都变化，这使针对特定地区或场景的服务推广变得更具挑战性。此外，用户可能在不同的场景下使用移动设备，如家庭、办公室、公共交通等。这些场景下的网络条件、设备状态和用户需求都有所不同，要求移动应用和服务具备更强的适应性和灵活性。

3. 移动应用数量不断增加

一方面，移动应用已经成为人们日常生活和工作中不可或缺的一部分，从社交娱乐到在线教育、从健康管理到移动支付，移动应用覆盖了人们生活的方方面面，为人们提供了极大的便利性和灵活性。另一方面，随着移动技术的不断发展，移动应用开发的门槛逐渐降低，不断推出新的应用和服务，吸引了越来越多的开发者和企业投入其中。同时，技术的不断进步、新的应用场景和功能的不断涌现，为移动应用的发展提供了更广阔的空间。此外，移动应用与各行各业的融合在不断加深，都在积极探索移动应用。在金融、医疗、教育还是交通等领域的创新应用，推动了移动应用的快速发展。

移动应用已经扩展至更广泛的应用领域和场景，并逐渐渗透到商业运营的每一个环节。在当今的移动互联和大数据时代，企业若想在激烈的市场竞争中立于不败之地，就必须积极利用移动技术，实现自身的移动化转型。

•专栏 1-3• ## 云从科技：人工智能企业中一只闯劲十足的独角兽

一、企业简介

云从科技集团股份有限公司（以下简称"云从科技"）成立于 2015 年，是一家在人工智能领域具有领先地位的科技企业，专注人工智能技术的研发与应用，业务范围包括智慧金融、智慧治理、智慧出行及智慧商业等多个领域，是我国新基础设施建设中不可或缺的重要力量。

二、云从科技在人工智能领域的应用

1. 合作创新助力人工智能发展

为了应对激烈的市场竞争，云从科技根据自身的战略方向和产品未来的发展趋势，积极寻求与国内外知名大学、研究机构的合作，以推动产学研一体化的深度融合。通过与高校和科研机构的紧密合作，云从科技构建了一个多层次的研发系统，使云从科技在技术上处于领先地位，同时也保证了产品的不断创新。不仅如此，通过与高校和科研机构互动，云从科技能够迅速将最新的科研成果转化为产品，满足市场的多样化需求。

另外，云从科技作为国家"互联网+"重大工程——"人工智能基础资源公共服务平台"的核心成员，与百度、腾讯、科大讯飞等共同肩负建设使命，旨在为全行业提供开放、高效的人工智能基础资源服务，推动人工智能技术的普及和应用。同时，云从科技为了更好地适应不同产业的需求，积极调整、优化并创新其组织结构，通过构建不同规模的产品线组织，实现了对资源的灵活调配，对市场的变化做出迅速的反应，并能很好地满足用户的个性化需要。

2. 构建人工智能产业新生态

云从科技致力于构建以人工智能为核心的产业新生态，通过一系列前瞻性的产业布局和战略投资，实现产业链上下游的纵向一体化。云从科技以人脸识别技术为起点，不断拓展技术应用领域，连接现有行业并拓展至更多行业，推动人工智能技术的广泛应用和产业的深度融合。为了打造这一产业生态，云从科技积极对外提供统一的应用程序接口，这些应用程序接口作为标准化的接入点，不仅降低了技术应用的门槛，也极大地提高了系统的兼容性和可扩展性。云从科技通过应用程序接口的开放，吸引大量参与者的加入，从而汇聚更多的创新资源和智慧，推动人工智能技术的发展和应用，为众多的第三方合作伙伴提供强大的技术支持，同时为产业链上下游的企业提供了更多的合作机会，促进了产业的协同发展和共赢。

3. 整合多领域大模型

云从科技通过基于数据要素的深度整合，成功将视觉、语音、自然语言处理等多个领域的大模型融为一体。这种跨领域的整合策略不仅突破了单一技术的局限性，还使云从科技的人工智能技术能够处理更加复杂、多样化的问题。例如，在智能客服领域，云从科技的人工智能系统不仅能通过语音识别技术准确理解用户的问题，还能通过自然语言处理技术进行深入分析，并结合视觉信息提供更精准、更个性化的解决方案。

此外，这种跨领域整合也极大地拓展了云从科技的应用场景。在智能制造领域，云从科技的人工智能技术能够实现对生产线的实时监控和数据分析，帮助企业优化生产流程，提高生产效率。在智慧金融领域，云从科技能够通过人脸识别、语音识别等技术，为用户提供更加安全、便捷的金融服务。在智慧城市领域，云从科技的人工智能技术能够实现对城市交通、公共安全等领域的智能监控和管理，提升城市的智能化水平。在智慧医疗领域，云从科技能够通过图像识别、自然语言处理等技术，辅助医生进行疾病诊断和制定治疗方案，提高医疗质量和效率。

三、结论与展望

随着人工智能技术的不断发展和应用，云从科技凭借领先的技术实力、丰富的应用场景和开放共赢的生态策略，赢得了市场的广泛认可和赞誉。今后，云从科技，应当充分利用人工智能技术优势，推动企业的创新和发展，为社会各界提供更智能、更便捷的服务。

参考文献

[1]王学欢，傅小龙. 大模型时代人工智能技术的应用趋势——以云从科技从容大模型为例[J]. 中国安防，2023（12）：53-58.

[2]潘慧. 云从科技：人机协同赋能行业应用[J]. 广东科技，2023，32（2）：28-33.

[3]周翼翔，姜文杰. 战略创业如何推动 AI 新创企业跨越式发

展？——基于云从科技的案例研究[J]. 管理案例研究与评论，2021，14(3)：278-294.

第四节　科技变革

进入 21 世纪，科技变革的步伐日新月异。特别是近年来，人工智能、大数据、云计算及物联网等一系列新兴技术的崛起，极大地推动了科技变革的进程，不断调整产业结构和经济形态，为各行各业带来了发展机遇。

科技变革是指在特定领域或行业内，通过引入新的技术和方法，对现有的技术和体系进行全面改革，从而产生重大的影响和改变。科技变革常常伴随生产力的提高、生活方式的改变及社会文化的进步。

一、国家政策

科技变革是推动国际秩序转型的重要动力。从历史来看，科技变革通过推动生产力发展、生产关系变革、军事技术进步和创造新的技术领域，成为改变国际秩序中的各个国家之间权力结构、国内结构、国际规则规范和冲突解决机制等的关键要素，实现旧秩序向新秩序的转型（蔡翠红，2024）。科技变革影响了经济、军事、全球治理、社会文化、环境与可持续发展、技术标准与规则制定等领域。各国在科技领域的竞争与合作，决定了其在新国际秩序中的地位和影响力。

科技变革的推进已经成为当今世界各国发展的重要驱动力之一。面对科技变革带来的挑战和机遇，各国都在加强科技创新，提升科技竞争力，积极参与全球科技治理，共同推动国际秩序的转型和优化。在此过程中，国家制定和实施的相关政策起到了至关重要的作用。国家政策的具体内容如图 1-12 所示。

1. 促进科技创新

国家积极推动科技变革的步伐，增加对基础研究和应用研究的资金投入，特别是在关键领域如人工智能、生物技术、清洁能源等，提供研发补贴、税收减免和风险投资等财政支持，鼓励企业增加研发投入，通过税收优惠、研发费用加计扣除等政策，激励企业进行技术创新。通过实施一系

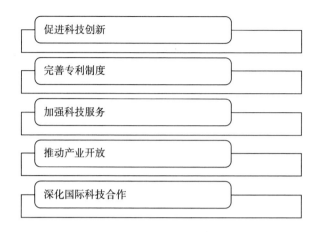

图 1-12　国家政策的具体内容

列优惠政策和激励措施，如税收优惠、创新基金支持、科研项目资助、人才引进计划等，培育和支持创新型企业的发展，推动产、学、研之间的深度融合。这些政策不仅激发了全社会的创新热情，为科技创新营造了良好的氛围，还吸引了大量的优秀人才和资本投入科技领域，为科技变革提供了源源不断的动力。

2. 完善专利制度

一方面，国家构建了一个更加公正、高效、透明的专利体系，为科技变革提供强有力的制度保障。通过引入先进的审查技术和手段，缩短审查周期，从而提高专利审查的效率和质量，确保创新成果能够及时获得保护。另一方面，国家建立了完善的维权机制，降低了维权成本，提高了维权效率。对于恶意侵犯专利权的行为，国家依法予以严厉打击，以维护创新者的合法权益和公平竞争的市场环境。此外，国家加强了专利公共服务，促进专利转化运用。通过增加强制代理例外规定，提升专利信息公共服务能力，细化开放许可制度，完善职务发明相关规定等，降低创新者的成本，提高专利信息的可获取性和可检索性，促进技术交流和合作，推动科技成果的转化和应用。

3. 加强科技服务

国家通过加强科技服务业的市场监管，规范市场秩序，提高科技服务质量。一方面，国家通过建立完善的监管机制，加强对科技服务机构的监督和管理，确保其合法合规经营。同时，国家还加强了对市场秩序的维护，打击不正当竞争和违法行为，为科技服务业的健康发展创造了良好的市场环境。另一方面，国家鼓励科技服务机构加强技术研发和创新能力建设，提升其在专业领域的技术水平和服务能力；支持科技服务机构通过兼并重组等方式，实现规模化发展，提高其服务效率和规模效益。通过完善创新生态系统、提升教育与培训、推动国际合作、保护知识产权、营造创新文化、优化政策环境、加速数字化转型、提供创新资金和推动绿色科技等策略，国家和企业有效提升了科技创新能力，实现了经济社会的可持续发展和国际竞争力的提升。

4. 推动产业升级

随着全球化和科技发展的加速，优化产业结构已成为各国推动科技变革、提高国际竞争力的重要手段。国家通过制定和实施产业发展战略，明确产业发展方向和目标，不断调整产业结构，以应对市场变化和技术进步的挑战。国家着重推动传统产业的转型升级，通过引进新技术、新工艺和新管理模式，提高生产效率、降低资源消耗、减少环境污染，实现产业的可持续发展。同时，国家也积极培育和发展新兴产业，包括高新技术产业、战略性新兴产业和现代服务业等，形成更加高效、绿色、智能的产业结构，引领未来产业的发展。

5. 深化国际科技合作

国际合作与交流能够汇集全球的智慧和资源，加速科技变革的步伐，为科技进步和经济社会发展注入新的动力。一方面，国家鼓励企业积极参与国际合作与交流项目。通过参与国际合作项目、参加国际学术会议等方式，企业可以接触国际先进的科研理念和方法，增强自身的创新能力和竞争力。同时，国际合作与交流还能够促进企业的跨国流动和交流，形成跨国科技创新网络。另一方面，国家积极与国际组织、其他国家或地区建立科技合作机制。通过合作，各国可以进行资源共享，共同研发新技术和新产品，并将其推向市场，实现科技成果的商业化应用，从而推动科技变革的产业化进程。

国家政策的引导和支持为科技变革提供了有力的保障和推动力量，科技变革也推动了国家政策的不断创新和完善，以适应科技发展的新形势和新需求。只有通过政策的不断创新和完善，才能更好地应对科技变革带来的挑战，实现科技与政策的良性互动。当然，科技变革的政策是随着时代发展和科技进步而不断调整的，政策的实施也需要考虑具体国情和发展阶段，确保政策的针对性和有效性。

二、客观趋势

当前，科技变革的浪潮正以前所未有的速度和广度席卷全球，成为国际竞争的核心焦点（秦琳等，2022）。从历次科技变革的发展规律来看，每一次重大的科技进步都是由基础科学研究的新发现和核心技术的新突破推动的。这些突破不仅成为引领和驱动整个社会创新与进步的强大引擎，而且触发了多学科领域的群发性、系统性变革。在强大的经济社会需求的推动下，这些变革促使传统产业经历升级转型，新兴产业迅速崛起并蓬勃发展，从而推动了社会生产力迈向新的高度（李政、廖晓东，2023）。科技变革的客观趋势表现在多个方面，这些趋势反映了科技进步的连续性、加速性和对经济社会的深远影响。

1. 人工智能渗透到各行各业

人工智能技术取得了飞速的发展，已经成为新一轮科技变革的核心驱动力之一。这种前沿技术不仅能够有效地整合传统产业与新兴技术，还能够在与行业应用的深度融合中，激发出更为显著的协同效应，持续地为行业的创新与发展注入源源不断的动力。从自动驾驶汽车到智能客服系统、从医疗诊断到金融风控，人工智能技术的广泛应用正在重塑各行各业的运作方式。另外，随着技术的不断进步和应用场景的持续拓展，人工智能技术正在为各行各业带来新的商业机会。无论是在智能制造、智慧城市、智能家居等传统领域，还是在虚拟现实、增强现实等新兴领域，人工智能技术都在发挥着越来越重要的作用，推动着这些行业快速发展。

2. 物联网的普及

物联网连接了各种设备和传感器，实现了设备之间的互联互通。一方面，物联网的普及不仅改变了设备间的通信方式，而且使数据共享和通信变得更加便捷和高效。物联网通过各类传感器和设备，将现实世界与数字世界紧密相连。从智能家居设备、智能穿戴设备到工业自动化设备、农业监测设备，物联网几乎触及了所有的行业和领域。这些设备能够实时收集、传输和处理数据，为各种应用提供丰富的数据。另一方面，物联网使各种设备相互协作，共同完成任务。例如，在智能家居领域，通过物联网技术，可以将各种家电设备连接起来，实现远程控制、智能调节等功能，提高生活的便利性和舒适度。在工业自动化领域，物联网技术可以实现设备的自动化监控和维护，提高生产效率和质量。此外，物联网的普及还催生了新的商业模式和服务方式。例如，基于物联网技术的共享经济模式正在兴起，人们可以通过共享资源来降低成本、提高效率。

3. 区块链技术的应用

区块链技术是近年来兴起的一项新型数字化技术，其将分布式数据存储、点对点传输、共识机制、密码算法等巧妙地融合在一起，改变了传统数据库的运行方式。区块链技术的核心在于构建了一个去中心化的数据库网络，实现快速、高效、安全的价值传递，从而极大地改变了传统的价值传递方式。另外，在传统的价值传递过程中，通常需要依赖第三方机构（如银行、支付公司等）进行中介和验证。然而，区块链技术使交易双方能够直接进行端到端的支付服务，无须中间机构的介入，不仅提高了支付服务的速度，还大幅降低了成本。更重要的是，区块链技术使价值传递变得更加透明和可追溯，从而增强了交易的可信度。

4. 数字化转型和智能化升级

随着云计算、大数据、物联网等技术的普及和应用，企业能够更高效地收集、存储、分析和利用数据，以优化决策过程，提升运营效率，并创造更多商业价值。在数字化转型的基础上，智能化升级进一步推动了企业的智能化发展，为企业带来了更多的自动化和智能化应用场景，提高了企业的竞争力和市场地位。此外，数字化和智能化技术还为企业提供了更多的创新工具和手段，使企业能够更精准地预测市场趋势，优化产品和服务，帮助企业更好地应对各种挑战和机遇。

科技变革已经成为推动经济增长、提高生活质量及塑造未来世界的关键因素之一。这些客观趋势共同构成了科技变革的核心，展示了科技发展的强大动力。

三、企业发展

在新时代的浪潮中，科技作为推动社会进步的重要力量，其发展与变革日益受到各行各业的关注。从人工智能到大数据、从云计算到物联网，科技的进步正在不断地重塑人们的生活。对于企业而言，科技变革无疑是决定其未来发展的关键因素之一，对企业发展具有深远的影响，如图 1-13 所示。

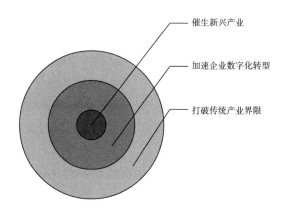

催生新兴产业

加速企业数字化转型

打破传统产业界限

图 1-13　科技变革对企业发展的影响

1. 催生新兴产业

产业是经济发展的关键，新兴产业更是关键中的关键。科技变革作为推动社会进步和产业升级的重要动力，不仅能够催生全新的商业模式，更能够孕育一批新兴产业，为企业带来前所未有的发展机遇。在科技变革的浪潮中，新兴产业的崛起往往基于最新的科研成果和前沿技术的突破，具有高度的创新性和增长潜力。对于企业而言，新兴产业的崛起为企业提供了更多的商业机会和盈利渠道，使新兴产业拥有广阔的市场前景和巨大的发展潜力，为企业带来丰厚的利润和回报。同时，新兴产业的创新性和技术含量也为企业提供了更多的发展空间和竞争优势。通过积极参与新兴产业的研发和生产，企业能够不断提升自身的技术水平和创新能力，从而在激烈的市场竞争中脱颖而出。科技的发展不断催生新兴产业，这些产业不仅在技术和业务模式上创新，还在很大程度上改变了传统行业的运作方式和市场格局。企业应积极拥抱科技创新，探索新兴产业带来的机遇，提升竞争力和创新能力。政府和社会也应支持科技研发和创新生态系统的建设，为新兴产业的发展提供良好的环境和条件。

2. 加速企业数字化转型

加速企业数字化转型是当今企业保持竞争力和适应市场变化的关键战略。数字化转型不仅是技术的应用，更涉及企业文化、业务流程、组织结构和客户体验的全面变革。随着技术的不断进步，数字化转型已经成为企业发展的必经之路。科技变革为企业提供了丰富的数字化工具和平台，如云计算、大数据、人工智能等，这些技术能够帮助企业快速实现数字化转型，使业务流程数字化和自动化，提高运营效率。数字化转型有助于优化企业内部环境，缓解企业内部层级重复、繁杂的低效状态，增强员工的团结协作能力，使经营管理更加高效。不仅如此，数字化转型还能够保证企业控制措施的安全性和规范性，有利于企业控制措施和活动的有效开展，提高效率和内部控制质量。

3. 打破传统产业界限

打破传统产业界限是指通过创新和跨界融合，促使不同产业之间的界限逐渐模糊，从而创造新的商业模式、产品和服务。科技变革通过引入新技术、新方法和新理念，使原本孤立的产业领域相互融合，促进了不同产业之间的深度交流和广泛合作。随着物联网、大数据、人工智能等先进技术的应用，原本属于不同产业范畴的技术和理念开始相互渗透和融合，不仅为产业发展带来了新的机遇，也为企业提供了更多的创新空间。不同产业之间的合作有助于推动新产品、新技术和新服务的产生，帮助企业拓展新的市场领域，增加市场份额，增强品牌影响力，让企业在激烈的市场竞争中脱颖而出，实现可持续发展。打破传统产业界限需要多方面的努力和协同创新，包括技术融合、商业模式创新、产业协同、政策支持等。通过跨界融合，不仅可以创造新的商业机会和市场，还可以提高企业的竞争力和抗风险能力。同时，企业要具备开放的心态、创新的思维和强大的执行力，以应对不断变化的市场环境和技术发展。

●专栏1-4● **四维图新：科技创新，助力出行智能服务**

一、企业简介

北京四维图新科技股份有限公司（以下简称"四维图新"）成立于2002年，是中国导航领域的第一家涉足者，也是国内最大的电子地图供应商。四维图新的业务范围涵盖自动驾驶系统解决方案、云服务平台、高精度地图、高精度定位及汽车电子芯片等领域。

二、技术创新为企业的发展助力

1. 开展业务合作，实现科学技术广泛应用

四维图新在业务合作方面表现积极，与多个领域的企业进行了广泛的合作，共同推动了汽车智能化和智能交通的发展。

在与汽车制造企业的合作中，四维图新的高精度地图和定位技术被广泛应用于各大车企的自动驾驶系统中，为自动驾驶的实现提供了技术支持。同时，四维图新积极参与汽车智能座舱系统的研发，将先进的智能座舱技术应用于实际产品中，与车企共同打造智能化、个性化的驾驶体验。在与互联网科技企业的合作中，四维图新能够更好地满足市场对智能化、网络化汽车的需求，提升产品的竞争力，推动汽车智能化的发展。这为四维图新带来了更多的商业机会和合作伙伴。另外，四维图新与智能交通领域也有广泛的合作。通过与政府、交通管理部门及智能交通企业的合作，四维图新将高精度地图和定位技术应用于交通管理、道路监控、智能导航等方面，为城市交通的智能化和高效化提供了有力的支持。

除了传统的业务合作模式，四维图新还积极探索新的合作模式，以寻求更广泛的发展空间和更深入的合作。一方面，四维图新积极与行业内外的合作伙伴共同研发新产品和新技术。通过与这些合作伙伴的紧密合作，四维图新能够实现资源共享和优势互补，将不同领域的专业知识和技能融合在一起，创造出更具竞争力的产品和服务。另一方面，四维图新通过投资、并购等方式，积极拓展业务范围和市场份额。在保持核心业务优势的同时，四维图新积极寻找与自身业务相关的潜力项目，通过投资或并购的方式，将这些潜力项目纳入自己的业务体系，以获取更多的市场机会、增长动力。此外，四维图新还非常重视与高校、研究机构等建立产学研合作关系。通过与这些机构的合作，四维图新能够深入了解行业前沿技术和市场动态，共同推动技术创新和人才培养。

2. 技术自主研发与创新

四维图新一直将技术自主研发与创新作为企业发展的核心驱动力。在地图生产的整个流程中，从硬件采集设备到数据处理、编译、分发，以及关键的制图工具链，四维图新都坚持自主研发，以确保全面掌握地图生成的核心技术。技术自主策略使四维图新能够根据市场需求和技术发展趋势，

灵活地调整、优化产品设计和生产流程，确保产品的卓越质量和性能。通过持续的技术创新和产品升级，四维图新已经成功开发了一系列产品解决方案，包括高精度地图、云服务平台、自动驾驶系统等，这些产品已经在汽车、智慧城市等领域得到了广泛应用。

除此之外，四维图新还自主研发了地图数字底座技术。通过整合多源数据，实现了高精度地图的快速生成和实时更新，为自动驾驶、智能出行等前沿应用提供了精准、可靠的空间数据支持。同时，四维图新推出的OneMap产品更是将导航地图、高精度地图、辅助驾驶地图和停车场地图融为一体，通过统一的底层拓扑设计，实现了智能座舱与智能驾驶的深度融合，为用户提供了更便捷、智能的出行体验。

三、结论与展望

随着科技变革的不断推进和市场环境的日益变化，原始技术已经无法为企业的发展提供持续动力，创新技术能够使企业在激烈的竞争中取得优势。四维图新作为中国最早进入导航地图行业的企业，应紧跟时代和需求变化，不断探索新技术，调整业务新结构，转变模式新思路，以便更好地适应市场的变化和技术的发展，营造支持创新和实验的文化氛围。

参考文献

［1］侯阳阳. 哈佛分析框架下四维图新战略研究［J］. 老字号品牌营销，2024（7）：61-63.

［2］李永发，李珂珂，王四青. 资源整合视角下科技型企业商业模式演化机制与策略——基于四维图新的探索性案例研究［J］. 珞珈管理评论，2023（6）：70-94.

第五节　生产要素

2020年，中共中央、国务院印发了《关于构建更加完善的要素市场化配置体制机制的意见》，正式将数据列为与土地、劳动力、资本、技术并驾齐驱的第五大生产要素（任保平、李婧瑜，2023）。数据成为数字经济时代的重要特征。与传统的生产要素（如劳动力、资本、土地等）相比，数据作为新型生产要素具有可复制性强、流动性高、价值密度低等特性。这些特性使数据要素在创新驱动发展过程中扮演着越来越重要的角色，深刻影响着人们的生产生活方式和社会治理方式。

一、生产要素来源

生产要素是指人们在进行社会生产活动时不可或缺的资源、环境及前提条件，这些要素的具体形态及它们在生产过程中的重要性随着时代、历史背景和经济发展而不断变化（梁继、苑春荟，2022）。从核心观念出发，生产要素被视为一种广泛意义上的资源，只要它们在社会生产活动中发挥了作用，即可被归类为生产要素。在当前的经济背景下，人们普遍认可的生产要素包括劳动力、资本、土地、数据和技术。这些要素在生产过程中扮演着重要角色，它们的结合与运用是推动社会经济发展的关键因素。

数据生产要素是指在数字经济环境下，可以被数字化、信息化处理并加以利用的各种信息资源。数据生产涵盖了供给、流通和应用三个主要环节，具体包括数据的采集、存储、处理加工、流通、分析及相关的生态保障等方面。数据生产要素的来源主要包括以下五个方面，如图 1-14 所示。

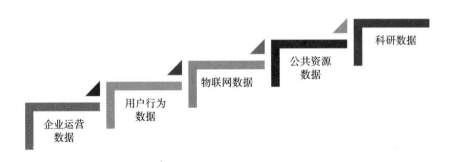

图 1-14 数据生产要素的来源

1. 企业运营数据

企业运营数据是指企业在日常运营过程中产生和收集的各种数据，这些数据涵盖生产、销售、财务、人力资源、客户关系等方面。有效利用这些数据可以帮助企业优化运营、提高效率、作出更精准的决策。企业在日常运营中会产生大量的业务数据，这些数据不仅记录了企业的每一项业务活动，也反映了企业的运营状况，包括销售数据、生产数据、供应链数据、产品使用数据等。企业运营数据是企业管理和决策的重要基础，通过有效的数据收集、管理和分析，企业可以优化各项业务流程，提升运营效率和竞争力。随着数据技术的不断发展，企业需要完善数据治理和数据分析能力，充分挖掘数据价值，实现数据驱动的智能运营和创新发展。

2. 用户行为数据

用户行为数据是指用户在与企业提供的产品、服务或网站进行交互时产生的数据，这些数据记录了用户在特定时间、地点和情境下的行为模式，如页面浏览、点击、搜索、购买、评论等一系列动作。通过收集和分析这些数据，企业可以深入了解用户需求、优化用户体验、提升产品质量和制定有效的市场营销策略。用户行为数据是企业了解用户需求、优化用户体验、提升产品和服务的重要资源。通过科学的数据收集、分析和应用，企业可以实现精准营销、个性化服务和数据驱动的决策，提高竞争力和市场份额。同时，企业在处理用户行为数据时，需要遵守相关法律法规，保护用户隐私，确保数据使用的合法性和合规性。

3. 物联网数据

物联网数据是指由各种物联网设备、传感器产生的数据。物联网设备遍布各个行业和领域，从智能家居到工业自动化、从环境监测到医疗健康，不断地将现实世界中的信息转化为数字信号，生成海量的物联网数据，从而为企业带来丰富的信息资源和巨大的商业价值。在工业自动化领域，物联网数据可以实时监测设备的运行状态、生产线的效率及产品质量等信息，帮助企业实现精细化的管理和控制。在环境监测领域，物联网数据可以实时收集空气质量、水质、土壤湿度等数据，为环境保护和可持续发展提供科学依据。

4. 公共资源数据

公共资源数据主要指党政机关、企事业单位在依法履职或提供公共服务的过程中产生的数据。这些数据涵盖交通、能源、环境、卫生、教育等领域。有效利用公共资源数据可以提高公共服务的效率和透明度，促进经济发展和社会进步。在治理国家、管理社会的过程中，党政机关会产生大量的数据，如政策文件、行政决策、执法记录等。公共资源数据不仅反映了政府的工作状态和成效，也为政策制定提供了重要依据。另外，公共资源数据还是企业在提供公共服务过程中产生的宝贵资源。公共资源数据作为一种重要的社会资产，具有广泛的应用价值和潜力。通过开放和共享公共资源数据，可以提升公共服务的效率和质量，促进经济发展和社会进步。同时，在数据开放和利用过程中，需注重隐私保护和安全管理，实现数据价值的最大化。

5. 科研数据

科研数据是指在科学研究过程中产生和收集的各种数据，包括实验数据、观测数据、模拟数据、问卷调查数据等。这些数据是科学研究的重要基础，通过系统化的管理和分析，可以推动科学进步和技术创新。科研与教育数据反映了最新的科研进展和技术发展趋势，为企业提供了创新的灵感和技术的支持。科研数据涵盖了从基础科学到应用技术的广泛领域，记录了最新的科研成果、实验数据和理论模型等。科研数据的积累，有助于推动科研工作的深入开展，促进科技不断创新。科研数据是科学研究的重要资源，通过有效的数据管理和分析，可以推动科学发现、技术创新和知识传播。随着大数据技术的发展，科研数据的规模不断扩大、复杂性不断增加，科研人员需要掌握先进的数据分析工具和方法，提高数据利用效率和研究水平。同时，在数据共享和使用过程中，需要确保科研数据的合法性和合规性，促进科学研究的健康发展。

综上所述，数据作为一种重要的生产要素，其来源和质量对决策的准确性和效率至关重要。因此，企业需要不断探索新的数据来源，并采用科学合理的评估方法来确保数据的可靠性和有效性。

二、生产要素现状

数据生产要素作为当前数字经济时代的关键组成部分，是数字经济发展的核心战略资源。从原始数据的采集开始，历经深度挖掘、高效流转及广泛应用等环节，数据为社会生产注入了源源不断的动力，充分展现了其作为生产要素的独特价值（潘家栋、肖文，2022）。数据生产要素的融入不仅推动了生产方式的革新，还催生了多样化的新型消费模式，为行业的发展注入了新的动力。

1. 数据生产要素赋能其他生产要素

数据生产要素通过赋能其他生产要素，与其他生产要素实现深层次融合，既能激发各生产要素自身的活力，又能创造更大的生产力，展现出巨大的发展价值。

一方面，数据生产要素赋能其他单一生产要素，如劳动要素、土地要素、资本要素、技术要素、知识要素、管理要素等，产生显著的增强效果。以数据生产要素赋能劳动要素为例，能够极大提升劳动配置效率和生产率，推动线上劳动形式的兴起，增强传统劳动力对数据的应用能力，进而生成更多的数据资源，推动数据生产要素的进一步壮大。在土地要素上，数据生产要素能有效盘活土地，推动土地要素的优化配置，引领土地资源的可持续健康发展。而在技术要素上，数据生产要素有效解决了技术瓶颈，推动了技术的持续创新和升级，对实体经济的推动作用更为显著（陆岷峰，2023）。

另一方面，数据生产要素还能同时作用于多种生产要素，实现多要素之间的协同增效。例如，数据生产要素既可以同时赋能土地和资本，也可以同时赋能劳动、管理和资本，甚至同时作用于技术、知识、资本和管理等多种要素，实现它们之间的深度融合。这种多要素的耦合作用，能够创造出更多的价值，推动社会经济的全面发展（白永秀等，2022）。

2. 数据生产要素加速生产方式变革

在我国经济从高速增长到高质量发展的过程中，为了满足现代工业系统的发展需要，生产要素的投入也随之由传统向新型要素发生转变。

一方面，数据生产要素以其独特的虚拟替代性，逐渐取代了一些传统的生产要素。通过各要素的重新组合，大大提高了生产效率。并且，这些被取代的传统要素并没有从生产领域中撤出，而是以各种方式进入其他生产环节，从而达到最优的资源分配。如机器人的使用取代了一些传统的人工，极大地提高了企业的生产效率。而被取代的劳动力，要么向劳动密集型行业转移；要么通过自身的学习与技能升级，与新的生产模式相匹配，进而实现整个生产要素配置结构的优化。

另一方面，数据要素展现出强大的互补共生性。数据要素与其他生产要素深度融合，共同产生倍增效应，进一步提升整体生产效率。以物联网为例，其数据采集与处理主要依靠单个节点，存在硬件开销高、网络安全性差等问题。但是，如果将区块链技术引入物联网中，则可以建立一种新型的贸易合作网络，使物联网的运作更加高效和安全。这种互补性的共生，不但促进了单个生产因素的绩效，还通过各要素之间的协作，使总体生产效率得到明显提高（蔡跃洲、马文君，2021）。

3. 数据生产要素催生新的消费模式

随着大数据、人工智能等技术的广泛应用，数据生产要素已经成为连接消费者与生产者的桥梁。数据生产要素在消费领域的广泛应用催生了众多新模式。

一方面，数据生产要素应用于消费环节，催生了零售新业态。数据生产要素在零售业的应用确保了供应链的完整性和高效性。通过收集和分析供应链各环节的数据，零售商可以实时了解产品的库存情况、交付时间等信息，避免货物短缺或积压，提高供应链的灵活性和效率。同时，数据生产要素推动了新零售网络的发展。新零售通过线上线下融合、智能化管理等方式，为消费者提供了更加便捷、高效的购物体验。

另一方面，数据生产要素在消费领域的广泛应用还催生了网络直播带货这一新兴模式。网络直播带货通过实时互动、个性化推荐等方式，为消费者提供了更加直观、生动的购物体验。主播通过直播展示商品，与消费者进行实时互动，解答消费者疑问，为消费者提供了更加真实的购物场景。同时，直播带货还能够实时反映消费者的需求和反馈，帮助企业更准确地把握市场动态和消费者心理，制定更加精准的营销策略。

此外，数据生产要素应用于国际贸易领域，催生了跨境电子商务等新模式，数据生产要素的应用不仅有效减少了消费者与境外商家之间的信息不对称问题，还极大地优化了交易流程，使跨境交易的成本显著降低，为全球贸易带来了更高的效率和更广泛的便利（Buyya et al.，2009）。

三、未来应用发展

随着信息技术的不断进步，数据生产要素在科技创新中的地位日益提升。数据作为现代社会中不可或缺的生产要素，其未来应用发展将更加广泛和深入，为各行各业带来革命性的变革。数据生产要素的未来应用发展趋势如图 1-15 所示。

1. 跨界融合与创新

随着数据生产要素的广泛应用，不同行业之间的数据共享和交换将变得更加普遍，这将推动跨界融合和创新，使原本各自独立发展的行业能够相互借鉴、相互补充，共同创造新的价值。过去，各个行业各自为战，数

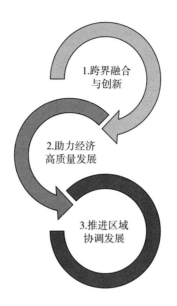

图 1-15　数据生产要素的未来应用发展趋势

据和信息流通受限，创新和发展的步伐相对缓慢。然而，随着数据生产要素的广泛应用，行业之间的数据壁垒正在逐渐被打破，数据共享和交换变得更为便捷和高效，不仅促进了信息的流通和共享，还为不同行业之间的合作提供了广阔的空间。例如，金融行业可以通过分析电商平台的交易数据，更准确地评估用户的信用状况，提供更加个性化的金融服务；医疗机构可以利用可穿戴设备收集的健康数据，为患者提供更加精准的诊断和治疗方案。这种跨界融合不仅促进了资源的优化配置，还推动了新技术、新产品的不断涌现，为整个社会带来更多的福祉。

2. 助力经济高质量发展

　　未来，数据生产要素将成为推动经济高质量发展的关键力量。通过深入挖掘数据价值，促进数据的最大化利用、共享和流通，能够充分释放数据的生产力，从而提升数据生产要素对经济增长的贡献度。随着数据生产要素进一步深化发展及广泛参与社会生产生活，不仅能带动传统产业转型升级，更能推动经济发展方式的转变，激发经济的发展动力，提升经济的发展效率，改善经济的发展质量，优化经济的发展环境（崔平、彭鸽，2022）。在这一过程中，依托劳动、技术、资本、管理等生产要素，共同发挥最大的价值。通过与其他生产要素的深度融合，数据的使用价值和潜在价值将得到更好的发挥，为经济的持续健康发展提供有力支撑。

3. 推进区域协调发展

数据生产要素具有跨时空性、共享性、强渗透性、普惠性等特质，为区域协调发展开辟了新的路径和机遇。在党的二十大报告中，明确提出了深化实施区域协调发展战略、区域重大战略、主体功能区战略和新型城镇化战略，旨在优化生产力布局，构建互补性强、高质量发展的区域经济布局和国土空间体系。随着数据作为生产要素在产业发展中地位的提升，其对产业布局和区域经济基础的影响与日俱增。数据生产要素的广泛应用不仅有助于资源的优化配置，还能推动区域间经济结构的互补和升级，进一步巩固和扩大区域协调发展的基础。因此，数据要素在促进区域协调发展方面扮演着越来越重要的角色(王娟娟等，2023)。

总的来说，随着数字化时代的到来，数据已经成为企业最宝贵的资源之一，其潜在价值和应用前景无限广阔。数字化的未来应用发展将深刻影响各行各业，推动技术进步和社会变革。企业需要认识到数据生产要素不仅是一种资源，更是一种战略资产。通过充分利用数据生产要素资源，企业可以实现更高效的生产、更精准的营销、更科学的决策等目标，从而提升企业的竞争力和可持续发展能力，推动科技创新迈向更高水平。

随着科技的飞速发展，我们已经步入一个全新的数智时代。在这个时代，大数据、云计算、人工智能等前沿技术已经渗透到各个领域，推动了产业结构的优化升级。企业纷纷加速技术转型，借助先进的数字化工具和智能化手段，实现业务流程的优化和升级，提升运营效率和服务质量。同时，数智化也为企业带来了更多的发展机遇，打破了传统商业模式的界限，推动了商业模式的创新，为企业的发展注入了新的活力。

章末案例

海尔智家：数智化变革驱动企业全流程升级

一、企业简介

海尔智家股份有限公司(以下简称"海尔智家")成立于 1984 年，是一家全球领先的美好生活和数字化转型解决方案服务商。海尔智家拥有海尔、卡萨帝、统帅、派克、美国通用等高端家电产品。2024年一季度实现营业收入689.8亿元，同比增长6%；经营活动产生的现金流量净额17.2亿元，同比增长27.3%，经营质量继续稳步提升，实现了高增长。海尔智家通过推进数智化变革，实现了业绩的显著提升。

二、利用数智化实现服务升级

1. 智能家居数智化，提供智慧家庭服务

在物联网技术的赋能下，海尔智家打造了场景品牌"三翼鸟"，该品牌涵盖了智慧场景、家电设计工具、用户平台和智家大脑。智慧场景以虚拟环境为载体，充分展示了海尔智家独具匠心的"5+7+N"综合解决方案。这一方案依据用户的个性化需求，精心打造了涵盖客厅、厨房、浴室、卧室、阳台在内的五大生活空间的展示，同时提供了安防、用水、空气等七大全屋优化方案，为用户带来全方位的智能家居体验。家电设计工具"筑巢设计"吸引了众多优秀的设计师和大量用户使用，普通用户可在上面上传自己的户型图，根据关键词搜索可以找到相应的全套家电家居场景方案。用户平台还整合了设计师和用户资源，用户上传相关信息，设计师可根据这些信息设计相应的家电家居场景。这些信息的不断迭代推动了设计方案的优化及家电产品的改进。在此基础上，智家大脑可整合大量信息，让智慧场景更加智能。

另外，海尔智家的智家体验云平台和卡奥斯平台是智能家居领域的两个重要平台，这两个平台共同推动了海尔智家在智能家居领域的数字化转型。智家体验云平台作为海尔智家为智能家居产品提供的智能化服务平台，其主要功能在于实现智能家居设备的联网管理，为用户提供智能化的控制和管理功能。平台使用户能够实时与家中的智能设备进行交互，无论是调整灯光亮度、控制空调温度，还是查看安全监控画面，都能够通过智家体验云平台轻松完成。而卡奥斯平台是海尔智家为智能家居企业提供的一种基于物联网的开放式智能化服务平台。平台不仅可以将智能家居设备与各种应用程序进行互联互通，还能够为企业提供从设备接入、数据分析到服务提供的全方位支持。通过卡奥斯平台，智能家居企业可以更加便捷地开发出符合市场需求的产品，并且根据用户反馈进行快速迭代和优化。

2. 大数据技术推动产品和服务的创新升级

数字经济时代，传统工业要素与数字化元素逐渐融合，技术进步及市场

环境的变化为价值创造带来了新的机遇和商机。海尔智家，作为智能家居领域的佼佼者，积极响应这一变革，提出了独特的价值主张——为用户提供一站式、智能化、个性化的智慧生活解决方案，满足用户的多样化需求。

利用大数据和人工智能技术，海尔智家能够深入分析市场趋势、用户行为和产品性能，从而预测未来的市场需求和产品发展方向。这种前瞻性的能力使海尔能够提前布局，迅速调整战略，以应对市场的快速变化。在服务环节，海尔智家利用人工智能技术实现智能化售后服务。通过智能客服系统，用户可以随时随地咨询产品的使用问题，获得专业的解答和帮助。

三、数智化制造推进效率提升

1. 建设互联工厂，实现智能制造

在互联网技术的推动下，海尔智家建设了互联工厂，成功实现了智能制造的转型。为了实现智能制造，海尔智家互联工厂在多个方面进行了创新。

一方面，海尔智家通过数字化技术实现了生产流程的智能化管理，包括生产线的自动化升级，使整个生产过程更为流畅；机器人的广泛应用，大大减轻了工人的劳动强度，提高了生产效率；物联网设备的广泛部署，使每台设备、每个环节都能够实现互联互通，实现数据的实时共享和智能决策。这些技术的应用，使海尔智家的生产线更加灵活、高效，能够应对多品种、小批量的生产需求。

另一方面，海尔智家通过收集用户在使用产品过程中的数据，不断优化产品设计和生产流程，提高产品的质量和性能。同时，海尔智家还通过社交媒体、电商平台等渠道与用户进行实时互动和沟通，了解用户的最新需求和反馈，以便及时调整生产计划和产品策略，满足市场的快速变化。此外，海尔智家还积极与国内外科研机构、高校等合作，共同探索前沿科技，推动智能家居产业的发展，不仅有助于海尔智家吸收新的技术和理念，还能够为其带来更多的创新资源和合作机会，使其能够在行业中处于领先地位。

2. 构建数字化供应链平台

海尔智家通过构建数字化供应链平台，实现了与其上下游企业的紧密连接和高效协作。

一方面，海尔智家利用数字化信息系统连接上下游企业，实时共享有效存货数量和有效供给数量。这使供应商能够更有规划地生产和发货，海

尔智家也能更高效地匹配供求,从而降低原料闲置和流动资金积压,提高整体运营效率。另一方面,通过数字化信息技术,海尔智家能够联系更多的国外供货商,拓展国际供应范围。这不仅增加了海尔智家的采购选择,还提高了供应链的灵活性和韧性。

此外,海尔智家还建设了供货商数字化档案系统,对供应商提交的商品的技术水平和技术含量进行动态评价,并及时更新历史数据。通过定期清除不合格供货商,海尔智家能够实现与供应商的最优化整合,提高原料的供货品质,为生产环节提供了良好的质量保障,降低原料问题导致的生产风险。并且,海尔智家与供货商形成了完善的反馈制度,定期获取相应的产品质量状况,并将这些信息反馈给上下游供货商,进而帮助海尔智家及时发现和解决供应链中的问题,提高供应链的透明度和可追溯性,也有助于海尔智家与供应商之间建立更加紧密的合作关系,共同推动供应链的持续改进和优化。

3. 建立数字化工作体系

海尔智家摒弃了以自我为中心的业务活动管理模式,转而紧跟用户数字化的需求。海尔智家通过制定数字化战略,建立数字化工作体系,逐步完善数字化运营管理智能协同模式。海尔智家将数字化工作体系全面普及应用至组织流程的各个环节,提高了组织团队中沟通协作的效率。使海尔智家能够以数字身份通过智能终端超越时空限制,与其他网络商业主体合作,共同创造和获取用户价值。

一方面,海尔智家将用户价值数字化作为所有工作开展的基本出发点。海尔智家在制定所有的工作场景构建目标时,始终围绕用户价值进行,确保每一个环节都能为用户带来实际的价值提升。通过交易聚焦互动,海尔智家根据流程设定工作方向,基于用户价值进行复合设计,形成了一套具体的行动指南,旨在指导海尔智家通过数字化手段创造和获取更大的用户价值。

另一方面,海尔智家依托物联网数字技术,制定经营计划和发展路线,确保其能够紧跟数字化趋势,并据此协调数字化商业活动的主体与所有参与者。并且,基于工作的目的,海尔智家构建了企业人力资源管理(Human Resource Management, HRM)模型。这种模型确保了员工在数字化工作体系中的高效协作,充分发挥员工个人潜能,为海尔智家创造价值。

另外，海尔智家还建立了对所有参与者进行合理价值评估和资金分配的财务管理模式，以确保数字化工作的可持续性和盈利能力。

四、数智化转型实现互利共赢

1. 建设数字化生态圈，实现创新协作和跨界互利共赢

海尔智家通过建设数字化生态圈，不仅实现了其内部的数智化转型，更推动了整个产业链的创新协作和跨界互利共赢。

一方面，海尔智家通过卡奥斯平台积极构建数字化生态圈，从而能够实时掌握供应链各方的需求和资源状况。实时的信息共享有助于企业更准确地预测市场趋势，优化资源配置，提高整体运营效率。并且，通过数字化生态圈，海尔智家可以根据市场需求、生产能力和物流状况等实时数据，对生产、库存、销售等环节进行精准控制。

另一方面，在数字化生态圈中，海尔智家通过整合大数据、云计算、物联网、人工智能等先进技术，实现了与上下游企业、用户、科研机构等多方的紧密连接和高效互动。这种连接方式打破了传统行业的界限，推动了产业链的深度融合和协同创新。在创新协作方面，海尔智家与众多合作伙伴共同探索新技术、新产品、新模式，通过资源共享、优势互补，实现了产业链上下游的协同创新和价值共创，在提高整个产业链的创新能力和竞争力的同时，也为用户带来了更多高品质、智能化的产品和服务。在跨界互利共赢方面，海尔智家积极拓展业务领域，与不同行业的企业展开合作，共同开发新的应用场景和市场空间。通过跨界合作，海尔智家实现了资源共享、市场共拓、利益共享，推动了产业链的跨界融合和互利共赢。海尔智家建设数字化生态圈的实践，不仅为其自身带来了显著的经济效益和社会效益，也为整个行业的数智化转型和升级提供了有益的经验和借鉴。通过数字化生态圈的建设，海尔智家正引领着产业链向更加智能化、高效化、绿色化的方向发展，为推动我国经济社会的高质量发展作出了积极贡献。

2. 商业模式创新，助力数智化转型

在数字经济飞速发展的当下，海尔智家紧跟时代潮流，通过商业模式创新，成功引领了数智化转型的浪潮。海尔智家智能化和场景模拟的创新应用，满足了用户购物的新需求，更基于现有平台，构建了一个开放性的

物联网生态系统，为行业的数智化转型提供了有力的示范。

一方面，海尔智家的开放性物联网生态系统，是一个将不同产业链中的多个社群进行聚合的平台，其核心在于资源共享和互利共赢。在这个系统中，不同企业可以凭借其独特的资源优势，进行资源的互换与共享，从而实现资源的高效利用和价值的最大化。这种模式的优势在于，能够在一定程度上降低企业扩展新业务的风险。通过共享资源，海尔智家可以更加灵活地应对市场变化，快速调整业务策略，以满足不断变化的用户需求。

另一方面，海尔智家的物联网生态系统展现出强大的聚合力。在这个系统中，企业之间形成了紧密的合作关系，共同推动整个生态系统的发展。这种聚合力不仅有助于海尔智家提升整个系统的竞争力，还能够吸引更多的企业加入其中，形成更加庞大的生态系统。随着生态系统的不断扩展和完善，海尔智家将能够为用户提供更加全面、便捷、智能的服务体验。此外，在数智化转型的过程中，海尔智家充分运用了大数据、云计算、人工智能等先进技术。这些技术的应用使系统能够实时收集和分析数据，优化资源配置，提高运营效率。同时，这些技术也使系统具备了更强的自适应能力和创新能力，能够不断适应市场变化，满足用户的新需求。

五、结论与展望

综上所述，随着信息数字技术的高度发展，各行业的头部企业已布局实施数字化转型，并有效提升企业自身的价值创造能力。海尔智家应充分顺应数字经济发展趋势，时刻掌握外界的信息数据，依托企业自身优势，抓住企业自身的数智化本质，并针对其在发展过程中出现的问题进行思考和分析。只有这样，才能使海尔智家不仅在短期内实现有效增长，还在长期内保持稳健的发展态势，从而在激烈的市场竞争中脱颖而出，保持长期的竞争优势。

参考文献

[1]马鸿佳，林樾．数字平台企业如何实现价值创造？——遥望网络和海尔智家的双案例研究[J]．外国经济与管理，2023，45(9)：22-37．

[2]王福，刘俊华，长青，等．场景链如何赋能新零售商业模式生态化创新？——海尔智家案例研究[J]．南开管理评论，2024(6)：1-22．

[3]孙新波，周明杰，张明超．数智赋能驱动场景价值创造实现机理——基于海尔智家和小米的案例分析[J]．技术经济，2022，41(12)：181-195.

[4]罗建强，蒋倩雯．数字化转型下产品与服务创新优先级演化分析——基于海尔智家案例[J]．科学学研究，2022，40(9)：1710-1720.

本章小结

数智化时代的到来映射着社会经济及科学技术的飞速发展，商业模式的浪潮接踵而至。本章重点讨论了数智时代下企业所处的时代背景。在新兴技术及互联网不断发展的背景下，我国进入了数字经济时代并蓬勃发展，产业经济实现转型升级，数智化转型也被越来越广泛地应用于产业发展和商业经营之中。同时，人工智能技术也推动了技术革命和产业变革，在各行各业中实现了广泛应用，不但为企业带来了更多的商业机会，而且为消费者提供了更加多元化、个性化的选择。因此，越来越多的企业在顺应时代的潮流下，积极进行数字化转型，推动科技变革。

第二章
企业管理新问题

　　随着数字化技术的飞速发展，企业管理者面临前所未有的机遇和挑战。传统的管理方法和思维模式已经无法适应快速变革的商业环境。在这个全新的数字化时代，大数据、人工智能、区块链等新兴技术正在彻底改变企业管理的方法和思维模式。新兴技术不仅为企业带来了更高效的运营和创新能力，还提供了更精准的市场洞察和个性化的客户体验。然而，数字化转型也带来了一系列全新的问题和变革，如组织流程固化、工具应用低效与营销融合保守等。因此，企业管理者需要重新审视现有管理模式的有效性，并积极寻求符合数智时代需求的创新管理解决方案。

我们既是传统实体经济、科技制造企业，也是为数字经济的发展提供计算力的企业。我们一直力求把自己打造成"数实融合"的样板，然后再通过"内生外化"，去帮助和赋能更多的制造企业实现数字化、智能化转型。

——联想集团 CEO　杨元庆

☆直面管理困境

☆紧抓数字化新机遇

☆数智时代新思路

掌阅科技：引领 AI 数字阅读

一、企业简介

掌阅科技股份有限公司（以下简称"掌阅科技"）成立于 2008 年 9 月，是一家致力于数字阅读的公司，位居全球数字阅读平台前列。掌阅科技旨在成为世界上最专业的阅读平台，普及阅读的价值。掌阅科技秉持"主动创新、诚实直接、简洁高效、追求卓越"的核心价值观，与全球超过千家的出版商和文学网站保持紧密的合作，向 150 多个国家和地区的读者提供丰富的图书资源和先进的阅读服务。

二、"付费+免费"融合发展，提升平台商业价值

掌阅科技专注数字阅读领域，致力于提升商业化平台的盈利效率和完善内容中台的基础能力，采用"付费+免费"融合发展模式提升平台的商业价值。截至 2022 年，掌阅科技已经成功实现了从主要依赖终端预装获取流量的模式向通过互联网市场化获取流量的转型，并顺利发展成精细化运营的数字阅读平台。免费阅读业务已成为掌阅科技增长的主要推动力。

1. 免费业务

掌阅科技免费阅读蓬勃发展，推动公司流量、收入双增长，旗下拥有"得间小说"和"七读免费小说"两款免费 App。掌阅科技通过两款免费 App 的买量推广来维持掌阅旗下产品整体的月活数据，驱动掌阅科技的流量增长。掌阅科技通过免费阅读吸引用户，保障 MAU，进而利用广告完成流量变现，同时通过收取用户的会员订阅费获取收入。

"得间小说"是掌阅科技旗下主打免费、正版、品质阅读的小说阅读

App，阅读资源包含玄幻、仙侠、都市、游戏等。"得间小说"分别为男女生定制推荐书单，用户可以通过主题、角色或情节筛选感兴趣的内容。此外，用户可以通过阅读等方式完成任务获取金币，金币累计到一定数额可以提现，进一步提高平台的流量。"得间小说"集合多种功能：支持听书模式，提供多种音色供用户选择；用户可以自定义阅读器背景、字体和排版；连载小说具备更新提醒功能，用户可以第一时间获取最新章节，随心阅读；自动阅读功能可实现自动翻页，让用户畅快阅读。

"七读免费小说"系掌阅科技旗下免费追书 App，致力于打造品质阅读。在内容上，"七读免费小说"拥有各类丰富书籍，用户可根据自身喜好选择在线看书、听书、有声书、漫画等各类资源。在页面设置上，"七读免费小说"拥有个性化背景和字体，用户可按需调整阅读体验。

2. 付费业务

"掌阅"App 内容丰富，用户规模行业领先。"掌阅"App 是掌阅科技发布的一款电子书阅读应用，提供大量正版书籍和漫画，通过售卖虚拟货币"阅饼"让用户购买内容，并提供 VIP 会员服务。掌阅科技一直以来通过与手机制造商和电信运营商合作，在新手机上预装"掌慢"App，使用户数量快速增加。从 2011 年开始，依托自己的 App，掌阅科技成功利用这种策略占据市场先机。近年来，掌阅科技调整策略，开始通过互联网营销和细致的运营管理吸引用户，其中免费阅读服务成为吸引新用户的关键。

掌阅精选专注精选优质图书，依托掌阅科技的精品图书资源、独创的"协同阅读"功能和定制的"阅读服务"，铸就掌阅科技精选的五大产品优势，包括海量正版资源、阅读功能实用性强、阅读活动多元、可视化阅读效果分析、多平台对接端口。为政企、图书馆和高校提供数字阅读解决方案，通过收取服务费用，为用户提供优质电子书资源、有声资源、智能阅读功能和定制化阅读活动等。

三、拥有丰富的版权内容资源，助力数字化发展

掌阅科技拥有丰富的版权内容资源，涵盖品质出版、原创文学和有声听书等领域。预计公司数字阅读平台业务将保持稳定增长，优质的版权内容将进一步推动免费商业模式的更新迭代。

1. 品质出版

掌阅科技与各大出版社及文学奖得主合作，构筑了内容竞争壁垒。与

企鹅兰登等合作伙伴拓展海外业务，引入了《权力的游戏》等重磅 IP，丰富了英文原版书数字阅读资源。在原创文学方面，掌阅科技持续输出优质内容，并通过多家原创平台实现了创作、孵化、影游漫等衍生开发一体化。掌阅科技不断向各类文化娱乐客户输出内容价值和 IP 价值。

2. 有声听书

掌阅科技积极打造优质有声内容，成功举办了三届掌阅听书节，并在喜马拉雅等平台取得了高收听量。通过不断探索提升用户体验，掌阅科技努力实现"让阅读价值无处不在"的愿景，进一步拓展有声书市场。

3. 合理利用 IP 优势

掌阅科技利用 IP 优势推动版权运营，实现市场价值。通过销售和开发优质网络文学作品的电子版权，以及有声、影视、短剧、游戏、动漫等衍生改编版权，掌阅科技连接了影视、动漫、游戏等上下游资源，提供多样高水准的内容。2021 年，掌阅科技在 IP 领域发挥多重优势，采用多种 IP 玩法如剧本杀、抖音短剧、自有大 IP 等，最大限度地发挥 IP 内容的市场潜力。

掌阅科技通过拓展 IP 衍生产业链，推动智慧阅读新模式的发展。一方面，掌阅科技在数字阅读领域进行持续深入的布局和发展，以构建完整的数字阅读产业链并提供全方位的数字阅读服务，包括内容生产、内容分发、用户体验优化、技术创新等方面的投入和努力，旨在打造一个繁荣、健康的数字阅读生态系统，满足用户多样化的阅读需求，提升数字阅读市场的活力和竞争力；另一方面，坚持技术创新和数据驱动的产品迭代研发模式，强化营销技术能力和算法能力，将人工智能技术融入数字阅读平台，提升用户体验。

为丰富内容、打破同质化瓶颈，掌阅科技积极探索新业务新领域，扩展 IP 衍生产业链，不断探索 IP 表达与版权衍生的可能性，通过多平台分发和 IP 衍生价值拓展，推动 IP 增值。同时，掌阅科技在文学改短剧领域进行布局，成立西安阅闲文化传媒有限公司，打造短视频内容矩阵的机构或公司，推出多部短剧作品。掌阅科技还拥有丰富的漫画团队和动画制作团队，打造了完整的二次元产业链，多部作品取得了巨大成功。

四、充分利用 AIGC 与数字阅读相结合

掌阅科技利用海量文学类内容数据和丰富的阅读场景用户数据，推动

智慧阅读数字内容生产与交互新范式，加快 AI 大模型在数字阅读垂直领域的优化工作，并已成功应用于"阅爱聊"和 TTS 等应用。掌阅科技与文心一言和 OpenAI 合作，不断微调学习，形成独有的数字阅读模型，以促进 AIGC 在内容生产、营销推广和产品形态方面的深化应用。具体来说，掌阅科技与百度深度合作探索阅读领域创新应用，接入 OpenAI 实现多场景应用；掌阅科技通过微软云接入 OpenAI，在企业内部广泛应用于代码编程、营销素材制作和文案撰写，提升员工生产力。同时，掌阅科技依托 AI 大模型提高内容生成质量和效率，通过 Prompt Engineering 在内容创作流程中提供初始提示和草稿阶段的丰富灵感，加速内容生成速度，提高质量，提升读者阅读体验。另外，掌阅科技加大研发力度，结合人工智能与数字阅读平台，上线 TTS 系统，实现从讲书到广播剧的数字阅读，提升用户听书投入度和沉浸感。此外，掌阅科技与 MiniMax 合作开展 AI 聊天式阅读平台"阅爱聊"，支持多种对话风格与 AI 互动，提供创新体验的阅读交互方式，包括聊人和聊书双模式。

五、结论与展望

掌阅科技作为在线阅读领域的领军企业，打造全球领先的智能阅读空间。通过先进的数字技术，向用户提供多样的商业化增值服务。利用 AI 大模型向各类文化娱乐客户输出内容价值和 IP 价值，从而获取版权及衍生收益。

参考文献

[1] 姚利磊. 字节跳动"白菜价"拯救掌阅科技 [J]. 英才，2021 (1)：31-33.

[2] 李莉. 浅析掌阅科技图书短视频营销成功之道 [J]. 视听，2020 (5)：166-168.

第一节　传统管理新困境

传统的管理理论和实践在过去几十年中为组织提供了重要的指导，但随着人工智能、大数据分析、区块链等新技术的广泛应用，传统的管理方法和工具已经显得有些力不从心。新时代的挑战要求管理者具备更加前瞻性的思维和更具创新性的解决方案。面对这一现实，管理者需要重新审视现有的管理范式，以应对日益复杂和多变的商业环境。如何更好地整合新技术，激发组织的创新力和竞争力，成为当前管理者亟须解决的问题。本节将探讨新时代下的传统管理管理困境，以及如何打破新困境，实现企业的长远发展。

一、组织流程固化

1. 传统组织流程现状

组织流程是指组织内部各项工作活动的有序排列和相互关联的方式，确保组织能够高效地实现其目标，涉及组织内部各个环节的规范、流程和程序。经营理念、管理方法、业务流程、各类制度、规范标准等内容综合构成了流程体系。这套系统能够确保职责清晰、方法一致、行为规范，从而保证信息沟通的有效性、权力的正常运行，并预防经营风险的发生（许延军，2019）。

在现阶段，组织流程的发展阶段如图 2-1 所示。

图 2-1　组织流程的发展阶段

（1）传统管理理论。组织流程理论主要关注传统的管理学理论，包括科学管理理论（泰勒理论）、理性化组织理论（韦伯理论）及流水线生产模式（福特模式）。这些理论的重点在于强调标准化、分工和专业化，以优化流程并提高效率、控制成本。

（2）质量管理理论。在 20 世纪 80 年代以后，质量管理理论开始兴起。这些理论注重通过减少浪费和提高质量来优化组织流程，强调员工参与和持续改进。

（3）流程管理理论。在质量管理的基础上，流程管理理论逐渐兴起。流程管理强调以流程为中心，通过对流程的定义、测量、分析和改进来优化组织绩效。其中，业务流程再造（BPR）理论提倡彻底重构流程，以实现质的飞跃。

（4）灵活化与敏捷化。随着市场竞争的加剧和技术的快速发展，组织流程理论也在不断演变。近年来，灵活化和敏捷化成为热门话题。敏捷管理方法强调适应快速变化的市场需求，通过小团队、迭代开发和持续交付等方式来优化组织流程。

（5）数智化。随着信息技术的快速发展，数字化和智能化的概念逐渐渗透到组织流程的理论与实践中。强调利用人工智能、机器学习（ML）和机器人流程自动化（RPA）实现流程的智能化和自动化，进一步提升流程的效率和智能水平，减少人力干预。

综上所述，组织流程最初主要关注的是工业制造领域的生产流程，并通过标准化和优化流程来提高效率。随着信息技术的进步，组织流程开始涵盖服务行业和知识工作者等。同时，传统的线性流程逐渐被更加灵活和协同的流程取代，强调团队合作和跨部门协作。近年来，随着数字化和人工智能技术的兴起，数智化组织流程受到大众瞩目。

传统的组织流程通常是基于预定义的规则和顺序进行操作，强调标准化和流程控制；而新的组织流程更加灵活和自适应，注重创新和快速响应市场需求。然而，传统和新的组织流程并非完全对立，它们往往相互融合、相互影响。传统的组织流程提供了基本的框架和稳定性，新的组织流程则通过引入新技术和方法来增强效率和创新能力。表 2-1 简单描述了 AI 的冲击及应对策略。

表 2-1　AI 的冲击及应对策略

AI 的冲击	应对策略
改变了企业管理的对象和属性	传统的管理对象主要是人和流程，而 AI 时代增加了数据和算法。这意味着管理者需要重新审视和调整管理策略，以适应这些变化
决策过程更加依赖数据分析和预测模型	传统的基于经验和个人直觉的决策方式正在被基于数据驱动的决策所取代。这种转变要求管理者具备更强的数据分析能力和对 AI 工具的熟练使用
引发了企业内部结构的调整	生成式 AI 的应用可以优化组织架构，提高效率和灵活性。这可能意味着需要重新设计部门职能、岗位设置和汇报体系，以更好地利用 AI 技术

续表

AI 的冲击	应对策略
管理者的角色发生变化	管理者不仅需要具备传统的管理能力，还需要掌握技术知识，能够理解和应用 AI 技术来推动企业的创新和发展。此外，管理者还需要具备更强的沟通和协调能力，以整合不同部门和技术团队的力量
催生出新的商业模式和创新机会	企业可以通过个性化服务、定制化生产等方式提升客户体验和市场竞争力。同时，AI 技术也为企业的创新发展提供了新的工具和平台，如 GPT-4 等大模型的应用
促进了人机协同工作	管理者需要学会如何有效地利用 AI 工具来辅助决策和日常管理，同时也要关注员工的心理适应和技能提升，确保人机协同能够顺利进行

2. 组织流程固化成因

组织流程固化是指组织内部的流程和规范被固定下来，变得僵化和难以适应变化的情况。这种情况经常发生在组织长期使用相同的流程和规范，而没有及时进行更新和改进的情况下。

分析组织流程固化的成因可以更好地帮助企业改进组织流程管理过程中存在的问题，如图 2-2 所示。

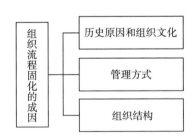

图 2-2　组织流程固化的成因

（1）历史原因和组织文化。在企业创立初期，管理者的时间和能力有限，导致企业组织流程设计不成熟。在短时间内，企业只能采取一种简单而直接的方式来处理各种任务和流程。但是，随着企业的发展壮大，原始的流程已经无法满足日益复杂的需求。然而，这些流程随着时间的沉淀已经深入企业的文化和习惯中，改变它们变得非常困难。此外，员工习惯按照既定的程序和规定工作，这种惯性使他们不愿意改变现有的流程或尝试新的方式。

（2）管理方式。管理者的管理风格和决策方式也会影响组织流程的灵活性。当管理者持保守、守旧的态度，不愿意接受新观念和方法时，往往导致组织流程的固化，限制了创新和改进的空间。保守的管理者往往倾向坚持既有的做事方式和流程，他们对变革持怀疑态度，担心改变可能带来的风险和不确定性。保守的管理者更喜欢稳定和可预测的工作环境，不愿意冒险尝试新的方法，这种态度会影响员工对新观念和方法的接受度和积极性。固守旧有方式的局面会导致组织流程的僵化，限制了组织的创新和发展能力。

（3）组织结构。在复杂的组织结构中，信息的传递通常需要经过多个层级和部门，这会增加信息传递的复杂性和风险。在传递过程中，信息可能会失真、滞后或丢失，从而导致决策和流程执行时使用的信息不准确或不完整。此外，由于部门之间的沟通和协作困难，信息的流通可能会受到阻碍，限制了整体流程的效率和灵活性。同时，过多的职能部门也可能导致流程僵化。当多个部门拥有类似的职能和决策权限时，可能会出现决策和指令的不一致。各个部门坚持自己的工作方式和流程，以维护自身的利益，而不愿意做出妥协或改变。在这种情况下，流程的僵化成为一种避免冲突和风险的手段，因为改变流程可能需要协调和整合各个部门之间的利益和意见，这可能引发冲突和摩擦。

3. 组织流程优化方案

企业必须意识到，过时的流程可能会导致效率低下、资源浪费和竞争力下降。因此，改变和更新传统的组织流程至关重要。为了做到这一点，企业需要采取以下措施以解决企业管理中存在的问题。

（1）改变和更新传统的组织流程。首先，企业需要仔细审查每个流程的目标、步骤和输出，并评估其有效性和效率，确定哪些流程已经过时或不再适用，从而进行流程的优化。其次，通过提供培训和教育机会、奖励、认可员工的改进提案等方式，鼓励员工参与其中，积极推动变革，促进企业文化的革新。最后，改变组织流程和革新组织文化是一个持续的过程，需要不断地评估和调整，因此企业还需要关注持续改进和监测。

（2）改进管理方式。组织可以设立培训计划，帮助管理者提升其变革管理和创新驱动能力。建立良好的沟通渠道，能够增进团队合作和理解，形成积极向上的团队文化。好的管理者应该注重与团队成员进行沟通，并倾听他们的想法和意见。同时，管理者也要学会给予团队成员适当的自主权和决策权，鼓励团队成员勇于尝试和创新，让他们有更多的主动性和责任感。

（3）优化组织结构。一个好的组织结构可以减少信息传递的复杂性和风险，提高决策的速度和准确性。对此，组织可以优化部门设置，避免重复的职能和决策权限，以降低决策不一致性和流程固化的可能性。同时，组织可以借助先进技术工具和平台来促进组织间信息的流通和协作。通过使用内部社交媒体平台或协同办公工具，使员工能够方便地分享信息、讨论问题，并及时获取所需的决策支持，以提高信息的透明度和及时性，促进组织流程的灵活性和改进。此外，引入云计算、大数据分析和人工智能等先进技术，能够更好地实现组织流程的自动化、智能化，促使组织提高工作效率、增强决策效果。

二、工具应用低效

1. 企业管理工具

（1）管理工具概述。早期的企业管理工具主要是以财务管理和库存控制为核心的系统，如最初的企业资源规划系统。随着信息技术的发展，这些工具逐步扩展到了供应链管理、客户关系管理、人力资源管理等领域。近年来，随着云计算、大数据、人工智能等技术的兴起，管理工具和平台在功能、易用性和智能化方面都有了显著的提升。新增的功能和服务使组织能够更好地应对挑战，提高效率和创新能力。

（2）管理工具主要类型。企业管理工具如图2-3所示。

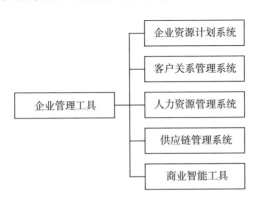

图2-3　企业管理工具

一是企业资源计划系统。该系统是基于事先计划和事中控制的核心理念，通过整合企业供应链资源，体现了精益生产、信息化关联、敏捷制造和并行工程等特征。作为集信息技术与先进管理理念于一体的信息化管理平台，ERP 系统旨在统筹规划企业各项资源，实现资源的合理配置，从而达到降低成本、提高效率的目标(叶康涛、孙苇杭，2019)。

二是客户关系管理系统。CRM 系统基于"客户为中心"的企业管理理念和商业运作模式，侧重于客户信息的收集、存储和分析，帮助企业提高销售效率和客户满意度。一套有效的客户关系管理系统需具备三个特点：第一，体现企业管理的指导思想和理念，与企业经营战略目标相一致并推动其实现；第二，整合信息技术，适应企业的软硬件系统并提供综合解决方案；第三，与企业业务模式相匹配，并被员工广泛认可和接受。

三是人力资源管理系统。指的是采取一系列方法来管理组织中最具价值的资产——员工，使其为实现组织目标作出贡献。人力资源管理的本质一直是人、资源和管理的结合，可以通过有效的管理技术来实现短期和长期的组织目标及个人目标。

四是供应链管理系统。供应链管理是一个涉及众多利益主体的庞大系统，是一种以满足顾客需求为目标，通过协调供应链中组织和部门之间的物流、信息流和资金流，优化供应链的各个环节，提高整个供应链的效率和响应速度的新型管理方式。

五是商业智能工具。商业智能工具通过分析企业内外部的大量数据，为决策提供支持。商业智能工具通常通过收集、整理和分析数据，生成可视化报告和洞察，帮助管理者更好地了解业务状况，发现趋势和模式，并作出基于数据的决策。

2. 企业管理工具应用低效原因分析

在现代企业管理中，管理工具的应用对提高效率、优化流程和实现战略目标起着至关重要的作用。虽然这些工具在理论上具有重要作用，但是许多企业在工具的选择和应用上存在一些问题，导致工具的应用效果不尽如人意。因此，本书将对工具应用低效的原因进行分析，并提出相应的解决方案，以期帮助企业更好地利用工具提高管理效率，实现战略目标。

(1)工具选择与企业发展战略脱节。企业的长远目标和发展方向是由其发展战略决定的，企业选择的管理工具也需要与企业发展战略一致。然而，许多企业在选择和应用工具时存在盲目跟风的现象，仅关注工具的热度和流行程度，而忽略了工具与企业战略的匹配性。这种不协调导致工具的应用效果不尽如人意。因此，企业在选择工具时应充分考虑自身的特点和需求，确保所选工具与企业的战略目标一致。

（2）管理工具之间的协同性不足。在企业管理中，常常需要同时运用各种工具来支持不同的管理活动。然而，这些工具之间缺乏有效的协同性，从而出现信息孤立和流程中断的问题。例如，项目管理工具无法与绩效评估工具进行无缝衔接，造成了重复输入和信息不一致的情况。

（3）创新管理工具未得到充分应用。创新管理工具可以帮助企业及时有效更换适合企业发展的管理工具。然而，许多企业对创新管理工具的应用相对较少，主要是由于缺乏培训和教育。因此，在许多企业中，员工对创新管理工具的了解和掌握程度有限，导致创新管理工具的应用效果不尽如人意。

（4）管理工具与企业业务融合度不高。许多企业在引入管理工具时，往往只关注管理工具本身的功能和特点，而忽视了管理工具与企业业务的融合度，进而导致管理工具在实际应用中的适配性和可操作性不足。

3. 企业管理工具应用优化方案

（1）企业管理工具的选择应与企业发展战略相匹配。首先，企业需要明确自身的发展战略和目标。这包括确定企业的核心竞争力、市场定位和发展重点。其次，企业需要对现有的管理工具进行评估，确保它们与企业战略的一致性。如果存在不匹配的情况，企业则可以考虑寻找新的管理工具或对现有工具进行定制，以满足战略需求。最后，为了确保管理工具的有效应用，企业还应该加强对员工的培训和教育，提高他们对管理工具的认识和应用能力。

（2）增强管理工具之间的协同性。利用现代互联网技术将不同的管理工具整合在一起，能够有效实现数据的共享和流程的衔接。不同的管理工具之间可以实现无缝协作，缓解重复工作和信息不一致的问题。

（3）促进创新管理工具的贯彻应用。为了提高创新管理工具的应用效果，企业需要加强对员工的培训和教育。企业可以组织内部培训课程或邀请外部专家进行培训，以提高员工对管理工具的认识和应用能力。此外，企业还可以建立创新管理工具的使用指南和最佳实践，供员工参考和学习。

（4）定期评估和优化工具的应用效果。企业还应该定期评估和优化工具的应用效果，及时调整和改进工具的配置和使用方式，以确保工具与企业业务的紧密结合；同时建立反馈机制，收集员工和用户的意见和建议，以不断改进工具的功能。

4. 管理工具未来发展趋势

随着互联网技术的发展，数字经济规模不断扩大，已成为我国经济高质量发展过程中最具活力的板块，对提升企业核心竞争力和推动企业高质量发展的积极作用不容忽视。同时，充分理解用户需求是产品设计的关键要素，引入用户体验元素在产品设计阶段能够显著提升产品的接受程度。田根源（2024）认为，云计算能提升企业信息管理的效率，并且说明了云计算的创新性和实际应用价值。

企业管理工具是现代企业不可或缺的一部分，随着技术的发展，管理工具将继续演化，以满足企业日益复杂的管理需求。企业管理工具的发展趋势将更加智能化、个性化，如图 2-4 所示。

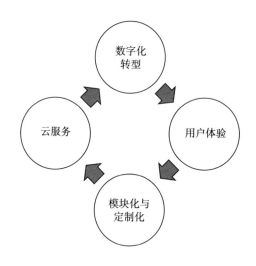

图 2-4　管理工具的发展趋势

（1）数字化转型。企业管理工具将更加重视支持企业的数字化转型，如通过集成 AI、物联网技术来实现智能化管理。

（2）用户体验。随着用户对软件界面和操作体验要求的提高，企业管理工具将更加注重提供直观、易用的用户界面。

（3）模块化与定制化。为满足不同行业和企业的特定需求，企业管理工具将提供更加灵活的模块化与定制化服务。

（4）云服务。云计算的普及使企业管理工具更加便捷和高效，小型和中型企业也能够以较低的成本享受到高级的管理工具。

三、营销融合保守

1. 我国企业市场营销现状

目前，我国企业市场营销正处于快速发展和不断变化的阶段。随着互联网和移动技术的普及，企业越来越重视数字化营销，并开始利用各种数字渠道来吸引潜在客户。

第一，数字化转型已成为企业市场营销的重要趋势之一。随着互联网和移动技术的迅猛发展，企业逐渐意识到数字化营销的重要性。通过利用社交媒体、搜索引擎优化等数字渠道，企业可以更加精准地定位潜在客户，并通过数据分析来优化营销策略。数字化转型不仅提高了企业的市场竞争力，还提升了企业与客户之间的互动和沟通。

第二，社交媒体的崛起对企业市场营销产生了深远的影响。微信、微博、抖音等社交媒体平台在中国拥有庞大的用户基础，成为企业进行品牌推广和产品宣传的重要渠道。许多企业借助社交媒体的广告和关键意见领袖（KOL）合作来提升品牌知名度和销售额。通过社交媒体，企业可以更加直接地与客户互动，了解客户需求，并及时调整营销策略。

第三，用户体验的重视成为企业市场营销的重要方向之一。随着消费者对产品和服务的要求越来越高，企业不得不注重提供个性化、便捷、高质量的购物和服务体验，以吸引客户。企业通过优化网站界面、提供多样化的支付方式、加强售后服务等方式来提升用户体验。同时，通过数据分析和用户反馈，企业可以不断改进产品和服务，满足客户的需求。

第四，精细化营销正逐渐成为企业市场营销的新趋势。企业逐渐认识到不同用户需求的差异性，开始采用精细化营销策略。通过大数据分析和人工智能技术，企业可以更好地了解用户需求，定制个性化的产品和服务。例如，企业可以通过数据分析，了解用户的购买偏好和消费习惯，从而针对性地推送个性化的营销信息和优惠活动，提高用户的满意度。

第五，线上线下融合已成为企业市场营销的重要趋势。传统的线下渠道与新兴的线上渠道结合，可为消费者提供更全面的购物和服务体验。通过线上线下互动，企业可以更好地了解消费者需求，提供个性化的购物建议和推荐产品。同时，线上线下销售的协同增长也可以帮助企业更好地推广产品，提升销售额。

综上所述，我国企业市场营销正朝着数字化、个性化的方向发展。在这个快速变化的时代，企业需要不断创新以适应市场的需求，借助技术和创新手段来提升市场竞争力和营利能力。只有与时俱进，才能在激烈的市场竞争中取得成功。

2. 营销融合保守的成因

目前，一部分企业仍然坚持采用传统的市场营销方式，没能意识到互联网促进企业发展的能力，这无疑给企业的发展带来了不良的影响。然而，随着互联网的发展和普及，企业应意识到互联网在市场营销领域的巨大潜力，并积极采取措施利用这一优势。关于企业营销融合保守的成因有以下几个方面，如图 2-5 所示。

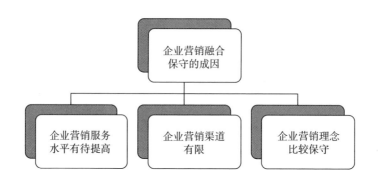

图 2-5　企业营销融合保守的成因

（1）企业营销服务水平有待提高。传统营销模式中，促销活动是最常见的营销策略。然而，过度使用这种策略可能导致产品过剩。一些企业为了追求利益最大化，无法提供个性化服务，导致服务水平下降。随着互联网的普及，消费者对营销服务的需求日益增长，更倾向体验式营销方式。因此，企业的传统营销服务与消费者需求脱节，导致企业逐渐滞后。

（2）企业营销渠道有限。通常，营销融合保守的企业，其营销渠道也十分有限。企业主要依赖广告推广和促销活动来营销，而单一的策略容易使消费者产生视觉疲劳，进而减弱产品销售的效果。尤其是过度依赖广告轰炸，可能让消费者反感，降低其购买欲望。

（3）企业营销理念过于保守。部分企业因为保守的营销理念，在接收市场反馈信息上滞后。这会带来两个主要问题：一是企业难以及时了解和适应市场变化、灵活地调整营销策略；二是严重影响企业核心竞争力的提升，对企业的健康发展造成不良影响。

3. 改革方向

在当前竞争激烈的商业环境下，企业不得不面对日新月异的挑战。为了保持竞争优势并实现可持续发展，企业需要不断改革和创新其营销策略。以下四种方案可以帮助企业进行改革创新，促进企业发展。

（1）构建以大数据为中心的网络营销体系。通过利用大数据分析，企业可以更好地理解市场趋势、消费者行为和偏好，帮助企业更精准地定位目标市场，进而在产品开发、市场推广等方面作出更有针对性的决策。通过分析消费者的在线行为，企业可以发现潜在的市场需求，从而开发出更受市场欢迎的产品或服务。同时，大数据也可以帮助企业优化广告投放策略，通过精准定位来提高广告效果和转化率。

（2）拓展企业营销渠道。随着互联网的普及，企业有了更多市场营销的选择，尤其是新媒体的兴起为市场注入了新活力。现今，消费者钟爱新潮事物，线上购物已成为大势所趋。所以，除了传统的线下渠道，企业还可以拓展线上渠道。多渠道营销可以增加销售机会，提高品牌曝光度，吸引更多的潜在客户。另外，企业还可以与其他企业建立合作伙伴关系，共同开拓市场；与相关行业的企业合作进行联合营销活动，互相推荐产品或服务，共享资源和客户群体。

（3）更新营销理念。为适应互联网时代的发展，企业需淘汰传统市场营销模式，实现从传统理念向创新型理念的转变。对此，企业必须有效融合互联网思维与营销理念，促进互联网营销渠道和企业品牌的共同发展，从而优化和创新营销路径。与此同时，企业也应重视培养全员创新能力，尤其是市场营销人员，着重培养其创新思维，对实现企业营销路径的持续创新起到关键作用。

（4）人才队伍建设。高质量的网络营销团队是企业实现营销目标的关键。企业应该注重营销团队的培训和发展，不断提高团队成员在数据分析、市场策划、内容创作等方面的专业能力。同时，优秀的人才队伍可以帮助企业更有效地执行网络营销策略，实现业务增长和品牌提升，企业可以鼓励培养团队创新思维和实验精神，以适应不断变化的市场环境和消费者需求。

● 专栏 2-1 ●　比亚迪：企业营销新玩法

一、企业简介

比亚迪股份有限公司（以下简称"比亚迪"）成立于 1995 年 2 月，是一家跨领域企业，业务涵盖电子、汽车、新能源和轨道交通等领域。特别是在新能源领域，比亚迪拥有完整的产业链，包括电池、太阳能、储能等产品，产品销往全球多个国家和地区。在汽车领域，比亚迪具备新能源汽车核心技术，生产乘用车、商用车和叉车，包括传统燃油车、混合动力车和纯电动车系列，连续 9 年保持中国新能源汽车销量第一。

二、比亚迪的创新营销方式

1. 创新品牌广告价值观

在追求流量的思维下，一些品牌选择通过与竞争对手的对抗来获得关注和肯定，但这种做法可能导致消费者感到疲劳和产生厌恶心理，损害品牌形象。品牌之间不和谐的商战也容易让消费者觉得品牌缺乏独特性，不利于品牌的长期发展。

2023 年，在比亚迪的宣传片《在一起，才是中国汽车》中，通过 26 张图片展现了中国 11 家车企的发展历程，回顾了中国汽车工业的 70 年变迁，展现出了团结的力量和中国品牌崛起的气势。该宣传片也受到同行的欢迎和祝福，体现了比亚迪的格局与气度。比亚迪借助集体荣誉感和使命感的营销策略获得了消费者和同行的尊重及认同，展现了品牌的爆发力和传播力。

消费者已经开始厌倦流量导向的促销手法。品牌的短期发展可以依赖促销，但这并不符合长期发展和正面品牌形象的需要，尤其在新品牌层出不穷的市场中，品牌只有建立更深层次的认同感才能获得消费者的青睐。

2. 合理利用影视营销

比亚迪在影视营销领域经验丰富，通过与文娱 IP 进行深度合作，不仅提升了品牌在目标受众中的认知度，还加深了品牌与文化内容之间的联系。比亚迪与《问路·远光灯》的深度合作，有效地将其品牌形象植入消费者心中，增强了品牌与受众之间的情感共鸣。同样，在《河蚌青年》这一衍生文娱作品中，比亚迪展现了其在影视领域的创新尝试。这一项目不仅是一次品牌植入的尝试，更是通过故事叙述建立了一种情感链接。通过这种创新的营销手段，比亚迪成功地与年轻一代建立了更深层的链接，使其品牌形象更加年轻化、时尚化。此外，比亚迪通过签约新一代年轻的歌手演员作为其品牌青春大使，在提升品牌年轻形象的同时，也为其在影视营销领域的探索奠定了基础。这种结合影视内容和明星效应的策略进一步增强了比亚迪的品牌吸引力。

通过一系列合作，比亚迪成功将品牌形象与文化内容紧密结合，创造独特的品牌故事和情感价值，提高了品牌可见度、吸引力，强化了与消费者之间的情感共鸣和忠诚度。选择新一代的明星代言人进一步强化了品牌在年轻消费者中的吸引力，为影视营销策略提供更广泛的传播平台，体现了比亚迪在市场洞察和消费者心理把握上的高度敏感性和前瞻性。

3. 音乐合作与文化推广

比亚迪在音乐合作与文化推广方面展现了对市场趋势的敏锐洞察和对年轻消费者心理的深刻理解。比亚迪参与了"我们的毕业歌"音乐节，邀请希林娜依·高作为特邀嘉宾全程参与，并与粉丝互动，展示了比亚迪时尚、年轻化的形象，巧妙地加强了与年轻群体的联系。在活动现场展示产品，通过音乐和文化活动深化了品牌与年轻消费者的情感联系。这些音乐合作和文化推广活动成功地将比亚迪定位为技术先进、深刻理解年轻消费者并能产生共鸣的品牌，增强了品牌形象，赢得了客户更广泛的认可和支持。这些营销策略展现了比亚迪将品牌与当代文化紧密结合的能力，赢得了市场认可和消费者认同。

三、结论与展望

在当今这个信息爆炸的时代，单一的广告宣传已无法满足市场需求，品牌需要更加多元的方式来吸引消费者。通过与音乐、电影、电视剧等文化活动的深度合作，打破传统汽车行业的营销模式，成功地吸引了大量年轻消费者的注意。这种策略不仅使比亚迪的品牌形象更加年轻化和时尚化，也为其在未来市场中的持续发展打下了坚实的基础。

参考文献

[1]杨琰琰，曾豪. 中国新能源汽车进口价格上涨对比亚迪营销策略的影响及对策研究[J]. 价格月刊，2022(12)：36-40.

[2]王钰祺. 国货品牌强强联手，2021"寻梦大唐汉为观止"主题行摄之旅，助力比亚迪"向新而行"[J]. 国际品牌观察，2022(8)：49-51.

四、战略协同无效

1. 战略协同理论概述

战略协同理论是通过将企业多元化的业务整合起来，更好地利用自身优势，开拓新的发展空间。研究者发现，战略协同可以引导供应链上的企业合作，从而提高整个供应链的竞争力，各方都能从战略协同中获益(刘攀等，2023)。20世纪末，战略协同理论开始对企业产生影响，战略协同理论包含内部协同和外部协同两部分。内部协同是指企业通过改变管理模式和多元化经营，提高资源利用效率，实现最大产能。外部协同是指企业通过参股投资和战略联盟与其他企业形成优势互补、资源共享、双赢的局面。战略协同不仅可以降低交易成本和费用、提升竞争力，产生范围经济效应，还可以通过正式的合作关系打破市场进入壁垒，避免单个企业因规模过大而违反反垄断法规定。同时，竞争对手之间也会进行战略协同，联合起来具有更大的竞争优势。

2. 战略协同无效问题分析

在企业纷纷采用战略模式以实现协同的过程中，实际操作却并未真正实现，甚至出现协同负效应，从而使人们对协同概念的有效性产生质疑。应用战略协同存在的问题，如图2-6所示。

（1）缺乏对自身的了解。尽管现代技术的快速发展为战略协同提供了许多工具和支持。但是，一些企业在实践中没有考虑是否具备实施战略所需资源的问题，使战略变成口号。还有一些企业满足于起步阶段的资源现状，未能预测未来资源需求变化，导致资源不足。另外，还存在一些企业高估现有资源水平，盲目扩张业务，影响市场竞争力。

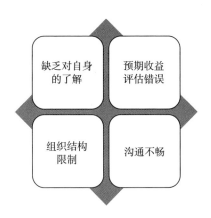

图 2-6　应用战略协存在的问题

（2）预期收益评估错误。企业没有正确评估战略协同的预期收益，误以为所有资源共享都会带来协同效应，结果可能付出巨大成本却不能获得协同收益，甚至落入协同陷阱。

（3）组织结构限制。企业若忽视了战略与组织结构之间的匹配关系，可能导致组织结构无法有效支持战略实施，从而造成管理费用的增加、净收益的减少等问题，具体表现为内部控制链条过长、各部门之间合作沟通不畅等。

（4）沟通不畅。有效的沟通是战略协同的基础。然而，许多企业在沟通过程中存在信息传递不及时、信息内容不清晰等问题，进而导致对企业战略目标的误解和执行不力。部分企业将精简误解为提高效率，盲目重组以追求高效率，过度裁员导致员工价值流失，超负荷运作方式可能产生隐性成本，最终未能达到降低成本、提高效率的目标。

3. 企业解决战略协同问题的对策

企业在战略协同方面存在的问题，表现为企业常常会利用协同效应来支持某些行动，但在面临实际机会时却可能因缺乏分析工具或解决组织执行问题的能力而未能充分利用协同效应。协同失败并非协同概念本身存在缺陷，而是因为企业缺乏理解和实施协同效应的能力。为了真正实现战略协同，企业应当采取以下四项措施。

（1）充分了解自身情况。企业要清楚自身的能力，对企业资源进行剖析，寻找可利用的资源，并根据现有资源选择战略。分析企业所处的宏观环境，包括政治（Political）、经济（Economic）、社会（Social）和技术（Technological）因素，了解宏观环境的变化对企业的影响，预测市场趋势和发展方向。评估企业的优势（Strengths）、劣势（Weaknesses）、机会（Opportunities）和威胁（Threats），帮助企业识别内部资源和能力，分析外部市场和竞争环境，从而制定适当的战略。

（2）有效进行预期收益评估。企业需要收集市场规模、竞争对手情况、消费者需求、经济指标等相关的市场和行业数据。同时，也需要获取企业的内部数据，以进行更全面的评估。此外，企业需要识别并评估潜在的风险和不确定性，通过采用风险分析工具，量化和评估这些风险的概率及影响。

（3）优化组织结构。企业应根据战略目标重新优化组织结构，减少层级，推动跨部门的合作与协调。同时，企业可以建立灵活的组织架构，以适应市场的变化和需求的快速响应。

（4）加强沟通与信息共享。企业应建立起畅通的沟通渠道，确保信息及时传递、内容清晰明了；同时，借助现代化的信息技术，实现信息的共享和协作，提高沟通效率。

在企业追求协同的进程中，常常会面临各种问题，这是不可避免的。关键在于如何有效解决这些问题。唯有充分了解自身的资源情况和组织结构，因地制宜地采取适当的协同方法，企业才能更好地实现战略协同的目标。此外，企业应结合实际情况，进行有效的评估和配合沟通，以更好地实现战略协同，发挥企业的竞争优势。

五、数据互通制约

1. 数据互通重要性

企业内部存在着各种数据来源和数据存储系统，数据互通能够将这些数据整合起来，实现全面洞察。通过数据互通，企业可以更好地了解客户需求、市场趋势、业务运营情况等信息，为企业决策提供更准确、更全面的支持。企业数据互通可以打破各个部门之间的信息孤岛，促进跨部门的协同合作。团队成员可以共享数据、知识和见解，共同解决问题，进行创新，进而加强团队合作，提高工作效率，激发创新思维和创造力。

通过数据互通，企业可以获得客户的全面画像，了解他们的偏好、行为和需求。这样，企业可以提供更加个性化的产品和服务，增强客户满意度和忠诚度，帮助企业与竞争对手区分开来，从而赢得市场份额。同时，数据互通可以消除业务流程中的信息孤岛和数据障碍。不同系统之间的数据共享和流程整合可以帮助企业优化业务流程，减少重复工作、错误和延误。这将提高工作效率，降低成本，并提升企业的竞争力。数据分析和预测模型可以帮助企业发现潜在的商机、风险和趋势，并作出相应的决策，使企业能够更好地应对市场变化和挑战。

2. 数据互通实现的难点

在信息时代的背景下，数据互通已经成为企业发展和创新的关键要素。有效的数据互通可以帮助企业在市场竞争中脱颖而出，优化运营效率并提供个性化的产品和服务。然而，企业想要实现数据互通并不是一项容易的任务，以下是企业在实现数据互通时会遇到的一些难点，如图2-7所示。

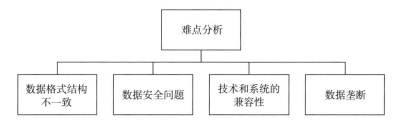

图2-7　数据互通实现的难点

（1）数据格式结构不一致。不同系统和应用程序中的数据往往采用不同的格式和结构，这给数据互通带来了很大的困扰。企业需要花费大量的时间和精力来解决数据格式的转换和映射问题。此外，数据的质量和准确性也是一个重要的考虑因素。数据可能存在错误、冗余或缺失，这会对数据互通的可靠性和有效性造成负面影响。

（2）数据安全问题。安全性和隐私保护是实现数据互通时需要重视的难点。企业在共享数据的过程中必须确保数据的安全性，防止未经授权的访问和数据泄露。随着数据互通规模的扩大，企业需要采取更加严格的安全措施，如加密、访问控制和身份验证等，以保护数据的机密性和完整性。此外，隐私保护也是一个关键问题。企业必须遵守相关的法律法规，确保在数据互通过程中不会侵犯个人隐私。

（3）技术和系统的兼容性。不同的系统或应用程序可能使用不同的技术和平台，这使数据互通变得复杂和困难。企业需要投入大量资源来解决技术和系统之间的兼容性问题，确保数据的顺利流通和交换。此外，企业还需要考虑到未来的技术发展和系统升级，可能会因为技术差异而使数据互通产生障碍。

（4）数据垄断。数据具有形式上的非排他性和价值利用上的稀缺性（石达、曹庆贺，2021）。资源控制者往往倾向采取私有化已获取的数据，或者通过控制数据来实施排除、限制竞争的行为，进而形成数据垄断。

3. 数据互通实现方式

虽然企业实现数据互通面临许多难点和挑战，但是通过制定合适的策略和解决方案，企业可以克服这些难点，并实现高效、安全和可靠的数据互通。数据互通将为企业带来更多的机会和竞争优势，促进业务的发展和创新。具体来说，以下举措可以帮助企业实现数据互通。

（1）建立统一的数据标准和架构。制定企业级的数据管理政策，确保各个系统和部门遵循统一的数据标准和规范。同时，实施数据治理机制，包括数据识别、分类、质量管理等，确保数据的一致性和准确性。此外，企业可以使用数据词典和元数据管理工具，帮助组织理解数据资产和数据流动。

（2）加强安全措施和隐私保护。企业需要制定合规的数据处理政策，并与相关部门和机构进行合作，确保数据互通的合法性和合规性。在企业内部制定详细的数据安全策略，包括访问控制、加密、数据备份等，确保数据在传输和存储过程中的安全性。此外，企业需要对员工进行培训，提高员工对数据安全和隐私保护的意识，防范内部威胁。最后，与相关部门和监管机构合作，确保企业数据处理符合法律法规，保护企业的隐私。

（3）创新技术架构。企业可以利用云计算、大数据平台等灵活的、可扩展的技术架构，以应对不断变化的业务需求和技术环境。配套使用先进的数据集成和分析工具，帮助企业更好地管理和分析数据，提高数据利用价值。

（4）"互联互通"应对数据垄断。通过鼓励数据共享和开放接口，促进不同系统互联互通，减少数据垄断可能带来的问题。参与相关行业标准的制定和合作，推动数据开放和共享的发展，避免个别企业垄断数据资源。

● 专栏 2-2 ● 特步：数据互通升级消费体验

一、企业简介

特步国际控股有限公司（以下简称"特步"）于 2008 年在香港联合交易所

主板上市。特步是一家体育用品公司，通过不断创新和市场拓展，在体育用品行业处于领先地位，并致力于为消费者提供高品质、具有创新性的运动产品和服务。特步注重科技创新，不断引入先进的材料和制造工艺，以提供优质、舒适、功能性强的产品给消费者。在激烈的竞争和多变的市场需求下，特步坚持改革创新，利用数据的互联互通升级消费者的购物体验，利用数字化技术不断提升品牌竞争力。

二、数据互通带来的竞争力提升

2015 年，国产体育用品企业就在市场高速增长的背景下，出现了产品同质化导致的价格战、库存积压等问题。然而，特步将这些挑战转化为机会，推行"产品+""体育+""互联网+"的"3+"战略改革，制定了一系列目标，包括提高产品技术含量，推动体育生态运营，企业互联网化、数字化等。同时，特步也敏锐地察觉到消费升级带来的细分化和多变化需求。为了与用户需求同步，品牌必须深入了解消费者行为，并将这些需求快速融入产品设计中。

1. 传统商业模式的转变

在传统商业模式下，品牌通过经销商批发产品的方式存在着认知断层，导致难以及时获取市场动态和消费者洞察信息。为了解决这一问题，特步通过投资、建立直营店、吸引联营伙伴等多种方式实现了从批发商向零售商的商业模式转型。这一转型举措使特步能够更灵活地应对市场变化，更有效地把握消费者需求，进一步巩固了其在行业中的领先地位。

在新零售模式下，特步不仅依靠天猫等电商平台进行线上销售，还通过经营自建夜跑社区来吸引忠诚的品牌粉丝群体，作为与消费者互动的平台。通过线上渠道，特步能够与消费者建立更紧密的联系，了解他们的喜好和需求，以便更好地进行产品设计和推广。

2. 线下门店仍不可忽视

特步不仅注重在线销售，还十分重视线下门店的管理与发展。他们在门店内部配置了先进的测量设备，记录顾客的关键信息，包括脚型、体型和运动偏好等。这些数据会实时同步到特步的数据中台，由阿里云技术支持，通过大数据建模和分析来预测市场趋势。这些预测结果不仅为市场部门提供了重要的促销计划依据，也能够实时反馈给产品设计和研发部门，用于调整产品种类和特性。特步还可以根据市场反馈及时推出下一季的热销产品，以满足消费者需求并赢得市场份额。这种数据驱动的运营模式使特步能够更加敏锐地捕捉市场动向，精准地满足消费者的需求，从而不断提升品牌竞争力，确立行业领先地位。

目前，特步品牌已经在全国范围内布局超过 6500 家连锁店，每家零售终端都已经接入了特步中台系统。这一举措为消费者提供了高品质的线下购物环境，使他们可以便捷地与品牌进行互动并获取相关信息。通过数字化赋能，特步品牌不仅可以更清晰地了解商品销售情况和消费者购买行为，还能够实时监控商品库存和价格，从而找到最佳的销售组合，提升销售效率。

3. 引入新技术解决问题

为了解决过去经营中存在的问题，特步引入了阿里云的技术能力，并通过业务中台的建设实现了内部资源的有效整合。在数字化支持和消费者洞察的基础上，特步大幅提升了精细化运营和管理的可能性，从而为品牌的发展打下了坚实的基础。

随着中台系统上线，特步实现会员、订单、库存、物流和结算系统的全面打通，实现信息无缝流转。线下门店不仅进行销售，还用作前置仓，订单通过智能算法自动派送至最近门店，并通知物流快速配送。特步在各环节引入智能工具，用数据和算法优化店面选址、顾客管理和商品选择。智能调拨系统应用，不仅是技术改进，更是供应链流程优化，可以通过先进预测算法和实时数据，精准捕捉市场需求变化，使供应链敏捷响应；门店提前备货减少销售损失，生产端规划生产避免生产压力，提高效率和资源利用；订单处理时间缩短，门店灵活应对市场变化，把握销售机会，盈利双重提升；数字化赋能提升效率，增强加盟商与特步合作意愿，共享数字化成果，共享生意成长。特步以中台系统和智能工具优化供应链，增强了其竞争优势和市场份额。

三、结论与展望

特步通过整合零售渠道和数据互通措施，成功完成了品牌、产品和零售渠道的战略变革。通过数字化转型，特步实现了生产流程的自动化和智能化，提升了生产效率和产品质量。数字化技术为特步打开了与客户更紧密互动和沟通的渠道，使企业能更准确地洞察客户需求，提供个性化定制服务，在竞争激烈的市场中脱颖而出。特步的成功经验表明，数字化转型不仅是企业发展的必由之路，也是引领产业变革、实现可持续竞争优势的关键一环。

参考文献

［1］Bang X. 特步 321 整合营销：跑步的味道［J］. 中国广告，2022（5）：90-93.

［2］谭丽平，丁水波 . 在非舒适区中创造舒适［J］. 中国企业家，2023（12）：72-75.

第二节　数字技术新冲击

随着数字技术的深入发展，企业也将迎来新的冲击。数字化革命正在彻底改变着商业模式、生产方式和市场竞争格局，挑战着传统企业的经营理念和管理模式。在数智时代的背景下，企业不仅要面对数字技术带来的新影响，还要面对数字化经济所带来的新需求。从传统企业向数字化企业的转型，需要重新思考企业运营方式、管理体系和创新机制，以适应日新月异的数字化环境。本节将深入探讨数字技术对企业的冲击，并探讨如何应对这些挑战，以期帮助企业更好地适应数字化时代的变革，促进数字技术与企业有效融合。

一、新需求

数字技术的快速发展带来了企业对新技术、新能力和新资源的多方面需求。企业需不断提升技术和能力，寻求适应数字化转型的新资源，并紧跟新技术的步伐，以保持竞争力并适应瞬息万变的商业环境。唯有满足这些需求，企业才能实现可持续发展，于数字化时代脱颖而出。

1. 企业发展需要融入新技术

面对数字技术的冲击，企业管理越来越需要融入新的技术，以促进其发展。通过采用数据分析、人工智能和自动化技术等新技术，企业可以有效提升生产效率、优化决策过程及提升客户体验等方面。借助数据分析技术，企业能深入了解市场走向和消费者行为，从而更好地制定市场策略和产品定位。同时，人工智能技术的应用能够实现生产流程和客户服务的自动化，进而提高工作效率并满足客户需求。自动化、智能化的应用能够简化烦琐的工作，帮助企业改进生产流程、优化资源利用，从而提高效率并降低运营成本。新技术的应用可以帮助企业创造全新的产品和服务，满足不断变化的市场需求。通过融入新技术，企业可以拓展业务领域，提供更具竞争力的产品和服务。

2. 企业发展需要拓展新能力

随着数字化转型的推进，企业需要着重培养员工在数字化环境下应对工作挑战的能力，如数字化素养、创新思维、数字化管理能力等方面。同时，企业必须关注员工的培训和发展，使其具备数据分析、数字化沟通、创新思维等能力。只有当员工拥有这些新能力，企业才能更好地适应数字化转型的要求。此外，数字化工作环境要求员工具备良好的协作和适应能力。通过拓展新能力，企业可以构建强大的人力资源基础，适应不断变化的商业环境。

3. 企业发展需要获取新资源

数字技术冲击下的新资源涵盖了数字化人才、数字化解决方案提供商和数字化咨询服务等。鉴于数字化转型的复杂性，企业需要寻找具备数字化专长的人才，并将其融入组织。数字化人才可以在企业内部推动数字化转型，并为企业带来创新和发展的动力。另外，企业还需要寻找合适的数字化解决方案和服务供应商，以帮助企业成功实施数字化转型并获得竞争优势。数字化咨询服务则可为企业提供专业指导和建议，协助企业规划数字化转型战略。通过获取新资源，企业可以获取专业支持，促进数字化转型的顺利进行。

二、新影响

1. 数字技术拓展应用领域

随着时代数字技术的不断发展，数字技术能够帮助企业不断拓展应用领域，对企业进行赋能。以下是企业数字化应用的主要方向，如图 2-8 所示。

图 2-8 数字技术拓展方向

（1）企业竞争向数字化方向发展。随着数字技术的快速发展和普及，企业竞争逐渐向数字化方向转变。数字化技术为企业提供了更广阔的市场空间和更高效的竞争工具。通过数字化转型，能够促进企业流程的自动化和智能化，以及与客户的沟通互动。

（2）企业活动向数字化方向发展。企业活动的数字化转型已经成为提升企业效率和创新的重要途径。数字化技术使企业的各项活动如生产、销售、人力资源管理等更加智能化和便捷化。通过数字化技术，企业可以实现供应链管理的优化，降低成本并提高交付效率；同时，数字化营销工具也帮助企业更精准地定位目标客户群体，提升市场推广效果。

（3）企业营销向数字化方向发展。随着消费者行为和市场环境的变化，企业营销日益向数字化方向发展。数字化营销通过互联网、社交媒体和大数据分析等技术手段，帮助企业更好地了解消费者需求，精准定位目标市场，制定个性化营销策略。数字化营销还提供了多样化的营销渠道，帮助企业拓展线上线下销售渠道，增加销售机会，提升品牌影响力。因此，企业营销向数字化方向发展已成为企业提升竞争力和市场份额的关键途径。

（4）企业管理向数字化方向发展。企业管理向数字化方向发展意味着管理者可以借助数据分析、人工智能和云计算等技术工具，更准确地监控企业运营情况，预测市场趋势，优化资源配置。数字化管理系统也使企业内部沟通更加高效，团队协作更加便捷。此外，数字化管理还促进了企业组织架构的优化和创新，使企业更具灵活性和适应性，能够适应快速变化的市场环境。

2. 数字技术助力企业提升绩效

第一，数字技术在企业的生产和运营过程中发挥着关键作用。通过使用先进的生产设备和自动化系统，企业可以实现生产过程的高效率和质量控制。通过传感器技术的应用可以实时监测生产线上的各个环节，及时发现问题并进行调整，从而提高产品的生产效率和质量稳定性。此外，数字技术可以帮助企业实现生产过程的数字化和智能化管理，增强生产计划的准确性和可操作性，进一步提高生产效率和资源利用效率。

第二，除了生产过程，数字技术还可以帮助企业改善供应链管理。传统的供应链管理存在很多瓶颈和不确定性，包括信息传递的延迟和不准确性、库存管理的困难等。而数字技术可以通过实时数据的采集和分析，帮助企业实现供应链的可视化和智能化管理。企业可以借助物联网技术实时监测库存水平和物流状况，及时调整供应链的运作策略，降低库存成本，加快供应链的响应速度。此外，数字技术还可以通过数据分析和预测模型，帮助企业准确预测市场需求，优化供应链的规划和配置，提升供应链的灵活性和适应性。

第三，数字技术在企业的销售和市场营销中发挥着重要作用。随着互联网的普及和电子商务的兴起，企业可以通过数字技术实现线上线下的融合和渠道的多样化，拓展销售渠道，增加销售额。企业通过建立自己的电子商务平台，利用互联网将产品推向全球市场，吸引更多的消费者和合作伙伴。此外，数字技术还可以帮助企业实现更精确的市场定位和个性化营销。通过大数据分析和人工智能技术的运用，企业可以深入了解客户需求和使用偏好，提供个性化的产品和服务，提高市场竞争力。

第四，在企业内部管理方面，数字技术也起到了重要的推动作用。企业可以利用数字技术实现对组织结构的优化和对流程的改进。企业借助云计算和协同办公平台实现信息的共享及协同工作，提高团队的协作效率、增强沟通效果。数字技术帮助企业实现人力资源管理的数字化和智能化。通过使用人力资源管理系统和人工智能技术，企业可以更好地管理员工的信息和绩效，优化人力资源的配置和培养，提高员工的工作效率和满意度。

第五，企业在面临市场竞争和技术变革时，需要不断创新和转型升级，以适应新的市场需求和变化。而数字技术提供了很多创新的工具和方法。企业可以通过利用大数据分析和人工智能技术挖掘市场需求和产品创新的机会，以此推出符合市场需求的新产品和新服务。此外，企业借助互联网平台和共享经济的模式，推出新的商业模式，扩大市场份额，增加收入来源，进而帮助企业实现商业模式的创新和转型。

3. 数字技术对组织的影响

（1）灵活和去中心化的组织结构。传统的层级结构限制了信息和决策的传递效率，而数字技术通过云计算、大数据分析和协同工具等工具的运用，打破了这些限制。员工可以随时随地获取和共享信息，加快决策速度，提升决策准确性，促进跨部门和跨地域的协作，使组织能够更好地适应复杂的业务挑战和市场变化。

（2）开放和包容的管理方式。数字技术改变了管理方式，从控制和指令式管理向开放和包容转变。管理者在数字化时代更注重创新和灵活性，依靠更多数据和信息作出决策。数字技术还支持自主工作和远程办公，提升员工创造力和工作效率。

（3）创新机会和商业模式的变革。通过数字化，组织更能理解客户需求，开发竞争力强的产品和服务。电子商务的兴起拓宽了销售渠道，提高了市场占有率，扩大了盈利空间。新兴技术如共享经济、人工智能和区块链也催生了许多新商业模式，改变传统行业竞争格局，为组织带来增长机会和商业模式的创新。数字技术的持续演进将继续引领组织向更高效、创新和竞争力强的方向发展。

（4）数字化领导力。在数智时代的背景下，数字技术的冲击主要体现在组织单元之间沟通的广度、深度和宽度等方面。随着许多先进信息技术和软件取代领导决策，领导权力得以下放，致使企业组织体系进行创新优化。数字化领导力使企业组织机构向生态型发展，内部框架与流程变得灵活。

4. 数字化技术驱动企业战略变革

数字化技术应用在当前的商业环境中具有巨大的潜力，可以显著驱动企业的战略变革。数字化技术主要通过优化资源配置、增强应变能力和降低运营成本三种机制来推动企业战略的变革。此外，公司治理在促进数字化技术对这三种机制的作用方面扮演了重要的角色，从而进一步驱动了企业战略的变革。

在企业的成长期，公司治理只能增强数字化技术对降低运营成本的促进效应。这是因为在这个阶段，企业需要更加注重对资源的合理配置和运营成本的控制，以实现强大的竞争力和可持续的增长。通过数字化技术的应用，企业可以实现更高效的资源配置、更优化的生产流程和更低的运营成本，从而获得更大的市场份额和更强的营利能力。然而，在企业进入成熟期和衰退期之后，公司治理的作用就不再局限于降低运营成本了。在这个时期，数字化技术对三种机制的促进作用变得更加重要。公司治理通过提供良好的组织结构和有效的决策机制，进一步增强了这种促进作用，从而推动了企业战略的变革。

基于以上分析，企业应该充分利用数字化技术来实现强大的资源配置、应对市场波动的能力和降低运营成本的目标。同时，积极改善公司治理能力也是至关重要的。优秀的公司治理可以提供强有力的组织架构和有效的决策机制，从而进一步推动数字化技术在企业战略变革中的作用。通过数字化技术和有效的公司治理的结合，企业可以获得竞争的新优势，并在不断变化的商业环境中保持领先地位。

企业需要制定明确的数字化技术应用战略，包括对资源配置、应变能力和运营成本的优化措施的规划和实施。同时，公司治理的改进也需要成为战略的一部分。企业应该建立一个有效的治理结构，包括明确的权责分配、高效的决策流程和透明的信息披露机制，进而更好地利用数字化技术，实现战略变革，并为持续的成功奠定坚实基础。

三、新技术

数智时代发展促进技术的转型升级，企业管理越来越需要融入新的技术以适应时代的发展。合理利用新技术能够帮助企业提高管理效率，实现企业发展质的飞跃。以下几种新技术需要我们不断的学习和掌握，如图 2-9 所示。

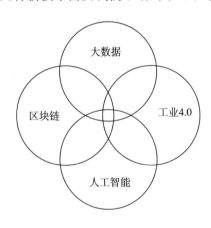

图 2-9　目前主要的新技术

1. 大数据

（1）大数据的概述。大数据指的是那些使用传统 IT 技术和软硬件工具难以在可接受的时间范围内感知、获取、管理、处理和提供服务的数据集合（李国杰、程学旗，2012）。大数据如今已经应用在人们生活的各个场景中，许多企业也依靠大数据形成了独特的企业优势。从资源基础理论的角度出发，大数据作为一种重要的数据资源，是企业形成大数据能力的重要来源和基础（赵艺璇等，2024）。随着时代的发展，最新研究指出大数据的数据量非常庞大，以至于无法利用主流软件工具进行处理和运营，即在合理时间内难以实现数据的获取、管理、处理，并将其整理成有助于企业经营决策的信息。

（2）大数据应用优化企业管理决策。大数据的应用对企业管理决策产生了重要的影响，不仅改变了管理决策的方式，更重塑了企业的发展模式和竞争优势。首先，大数据丰富了管理决策所需的要素，助力企业管理决策智慧化。传统决策往往基于有限的信息和经验，而大数据能够提供大规模、多样化的数据，帮助管理者更好地把握市场动向、客户需求和内部运营状况，从而使决策更加科学、精准。其次，大数据减少了管理决策的偏差，助力企业管理决策理性化。通过大数据分析，企业可以避免管理者的主观偏见和情绪因素，依据客观数据进行决策，使管理决策更加理性、客观，降低决策风险。再次，大数据扩大了管理决策的空间，助力企业管理决策多目标化。大数据分析可以帮助企业管理者发现更多的机会和可能性，使管理决策更加具有前瞻性和战略性，有利于企业的长远发展规划和执行。最后，大数据重构了管理决策的生态，助力企业管理决策实现价值增值。借助大数据技术，企业可以重构管理决策的生态系统，提升管理决策的效率和质量，为企业创造更多的增值机会和竞争优势。

基于大数据的企业管理决策路径包括以下几个方面：第一，在完善数据收集体系方面，企业需要建立更加全面和彻底的数据收集渠道和体系，确保企业获得全面、准确的数据支持，建立数据仓库和数据湖等系统，确保数据来源的可靠性和丰富性。第二，强化数据功能应用是基于大数据的企业管理决策路径的重要一环。通过数据分析和挖掘，优化企业的创新管理决策服务，帮助企业更好地应对市场变化和竞争挑战。第三，企业深化数据治理与业务协同，加强数据治理，实现数据与业务的协同运作，完善企业的大数据应用生态系统，提升管理决策的效率和质量。

在实际操作中，企业可以通过借助人工智能算法、机器学习模型等大数据分析工具和平台，对海量数据进行分析和挖掘，发现数据背后的规律和趋势，为管理决策提供更加科学的依据。同时，企业还可以积极建设数据管理团队，加强数据治理与质量控制，确保数据的真实性和准确性，提高决策数据的可信度。另外，企业可以通过加强内部业务系统的数据集成和共享，推动不同部门之间的数据协同和共享，实现更加高效的管理决策流程和协同工作模式。

2. 工业 4.0

（1）工业 4.0 的诞生背景和概念。工业 4.0 的诞生是内因与外因共同作用的结果。内部因素主要来自以下两个方面：一是市场的挑战，尤其是客户个性化需求的升级，这促使企业不得不重新审视其价值链并进行重构。工业 4.0 时代，客户定制化需求的增加成为企业生产和服务的主要驱动力，从而迫使企业采取更灵活、智能的生产方式。同时，产品多样化也给企业的经营带来了巨大的挑战，传统的大规模生产模式正逐渐转变为大规模定制的生产模式，这对企业的生产和管理方式提出了新的要求。二是传统制造业向数字化商业模式的转变。随着信息技术的迅猛发展，传统制造业正在逐步转型升级，数字化技术在生产、管理、营销等方面的应用已成为制造业发展的必然趋势。传统制造业需要借助数字化技术来提高生产效率、优化资源配置，并实现智能化生产和管理。

外部因素主要也有两个方面：一是集成的计算与生产系统（CPS）、物联网等新技术对传统技术的冲击，加速了工业生产模式的转型升级，使生产过程更加智能化、高效化。通过 CPS 和物联网等技术的应用，生产设备能够实现互联互通，提高生产过程的自动化程度，从而提高生产效率，降低生产成本。二是提高制造业竞争力的国家竞争战略的需要。在全球化竞争日益激烈的背景下，各国都意识到制造业的重要性，纷纷提出了提高制造业竞争力的国家战略。工业 4.0 作为制造业升级的重要手段，被视为提升国家整体经济实力和国际竞争力的关键举措。

（2）工业 4.0 时代下企业的数字化转型。工业 4.0 时代下，企业数字化转型为企业带来了三种重塑机会：首先，企业可以重塑其商业模型。传统的商业模式在工业 4.0 时代已经难以适应快速变化的市场需求和技术发展。

通过数字化转型，企业可以重新思考商业模式，利用大数据分析、人工智能和物联网等技术，构建更具创新性和灵活性的商业模式。通过数据驱动的定制化服务，企业可以更好地满足个性化需求，提高满意度，进而拓展市场份额。其次，企业可以重塑其业务流程。传统业务流程往往烦琐低效，而且难以适应市场快速变化的需求。数字化转型为企业提供了优化业务流程的机会。通过自动化技术、云计算和协同办公平台等工具的运用，企业可以重新设计和优化业务流程，提高工作效率，降低成本，并加快决策和执行的速度。例如，在生产领域，企业可以引入智能制造系统，实现生产过程的自动化管理和优化，从而提高生产效率和产品质量。最后，企业可以重塑其工作方式。传统的工作模式往往局限于固定的办公地点和工作时间，而数字化转型可以让工作更加灵活和智能化。通过移动办公、远程协作工具和虚拟现实技术等的应用，员工可以灵活安排工作时间和地点，实现远程办公、灵活排班等工作方式，提升工作效率和员工满意度。同时，人工智能和机器人技术的应用也将改变传统的工作方式，一些重复性、低价值的工作可以被自动化或智能化，从而释放人力资源，使员工更多地投入创新性和高附加值的工作中。

3. 人工智能

（1）人工智能概述。在 1956 年的达特茅斯会议上，首次正式提出了"人工智能"（AI）一词，这次会议后关于人工智能的研究开始逐渐增多。张龙鹏和李长乐（2022）指出，人工智能是信息技术（如互联网、大数据、云计算）的集成和延伸，同时具有独特的本质技术特征。束超慧等（2022）将人工智能定义为数字计算机或计算机控制的机器人执行智能操作相关任务的能力，可通过复杂技术替代人脑进行识别、预测或决策。此外，惠炜（2022）认为，人工智能是一种战略性新兴技术，具备模拟人类思维过程和智能行为的能力，以深度学习为核心、以机器学习为技术手段。

（2）人工智能在企业管理中的作用。人工智能不仅推动了数据驱动的决策过程和业务流程自动化，还在各个领域展现出惊人的潜力和价值。随着技术的不断发展和应用场景的不断拓展，人工智能将继续为企业管理带来更多的创新和突破，助力企业实现可持续发展、提升竞争优势。因此，企业应积极拥抱人工智能技术，不断探索其在企业管理中的应用，以应对激烈的市场竞争和不断变化的商业环境。人工智能在企业管理中的作用主要有以下几个方面。

首先，人工智能利用智能算法和大数据分析，为企业提供了更精准的市场趋势和客户需求的洞察，使企业根据客观数据作出更明智、更具前瞻性的决策，避免凭主观臆测而带来的风险。

其次，通过业务流程自动化，人工智能为企业带来了巨大的效率提升和流程优化。自动化技术的应用使烦琐的重复性任务得以自动完成，大大减轻了员工的工作负担，释放了人力资源。

除此之外，人工智能在企业管理中也展现出多方面的作用。在客户服务方面，智能客服系统能够实现 24 小时不间断的客户咨询和问题解答，提升了客户满意度和忠诚度。在生产制造方面，人工智能的运用可以实现生产过程的智能监控和流程优化，提高产品生产效率和产品质量。在市场营销方面，人工智能可以通过个性化推荐和精准营销活动，提升营销效果和客户转化率。

（3）企业应对人工智能的有效策略。首先，建立跨部门协作机制需要进行全面的组织架构调整和沟通流程优化。企业可以通过制定明确的跨部门沟通标准和流程，倡导开放式的工作环境和信息共享文化，从而打破各部门之间的沟通障碍，促进多部门间的紧密合作。此外，企业可以引入协同办公工具和团队协作平台，提供便捷的信息交流和协作环境，以促进团队间的高效沟通与协同工作。

其次，员工持续学习和发展也需要企业进行系统性的规划和资源投入。企业可以建立完善的员工培训体系，包括在线学习平台、内部培训课程等，为员工提供个性化的学习计划和技能提升路径。同时，企业也可以鼓励员工参与行业内外的专业培训和学术交流活动，以拓宽员工的知识视野、提升专业素养，使其能够更好地适应人工智能时代的发展需求。

最后，加强数据隐私及安全保障需要企业在技术和管理上都进行全面的规划和落实。企业可以加强对数据安全技术的投入，采用先进的数据加密、访问控制和威胁检测技术，以保障数据在存储、传输和处理过程中的安全。同时，企业需要建立健全数据隐私保护体系和管理流程，制定严格的数据使用和共享规范，确保客户和企业的隐私不受侵犯，同时要遵循相关的法律法规和行业标准，保证数据处理的合规性和透明度。

4. 区块链

（1）区块链的概念。区块链作为新一代信息基础设施技术，具备诸如数据透明、不可篡改、不可伪造、可追溯等技术特征，支持构建分布式多方信任体系（陈纯等，2024）。区块链技术能够有效解决数据要素确权、流转、隐私保护等问题和挑战，在数据治理中扮演着关键的支撑角色，有助于推动数据要素可信溯源、自主有序流动、数据资源整合及安全保护等方面的发展。

（2）区块链赋能企业高质量创新。

第一，区块链作为新一代信息基础设施技术能够增强企业数据安全和隐私保护。区块链的去中心化特点和加密算法可以帮助企业建立更安全的数据存储和传输机制，确保数据不被篡改和泄露。这为企业创新提供了更可靠的数据基础，也有利于保护用户隐私，从而增强创新的可持续性和信誉度。

第二，区块链的智能合约功能可以实现自动化的价值交换和多方协作，使企业间合作更加高效，降低交易成本，加速创新应用的落地。通过区块链技术，企业可以更便捷地与其他组织或个人进行合作，实现资源共享和创新共赢。

第三，区块链可以作为数字资产的有效管理和交换平台，有助于企业更好地管理知识产权、数字版权、虚拟货币等数字资产。这为企业创新提供了更灵活和高效的资产管理手段，推动数字化创新的快速发展。

第四，基于区块链的供应链管理解决方案可以提升供应链透明度和溯源能力，有助于企业优化供应链运作，减少信息不对称和风险，推动产品创新和质量提升。

第五，区块链技术可以改变传统金融行业的运作模式，促进金融产品和服务的创新，降低跨境交易成本和缩短跨境交易时间，为企业国际化创新提供更便利的金融支持。

第三节　数智时代新难题

数字化转型逐渐成为数字经济背景下企业发展的重要驱动力，场景化、智能化发展更是进一步推动了企业的长远发展。随着数字技术的不断创新和应用，企业在"三化"的应用过程中也面临一系列新的问题和挑战。企业需要积极应对这些挑战，全面了解存在的问题，寻求创新的解决方案，以便更好地利用数字化转型的机遇。本节将探讨数智时代背景下所面临的新问题，并提出相应的对策，以帮助企业在数字经济时代取得成功。

一、数字化改变游戏规则

1. 数字化转型的概念与特征

当前的研究对数字化转型概念的定义较为丰富。大多数学者认为，数字化转型的核心是企业利用数字技术来改进产品、服务、流程、模式和组织等少数几个领域，以实现业务改进。朱秀梅和林晓玥（2022）对数字化转型进行了定义，指出数字化转型是企业利用包括信息、计算、通信和连接等工具的数字技术，全面协同转型产品、服务、流程、模式和组织，以改进业务、获得竞争优势，并产生生态、产业和社会效应的过程。韦影和宗小云（2021）在对数字化转型的定义进行综合分析后，指出数字化转型具有以下三个特征：第一，角色定位。数字技术作为一种操作性资源，在转型过程中发挥着重要作用，其进步有效降低了信息收集、存储和处理的成本。第二，过程性质。数字化转型可被描述为一个连续的过程，组织通过利用数字技术改变价值创造过程，以应对环境的不断变化。第三，目标导向。数字化转型的目标在于改进重要业务流程，以增强用户体验、简化运营过程或创新商业模式，为用户创造新的价值体验，从而提升企业效益。

2. 数字化转型驱动因素

（1）业务驱动。在面对市场的快速变化时，企业需要灵活调整战略以抓住机遇，持续实现市场增长。数字化转型可以帮助企业快速调整业务策略和产品定位以适应市场需求变化。引入数字化工具和技术可以提高部门间合作效率，确保业务流程顺畅。数据分析和人工智能技术帮助企业了解市场趋势和客户需求，优化流程提高效率。数字化转型还可提升自动化能力，减少错误，提高生产效率并降低成本。最终，通过数字化渠道和个性化服务改善客户体验，提升满意度和品牌声誉，增强客户忠诚度。

（2）技术驱动。随着新时代下信息量的激增，采集强大且多样化的数据能够更好地帮助企业了解市场趋势和客户需求。此外，应用数据科学技术有助于企业分析海量数据，揭示隐藏的模式和见解，为决策提供有力支持。自动化流程和任务可以提升企业效率、降低成本，减少人为错误的风险。

具备自主决策能力的系统可根据数据和规则作出及时决策，加速业务运作。同时，集中化、可扩展和弹性的 IT 资源支持企业快速发展，确保系统稳定运行并具备良好的扩展性。稳定的数据存储有助于保障数据完整性和安全性，使企业在快速变化的环境中保持数据可靠性。因此，企业可在数字化转型中拓展用户访问渠道，以满足用户多样化需求和互联网普及趋势，确保用户与企业互动和交易的便捷性。

3. 数字化转型实施策略

面对数字化发展的冲击，企业主要采取以下策略进行数字化转型，如图 2-10 所示。

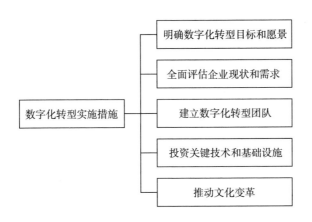

图 2-10　数字化转型实施措施

（1）明确数字化转型目标和愿景。组织需要明确数字化转型的长远目标和愿景，确定为何需要进行数字化转型及期望实现的业务目标。在这个过程中，企业需要深入分析行业趋势、竞争对手的动向及消费者需求的变化，从而制定具体的数字化转型目标。同时，建立清晰的愿景有助于全员达成共识，为整个数字化转型过程提供统一的方向。

（2）全面评估企业现状和需求。对组织现有的业务流程、技术基础设施、人才能力等进行全面评估，识别存在的痛点和改进空间，确定数字化转型的关键需求和优先领域。评估过程需要多方参与，如业务部门、技术团队及高管层等，以确保对组织现状和需求的全面了解。通过此项评估，企业可以确定哪些方面需要重点改善，哪些领域具有数字化转型的最大潜力，为后续的规划提供有力依据。

（3）建立数字化转型团队。成立专门的数字化转型团队或委员会，负责制定和推动数字化转型战略，协调各部门资源，确保项目的顺利实施和执行。团队需要跨职能、跨部门的协作，会聚组织内外的专业人才，确保数字化转型战略的全面性和系统性。此外，团队成员需要具备创新意识和应对变革的能力，以应对数字化转型过程中的各种挑战。

（4）投资关键技术和基础设施。组织需要投资关键的数字化技术和基础设施，以支持数字化转型的实施和发展。技术和基础设施是数字化转型的基石，能够提升组织的运营效率、增强决策能力，并为创新提供支持。投资关键技术和基础设施需要与数字化转型目标相契合，同时也需要建立有效的风险管理机制，确保投资的有效性和可持续性。

（5）推动文化变革。数字化转型不仅是技术上的改变，更是文化上的变革。组织需要倡导开放创新的文化，鼓励员工接受新技术、新思维，促进组织全员参与和支持数字化转型。企业需要从领导层开始，建立积极向上的变革文化，鼓励创新思维和实验精神。同时，组织需要加强对员工的培训和教育，帮助他们适应数字化转型带来的变化，激发员工的潜能，促进组织文化的转变。

● 专栏 2-3 ● 广汽集团：管理创新推进企业数字化转型

一、企业简介

广州汽车集团股份有限公司（以下简称"广汽集团"）总部位于广州市，是在 A+H 股整体上市的大型股份制汽车企业集团。目前拥有员工数超 11 万人，是世界排名领先的汽车企业。广汽集团主营业务涵盖七大板块，坚持自主创新与合资合作同步推进，目前正全力向科技型企业转型。在数字化转型的浪潮中，广汽集团积极应对各种挑战，不断引入先进技术和管理理念，实现了生产制造、销售服务等环节的智能化升级。数字化转型不仅提升了企业的竞争力，还为员工提供了更加便捷、高效的工作方式，激发了员工的创新活力和团队合作精神。

二、以管理创新提质增效

1. 组织结构优化

广汽集团通过建立统一的组织架构和原则，赋予了核心团队明确的职责，实现了核心团队的整合，快速建设数字化核心队伍。这一举措带来了自主率的提升和业务的平稳运行，进而提升了用户满意度。优化的组织结构为数字化转型提供了更灵活、高效的运作环境，使广汽集团在数字化转型中能够更好地响应市场需求和快速变化的挑战。广汽集团充分利用大圣科技市场化的体制机制优势，成功吸引了大量人才，使决策更加高效、运营更加敏捷，形成了具有强大战斗力的数字化实施团队。

2. 规划蓝图明晰

广汽集团制定了三年整体目标和作战地图，围绕数字化转型目标愿景进行规划。重点打造智能运营体系，确保数字化转型目标的实现。在广汽集团看来，数字化转型是一把手工程，不仅在集团层面受到高度重视，在各个专业公司和业务领域也得到积极推进。广汽集团在下属企业建立了健全的数字化推进体制，明确了数字化第一责任人的推进体制，并将数字化转型任务和制度改革紧密挂钩，压实责任，确保数字化转型各项工作有序推进。

3. 项目推动效率提升

为了提升项目推动效率，广汽集团采取了强聚焦、广覆盖的策略，快速推动速赢项目落地。广汽集团近百个重点数字化项目得以推进，产生显著效果，如国有资产监管能力得到了强化、数字营销模式得到了创新、数据驱动管理效率得到了提升。这些项目的推动不仅令广汽集团在数字化转型过程中取得实质性进展，也在业务和管理方面带来了显著的改善和创新。

4. 业务引领和持续运营

广汽集团始终坚持业务引领和持续运营的理念。数字化转型项目始终从业务价值出发，紧密服务于业务需求，同时强调"上线只是开始，运营方得始终"的理念，注重长期持续的运营和优化。广汽集团通过数字化团队与销售公司紧密合作，基于数据洞察开展全域流量用户运营，取得了显著的市场表现。业务和数字化团队共同创新、共同盈利的模式为广汽集团的数字化转型注入了新的活力和动力。

5. 数字化办公

广汽集团GIP系统具有平台统一、可用性高、效率高和安全性能强等特点。同时，该系统在深圳蓝凌的支持下，实现了流程可视化、移动办公、在线编辑和电子签章等多项功能。在公文管理方面，用户可以自定义表单并进行电子存档；合同管理部分支持定制流程和二维码设置；督办管理通过看板实现事项管理和督办；流程管理提供简便的自定义方式。通过集成电子签章系统，实现了无纸化办公，并将 PC 端模块全部移动化，以提高审批效率。

三、结论与展望

广汽集团在管理创新方面的成功不仅是企业内部实力的展现，还代表了中国企业在数字化转型道路上的领先地位和前瞻眼光。随着全球经济的快速发展和科技的不断进步，企业面临前所未有的挑战和机遇。广汽集团以其积极探索和实践为中国其他汽车行业的企业树立了榜样。通过持续的管理创新，广汽集团不仅提高了内部运营效率，还加强了与供应商、合作伙伴之间的协同合作，构建了更加紧密的产业生态圈。这种开放合作的理念将带动整个汽车产业链的协同发展，推动中国汽车产业向价值链更高端迈进。未来，广汽集团将继续致力于创新发展，以应对市场竞争的挑战。

参考文献

[1]张静，李华军，赵燕，等. 资源拼凑、价值创造与后发企业颠覆性创新——基于广汽集团新能源汽车产业的案例分析[J]. 科技管理研究，2022，42(10)：87-97.

[2]吴绍泽. 新能源浪潮下广汽集团企业战略与价值创造研究[J]. 现代营销(上旬刊)，2023(3)：119-121.

二、场景化改变转化链路

1. 场景化的概念

"场景"一词最初来自传播学，指特定情境或情景，用于描述实体所处状态的相关信息，后来被引入营销学领域。据毕达天等(2021)的研究，"场"代表了特定场域，即功能价值；"景"代表了灵活供给产品或服务以满足用户需求，即体验价值。在消费情景中，由时间、地点、场合等元素塑造的体验被称为场景价值。江积海(2019)认为，场景价值反映了顾客在特定场景下对产品或服务的支付意愿和感知收益，具有主观性，不同于交易价值和使用价值。场景的关键在于发掘用户需求，以更好地满足其诉求。场景化需融合科技与智慧元素，以满足消费者对舒适、健康、智能等新需求的期待。只有能够实现与用户互动的场景，才能称得上是真正的场景化。

2. 场景化应用

在场景时代，用户不再仅关注产品功能和服务效用的价值，而是更加追求在特定时空中的体验价值。基于"人货场"主导逻辑的演变，为制造业商业模式的生态化创新注入了新动力（蔡春花，2022）。

在移动互联网时代，利用各种即时性的场景连接可以为组织带来变现机会。场景在这个时代扮演着重要角色，将消费者与产品或服务有效地联系起来，实现组织营销的变现目标，使场景成为组织交易发生的具体地点。通过不同场景的构建，能够促进组织中有相似功能需求的成员之间的频繁连接和交互，从而实现组织内部的变现。场景的变现意味着精准定位适合的场景，找到相关组织，进而通过具体场景的构建和服务，完成产品或服务的应用和组织的变现。

在组织内部，场景的价值不仅在于其完成变现的功能，更为重要的是将场景落实到实际操作中，通过产品或服务与具体场景的有机结合，打造一个能够有效支撑组织持续发展的社区。互联网社区与传统实体社区不同，它是虚拟的，社区成员的身份不一定是真实的，可以通过平台构建虚拟身份。互联网社区的意义在于赋予个体虚拟身份，并通过不同主题场景将他们聚合在一起，促进互动和沟通，形成具有共同属性的组织，并通过相关的场景服务完成组织的变现。任何社区都存在于具体的场景之中，基于场景连接将成员聚合起来形成组织。因此，对于商家来说，需要准确理解组织成长和经营与场景的关系，尤其是要了解移动互联时代场景的特点，做好组织的运营策略，实现产品或品牌粉丝的积累，扩大组织规模，并实现精准的场景落地，从而获得更大的组织价值。

三、智能化改变角色定位

1. 智能化转型的概念

根据李廉水等（2019）的观点，智能化并非孤立发展，而是建立在先前技术基础之上，以人工智能、工业互联网等新一代信息技术为支撑，成为制造业创新发展的产物，标志着产业革命的转折点。而智能化转型通常带来更低运营成本和更高运营效率，被认为可以使企业从规模经济中受益。人工的替代有助于企业降低成本，增加收入，并减少人为错误和思维局限，从而提升企业竞争力（岳宇君、顾萌，2022）。同时，刘伟等（2024）认为，智能化转型是指传统制造业通过智能化技术、网络技术等新一代信息技术及先进制造技术，对企业的生产经营和组织管理模式进行优化升级，在新一代信息技术的冲击下，智能技术与企业的融合程度不断加深。

2. 智能化转型促进经济业态和产业模式重构

在当今快速发展的数字化时代，革新成为推动经济发展的关键驱动力之一。通过重构经济业态和产业模式，企业能够更好地适应市场变化，提升竞争力，实现可持续发展。以下是智能化转型下经济业态和产业模式重构的几个方面，如图 2-11 所示。

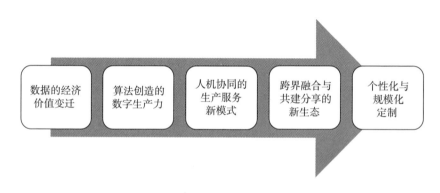

图 2-11　智能化转型促进经济业态和产业模式重构

（1）数据的经济价值变迁。数据的经济价值变迁是当前经济革新中的重要一环。随着大数据技术的不断发展和普及，数据已经不再只是信息的简单传递者，而是企业决策、产品设计和市场营销的重要支撑。数据的经济价值从过去的简单记录和分析逐渐转变为预测性分析和智能化决策。企业通过挖掘和分析海量数据，可以更准确地了解消费者需求，优化产品设计，加快市场反应速度，从而实现精准营销和增强竞争优势。

（2）算法创造的数字生产力。随着人工智能技术的快速发展，企业通过将算法运用到生产、服务等方面，提高生产效率，降低成本，增强竞争力。智能化生产线、自动化仓储系统、智能物流等应用正逐步改变传统生产模式，实现生产过程的智能化和精细化管理。此外，算法的优化和创新也为企业提供了更多创新发展的机会，促进产业升级和转型。

（3）人机协同的生产服务新模式。人机协同的生产服务新模式正在逐渐崭露头角。随着机器学习、自然语言处理等人工智能技术的不断成熟，人类与机器之间的合作变得更加紧密。在工厂生产、客户服务等领域，人类和机器共同完成任务，提高工作效率，降低错误率。人机协同的新模式不仅提升了生产效率，也拓展了服务范围，提升了用户体验。未来，人机协同将成为企业数字化转型的重要趋势，推动生产服务领域的革新和提升。

（4）跨界融合与共建分享的新生态。传统产业壁垒的打破，使不同行业的专业人才和企业之间的合作日益频繁，创造了更多的合作机会和发展空间。在这种新生态下，创新和合作成为推动经济业态和产业模式重构的重要力量。各行业之间的合作共赢，推动了产业链的优化和升级，为经济结构调整和转型升级注入了新活力。

（5）个性化与规模化定制。个性化与规模化定制的发展为消费者带来了更好的体验，也为企业提供了发展的新路径。随着消费者需求的多样化和个性化，企业需要更加灵活地满足市场需求。个性化定制产品和服务能够更好地满足消费者需求，提升客户满意度，增强品牌忠诚度。同时，规模化定制也为企业提供了更多的生产效率和竞争优势，通过数字化技术和智能化生产，企业能够在实现规模化生产的同时保持个性化定制的特点。

3. 智能化驱动经济新动能

人工智能技术正在深刻改变着传统产业的生产方式和经营模式，推动着经济结构的优化和产业升级。智能化驱动经济新功能主要表现在以下五个方面，如图 2-12 所示。

（1）人工智能新产品和新产业。人工智能技术的飞速发展催生了一系列新产品和新产业。社会生活各领域涌现出了大量创新产品，极大地提高了人们的生活质量。新产品的出现不仅满足了消费者对高品质、便捷生活的需求，同时也为企业带来了新的商机和增长点，推动了整个产业链的转型和升级。

（2）加速技术创新和产品研发。通过智能化转型，企业可以更快速地响应市场需求，推出更具竞争力的产品。同时，人工智能还能帮助企业实现定制化生产，满足消费者多样化的需求，使创新成为推动企业发展的强大动能。智能化转型企业能够更好地挖掘数据的潜力，提升产品的智能化水

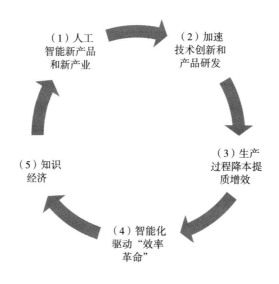

图 2-12　智能化驱动经济新功能

平。同时，人工智能技术也促进了跨界融合和创新，为新产品的开发和推广提供了更广阔的空间。

（3）生产过程降本提质增效。在生产过程中运用人工智能技术，有助于实现降低生产成本、提升产品质量及增加生产效率的目标。智能化生产线、智能物流管理系统及智能供应链优化等技术的引入，有助于企业更有效地管理成本、提高生产效率，赢得竞争优势。

（4）智能化驱动"效率革命"。各行业纷纷探索和应用人工智能技术，构建行业智能大脑，推动"效率革命"的到来。智能化的金融服务、智能制造、智能物流等行业应用，极大地提升了行业的运营效率和管理水平。

（5）知识经济。智能技术的广泛应用催生了大量的知识产出和知识交流，推动了知识创新和知识共享的进程。在知识经济的引领下，人们将更加注重知识资本的积累和创新能力的提升，进而实现经济结构的转型升级。

● 专栏 2-4 ●　　**华策影视：科技助力文化输出**

一、企业简介

华策影视股份有限公司（以下简称"华策影视"）是中国颇具影响力的影

视制作和发行公司之一，成立于 2005 年，总部位于北京。公司业务涵盖了电影、电视剧、网络剧等领域，并且拥有完整的产业链，包括影视制作、发行、营销等环节。作为中国电影电视行业的领军企业之一，华策影视拥有强大的制作团队和技术实力，致力于打造高质量的影视作品。公司参与制作了许多备受瞩目的影视剧作品，涵盖了各种题材和风格，既有历史剧、现代剧，也有言情剧、古装剧等，其中不乏一些口碑和票房双丰收的佳作。此外，华策影视积极拓展国际市场，与国际影视公司开展合作，将中国的优秀影视作品推向海外，促进中外文化交流与合作。华策影视在业界享有良好的口碑和影响力，被视为中国影视产业的重要推动者之一。华策影视已建立起业内领先的专业化、数字化、平台化强中台赋能系统，保障创意领先和持续稳定的规模化头部内容输出。

二、积极探索新技术

1. 自研影视 AIGC 垂类模型

华策影视作为影视行业的引领者和创新者，在人工智能与影视产业结合方面取得了显著进展。公司于 2023 年 6 月宣布成立 AIGC 应用研究院，并设立了 AIGC 的专项基金，资金规模达 5 亿元。研究院专注培训文本大模型、图文大模型和 3D 资产大模型，并将这些模型应用到影视制作的各个环节中。同年 9 月，公司推出了基于自研剧本垂直大模型的"影视剧本智能创作系统"，提供评估助手和编剧助手工具，以提升创作效率。同时，公司也在持续推动适用于短剧开发的剧本垂类模型的研发工作。截至 2023 年 12 月，公司在互动问答平台上表示他们已经在内部开发并上线了多模态分析平台，实现了多模态视频分析理解和多模态内容检索等功能。这些举措有助于将公司的 5 万小时版权库转化为视频元素数据库，为公司未来发展奠定坚实的基础。

2. AI 技术全球领先

华策影视通过智能创作系统极大提高了生产效率，其 AI 技术也处于全球领先地位。华策影视积极整合 AIGC 技术到影视生产的各个环节，包括内容创意、内容制作和内容宣传，以赋能产品创新并提升生产效率。华策影视 AIGC 应用研究院于 2023 年 9 月在公司内部推出了影视剧本智能创作系统，其评估助手能够在 5 分钟内辅助进行 20 万至 50 万字小说剧本的评估，大幅缩短了评估时间；通过采用高效工作流形式的编剧助手来解决多轮对话低效率的问题，至此，全集团业务团队已累计使用该助手时长超过 1500 小时。2024 年 1 月，在一场全球比赛中，华策影视 AIGC 应用研究院在"AI 大模型检索问答"赛道中获得了冠军，展现出行业领先的技术实力，有力支持了垂类大模型的研发与应用。

3. 探索影视产业与 MR 技术融合

华策影视正在探索一种全新的 IP 变现形式——授权真人互动剧。2020 年，华策影视在情景喜剧《爱情公寓 5》中尝试了互动玩法，观众可以通过弹幕选择与剧中人物互动，从而决定剧情走向。2023 年 10 月，华策影视的真人互动影游在 Steam 平台上架，迅速登上热销榜单，为互动影游的普及铺平了道路，为影视 IP 开发提供了新思路。2023 年 12 月，华策影视宣布旗下子公司华流影视与河马游戏就互动影视制作方面达成合作，合作项目由华策影视授权分账 IP，华流影视负责拍摄制作，河马游戏则基于多年的互动游戏研发经验负责互动框架搭建改编与体验研发。首个合作项目将与华策剧集《去有风的地方》进行 IP 联动。对互动影视的探索有望进一步扩大影视内容向 C 端付费的空间，并进一步打开 IP 变现的可能性。同时，华策影视在制作电影《刺杀小说家》时就广泛应用了虚拟拍摄技术，为电影创造了出色的视听效果。2022 年，华策影视成功打造了首个 MR 体验的 LED 数字虚拟摄影棚，并积累了数百个数字资产可供虚拟拍摄使用，包括实景扫描和影视剧场景扫描。

4. IP 与 AIGC 共同赋能

华策影视正在利用丰富的 IP 储备与 AIGC 技术相结合，赋能文化产业发展，积极展开精品微短剧的布局。自 2022 年起，公司开始关注并研究微短剧市场，在 2023 年 6 月正式启动布局，目前已组建了 6 支团队，并与多家知名公司建立合作关系，多部作品已在抖音上线。据华策影视公众号报道，抖音发布了 2024 年春节档的精品微短剧片单，其中《我的归途有风》《寻宋》等在春节期间上线。凭借多年深耕影视行业积累的海量版权资源，华策影视在微短剧领域拥有优质的 IP 储备和剧本输出能力。同时，华策影视正在自行研发适用于微短剧开发的专业模型，以符合微短剧"短平快"的特点，为微短剧内容的生产开发提供技术支持，促进企业发展。

三、结论与展望

作为电视剧制作行业的领军企业，华策影视始终坚持内容至上的发展战略。在当前定制化平台趋势日益凸显的情况下，凭借丰富的项目储备，华策影视持续加大对新兴科技的投入，利用数字技术赋能文化产业。随着智能生态系统建设逐步完善，华策影视不断探索新的领域，以适应市场变化的挑战。

参考文献

[1]林愫.泛娱乐业态基于知识产权的价值创造模式研究——以华策影视为例[J].吉林工商学院学报，2021，37(3)：26-31.

[2]杜金玲，刘娅.影视业股权激励动因及效果分析——以华策影视为例[J].中国管理信息化，2022，25(21)：129-131.

第四节　企业管理新发现

在当今竞争激烈的商业环境中，企业管理领域不断涌现出新的发现和趋势，为组织提供了前所未有的机遇和挑战。在数智时代，管理者需要时刻保持敏锐的洞察力和学习能力，紧跟时代步伐，积极探索和应用最新的管理理念和实践。只有不断创新、勇于变革，企业才能在激烈的市场竞争中拥有一席之地，促进企业不断成长，获得成功。本节将深入探讨企业管理领域的新发现和趋势，分析其对企业发展的影响，并探讨如何有效应对和把握这些新机遇，引领企业迈向更加光明的未来。

一、敏捷型组织力

1. 什么是敏捷型组织力

从词语构成本身来看，组织力由"组织"和"力"两部分构成。在组织力中的"力"，可以理解为"力量""能力"和一切事物的效能。因此，王鹏（2022）认为，组织力是与组织紧密相关的概念，组织力可以理解为不同组织要素集合成系统的整体运转效能或者整个组织作为活动主体实现活动目标的能力和力量。王铁骊（2004）认为，敏捷性是在激烈市场竞争中获取优势、实现可持续发展的关键。敏捷性包括快速感知市场需求并提供满足客户需求的产品或服务能力。张娜等（2021）指出，企业在面对外部市场环境变化时，受限于短暂时间和有限资源，需要调整资源配置活动和与市场利益相关者的关系，从而形成不同层次的组织敏捷性。因此，在数字化背景下，敏捷组织的构成要素包括结构、流程、能力、开发四个方面的敏捷性和数字价值主张，这些因素共同促进组织适应快速变化的市场需求（钱雨等，2021b）。

2. 数智时代敏捷组织的要素

在数智时代，构建敏捷组织已然成为组织发展的关键课题。要实现组织敏捷，需要考虑多个重要因素，涵盖人员、形态、机制和文化等方面。这些要素的综合考量和有效整合将有助于组织更好地适应变革和挑战，提升竞争力，实现可持续发展，如图 2-13 所示。

图 2-13　敏捷组织的构成要素

（1）人员要素。首先，必须进行工作方式的变革以适应数字化环境的迅速发展。传统的工作方式已经无法满足当前需求，因此组织需要积极调整工作方式，提高效率和灵活性。其次，重视员工的创新和自主思考能力，鼓励他们提出新想法和提升解决问题的能力，可以激发整个组织的创新潜力，推动组织不断进步。具有前瞻性、激励性和团队建设能力的领导者可以引领团队适应变化，推动组织不断向前发展。最后，数字化人才规划、选拔和培训也是不可或缺的。确保组织拥有适应数字化环境的人才，并通过培训提升员工的数字化技能，为组织的发展提供必要的人才支持。

（2）流程要素。设计灵活高效的流程结构可以适应市场需求和技术发展的快速变化，提升组织的应变能力和竞争力。通过优化业务流程，提高工作效率，加快响应速度，降低成本、提升质量，增强整体运营效率。另外，清晰的组织流程可以促进组织工作更加流畅并且快速作出组织决策，从而提高决策执行效率和执行效果。

（3）机制要素。构建自主决策机制，鼓励员工在符合公司目标的前提下进行自主决策，提高执行效率和灵活性，激发员工的创造力和积极性。构建协同创新机制，促进内部协作和创新，鼓励部门和个体之间的合作，促进知识分享和团队合作，推动组织创新发展。此外，构建数据驱动的考核激励机制，通过数据分析评估绩效，激励员工提升工作表现，提高员工的工作动力和绩效水平。构建数字化信任机制，促进员工之间的信任和合作，提升团队凝聚力和效率。

（4）文化要素。塑造企业文化价值观，打造积极向上、开放包容的企业文化，提升组织凝聚力和向心力。将企业文化理念传达给每位员工，营造良好的文化氛围，推动组织文化建设。此外，倡导员工与企业共同成长，增强员工对企业的认同感和归属感，促进团队合作和创新精神，进而推动组织可持续发展。

3. 数智时代敏捷组织的建设路径与策略

（1）基础设施云端化。基础设施云端化是将传统的基础设施迁移到云端的过程，其优势在于提高了灵活性、可扩展性和安全性。通过将基础设施云端化，组织可以根据需求灵活调整资源，避免资源浪费。同时，虚拟化技术的应用可以实现资源的更有效利用和更快速部署，从而提高整体效率。引入自动化工具也能够提高基础设施管理的效率和稳定性，减少人为错误和减轻运维压力。

（2）触点数字化。触点数字化是指通过各种数字化渠道与客户进行互动的过程，旨在提升客户体验并优化客户关系管理。触点数字化为组织带来了多渠道互动、数据驱动决策、个性化营销等多种形式，具体而言，多渠道互动使客户可以更便捷地与组织进行沟通和互动，从而增强客户黏性；数据驱动决策则是利用客户数据进行分析，以优化产品和服务，提升客户满意度；个性化营销则是根据客户数据和行为习惯，实现个性化定制，提升转化率和销售额。总之，通过触点数字化，组织可以更好地理解客户需求，精准投放资源，加快市场反应速度。

（3）组织与业务数字化。在数字化转型下，组织可以实施数字化转型战略，也就是组织将数字化融入组织的整体发展中并以此清晰路线图，进而帮助组织明确目标，有效规划和执行数字化转型计划；还可以利用数字技术实现业务流程优化，重新设计业务流程，提升效率，降低成本。与此同时，人才培养也至关重要，培养员工的数字化技能，推动组织和业务的数字化转型。对此，要想切实实现组织与业务数字化，组织需要发动全员参与，共同推动数字化转型，以适应快速变化的市场需求。

（4）运营数据化。运营数据化是指通过收集各方面的数据并进行分析，从中发现潜在机会和问题。对此，企业可以采取实时监控系统、设定关键绩效指标（KPI）、持续追踪等方式，具体而言，实时监控系统能够及时发现并解决运营中的异常情况，保障业务的稳定运行；设定关键绩效指标并持续追踪，有助于优化运营效率和效果。数据是当今组织的重要资产，通过数据化运营，组织可以更好地了解市场和客户，作出更明智的决策，提高运营效率并实现持续增长。

（5）决策智能化。决策智能化是基于数据和分析结果作出决策、降低决策风险的过程。应用人工智能技术辅助决策可以提高决策应用的效率和决策成功的可能性。对此，企业可以建立跨部门的信息共享机制，促进决策的智能化和协同性，有助于更全面地考量各方的利益。

二、数字化领导力

1. 什么是领导力

本质上，领导力就是影响力，是管理者在权力范围内合理规划资源，以最低的成本完成整个团队的工作任务的能力。陶好飞等（2022）指出，公司领导力应该在公司发展过程中产生积极影响，对团队工作起到推进效果。郑明璐等（2024）认为，领导力是指个体在集体行动中对群体决策具有不呈比例的影响。甘迎春和王萦新（2024）认为，领导力是指在某一特定情境下，个体影响团队或组织成员，实现团队或组织的目标的能力。

领导力主要包括以下三方面内容：首先，构成领导力的要素包括个人修养、个人能力、人格魅力和实践经验。其次，通过个人行为，如修养和技术水平，领导力会对员工产生积极影响，激发他们的热情和积极性，推动组织目标的实现。最后，管理者在工作过程中展现的能够引导员工共同推进工作任务的能力即领导力，在个人层面上，领导力体现为引导和激励他人的精神力量；在团队层面上，领导力是个体力量的综合体，是全员参与、共同努力的集成力量和感召力。

2. 什么是数字化领导力

数字化转型在本质上是一个管理问题。仅仅依赖数字技术或资源来制定成功的数字化转型战略是远远不够的。最重要的是，具备解决管理问题的能力，也就是数字化领导力。数字化领导力在公司的数字化转型战略中扮演着重要的角色，它是一种帮助企业准确分析环境变化，快速调整当前现状，进而作出战略变革的管理能力。数字化领导力彰显了管理者通过数字化转型成功经营公司的重要性。赵发珍（2023）综合国内外学者对数字化领导力的定义，将其界定为"领导者借助数字技术手段促使个体、团体及组织在态度、情感、思维、行为及绩效方面发生变化"的能力及其过程。朱永跃和余莉花（2024）指出，数字化领导力就是指在数字时代的组织管理过程中，管理者为数字化转型创建清晰且有意义愿景的能力，以及带领组织成员执行并成功实施数字化转型战略的能力。

3. 企业数字化领导力存在不足的原因

数字化领导力的概念越来越深入各个企业。然而，根据目前的实际情况来看，许多企业在数字化领导力建设方面还存在明显的不足之处，其原因如图 2-14 所示。

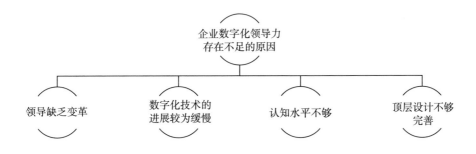

图 2-14　企业数字化领导力存在不足的原因

（1）领导缺乏变革。领导者缺乏对数字化技术和数字化转型的深刻理解可能源自多方面因素。首先，随着科技的迅猛发展，数字化技术日新月异，对于一些领导者来说，要跟上这种变化并深入理解其应用，会是一个挑战。他们可能没有足够的时间和资源来系统性地学习和了解这些技术，导致对数字化转型的理解不够深刻。另外，一些领导者可能在传统的管理模式下取得了成功，因此可能对数字化变革持保守态度，缺乏推动创新和变革的勇气和决心。他们可能担心数字化转型会带来的风险，担心新技术可能会破坏现有的商业模式或组织结构，从而影响到企业的稳定性和盈利能力。

这种保守的态度可能会阻碍组织对新技术的采纳和应用，从而错失了许多数字化带来的机遇。

（2）数字化技术的进展较为缓慢。在数智时代的背景下，企业需要加快数字化建设的步伐。目前，许多企业已经开始采用财务信息化系统、企业资源计划（ERP）系统等多种工具来完善数字化模块。然而，从整体上看，数字化技术的进展还相对较慢，各种智慧信息技术的应用还不够广泛。尤其是目前许多企业尚未实现业务与信息技术的高度融合，在战略层面和实践层面上尚未充分发挥数字技术的价值，给企业提升数字化领导力带来了很多困难。

（3）认知水平不够。当前，企业在数字化转型发展过程中，基层员工对数字化的认知水平较低，对数字化战略发展产生了显著的影响。这是因为数字化领导力不仅考验企业的领导水平，同时也需要得到内部员工的支持，优化企业的基层环境。然而，内部员工对数字化的认知水平不高，导致数字化管理决策难以在基层落地，不利于企业的转型发展。

（4）顶层设计不够完善。企业的数字化领导力需要高层领导具备强大的数字化思维，并对数字化经营环境有深入的认识，要能够组建数字化经营小组。然而，目前许多企业在这方面的进展相对缓慢，高层领导的数字化意识相对较低，导致数字化思维难以贯穿企业的各个环节。

4. 企业数字化领导力应用改进措施

（1）推动数字化转型的领导变革。推动数字化转型的领导变革是企业在迎接数字化时代挑战和机遇时必须重视的关键因素。在数字化转型过程中，领导者需要具备开放的思维、前瞻性的眼光和灵活的应变能力。首先，领导者需要树立数字化意识，深刻理解数字化对企业发展的重要性，并将数字化战略融入企业整体发展规划之中。其次，在推动数字化转型的过程中，领导者需要勇于改变传统的管理思维和工作方式，鼓励团队成员接受新技术、新理念，拥抱变革并勇于尝试创新。领导者还应该激励团队敢于突破传统边界，打破组织内部的沟通壁垒，促进信息流通与共享，从而推动数字化转型进程的顺利进行。最后，注重培养数字化领导力，引领团队不断学习和提升数字化技能，建立以数字化为核心的团队文化，激发员工的创新激情和工作热情。通过建立积极向上的数字化领导风格，领导者可以有效地激励团队成员参与到数字化转型中，共同推动企业实现数字化转型目标。

（2）赋能组织实现数字化转型发展。随着科技的迅猛发展和数字化浪潮的席卷，企业不得不适应新的市场环境和消费者需求，企业想要长久发展就必须进行数字化转型。首先，为了更好地为组织赋能，需要建立一支高效的数字化团队，吸引并培养具备数字化技能和创新意识的人才。这些人才将成为推动数字化转型的关键力量，带领整个组织朝着数字化目标前进。其次，组织需要投资数字化技术和工具的应用，以提升组织内部的效率和协作能力。通过引入先进的数字化平台和系统，可以实现组织赋能，从而实现信息的实时共享和流通，促进跨部门之间的协同工作，提升组织的整体运营效率。再次，数字化转型往往涉及组织结构和流程的调整，需要组织成员怀着开放的心态和积极的态度去面对变化。组织需要鼓励员工参与到数字化转型中，激发他们的创新潜力，共同推动数字化转型的成功实施。最后，组织应持续关注数字化趋势和市场动态，及时调整数字化战略和规划，保持组织的竞争优势和创新活力。

（3）提升企业的数字化认知水平。提升企业的数字化认知水平是当前企业发展中至关重要的一环，随着信息技术的不断创新和应用，数字化已经成为企业在竞争激烈的市场中获取优势的重要手段。首先，实现数字化转型需要加强企业内部对数字化趋势和技术的了解。企业需要清晰地认识到数字化技术是如何改变传统商业模式、生产流程及客户关系管理的，找到适合企业的数字化发展路径。其次，企业需要加强对数字化战略规划的认知，将数字化战略与企业核心业务深度融合，实现全面的数字化转型。再次，通过培训和教育提升员工的数字化认知水平，激发员工参与数字化转型的积极性和创新精神，建立激励机制促进企业内部的数字化文化建设。最后，持续关注数字化认知水平的提升和变革，不断学习和适应新的数字化技术和趋势，及时调整企业的数字化战略，以保持竞争力和创新能力。只有这样，企业才能在数字化转型的道路上抢占先机，实现可持续发展。

（4）完善顶层设计。单凭一位管理者是很难完成整个数字化转型过程的，董事会需要具备相应的能力才能促进企业发展。拥有"数字化头脑"的董事会成员意味着他们不仅理解数字化技术的重要性，更能够深刻把握数字化带来的机遇和挑战。这种数字化头脑不仅是对技术的了解，更是对数字化战略的深刻理解，能够指导企业制定符合数字化时代需求的发展战略，并支持领导团队有效推动数字化转型。此外，数字化头脑的董事会还能够促进组织内部的数字化文化建设，激发员工参与数字化转型的积极性，推动整个组织向着数字化的目标迈进，形成新空间、新裂变、新势能的突破。

三、高效化执行力

1. 执行力及高效化执行力的表现特征

执行力是企业的核心竞争力，是行为与技术相结合的成套体系。执行力就是企业的竞争力，是战胜对手的关键力量。从战略、运营流程和人员的角度出发，构建企业执行力有三个基本条件：高层领导亲自参与并自我完善、企业要有执行文化、录用有执行力的员工。执行力是一种在完成任务时高效利用有限资源的能力，是实现既定目标的实际操作能力，它承载着将企业战略和规划转化为效益和成果的关键力量，是多种能力的综合体。没有执行力，一切的目标和愿景都将是空谈。

高效化执行力的表现特征，如图 2-15 所示。

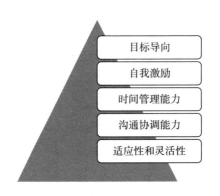

图 2-15　高效化执行力的表现特征

（1）目标导向。高效化执行力个体能够清晰地了解任务目标，并能够将目标转化为具体的行动计划。高效化执行力个体能够明确任务的优先级，合理安排时间和资源，以确保任务按时完成并达到预期结果。目标导向是企业实现长远发展的重要策略。通过制定明确的目标、战略规划、绩效管理、资源分配、项目管理、数据驱动决策、沟通与协调、持续改进、员工培训和发展、激励机制、风险管理、客户导向和创新与变革管理，企业可以确保所有资源和活动都集中在实现预定目标上，提高组织效率和竞争力，实现可持续发展。

（2）自我激励。高效化执行力个体能够自我激励，对任务充满热情，能够持续保持专注并克服困难。即使在面临挑战和压力时，也能够保持积极的态度并寻找解决问题的方法。自我激励是个人和组织持续发展的动力源泉。个人通过设定明确目标、建立正面自我对话、制订计划、持续学习、保持健康生活方式、寻找内在动机、奖励自己、建立支持网络、反思和总结，可以实现自我激励。组织通过设定愿景和使命、建立激励机制、营造积极文化、提供培训发展机会、建立反馈沟通机制、支持员工自我管理、认可和表彰员工成就，可以激励员工，为实现共同目标而努力。

（3）时间管理能力。高效化执行力个体善于合理规划时间，有效利用时间执行任务，避免拖延和浪费，以确保任务高效完成。有效的时间管理能力能够帮助个人和组织更好地达成目标，提高效率，减少压力。通过设定明确目标、优先级排序、制订详细计划、时间块管理、减少干扰、学会拒绝、使用技术工具、定期评估调整、任务分解、利用碎片时间、保持健康生活习惯、委派任务和定期休息，个人和组织可以更好地管理时间，实现更高的工作绩效和生活质量。

（4）沟通协调能力。高效化执行力个体具备良好的沟通与协调能力，能够清晰地表达自己的想法，有效地与他人沟通合作，更好地推动任务的落实。他们能够建立良好的工作关系，协调资源并协同团队成员共同完成任务。沟通协调能力是个人和组织取得成功的关键要素。个人通过积极倾听、清晰表达、非语言沟通、同理心、反馈技巧和处理冲突，可以提升自己的沟通能力。组织通过建立沟通渠道、透明开放的沟通文化、定期会议、跨部门协作、培训和发展、反馈机制和使用沟通技术，提升整体的沟通协调能力。在实践中，通过有效的项目管理、客户关系管理和团队建设，个人和组织可以更好地实现沟通协调，提高工作效率和成果。

（5）适应性和灵活性。高效化执行力个体具备较强的适应能力和灵活性，能够在不同情境下快速调整计划和策略，应对突发情况并灵活应对变化，确保任务顺利进行。适应性和灵活性是现代企业应对不确定性和竞争压力的重要能力。通过建立敏捷组织结构、培养敏捷文化、提升数字化能力、加强数据分析和预测、灵活的供应链管理、持续学习和发展、动态战略规划、客户反馈驱动、创新管理、风险管理和应急预案、灵活的工作模式和开拓多元化市场，企业可以提高自身的适应性和灵活性，快速响应市场变化，实现持续发展，增强竞争优势。

2. 组织执行力如何更高效

（1）管理平台化。在数智时代，传统企业往往存在决策缓慢、执行效率低下等问题，导致任务无法高效完成。然而，随着平台化管理理念的兴起，新的希望正在逐渐显现。平台化管理作为一种全新的管理模式，具有许多特点和优势。首先，平台化管理打破了传统组织结构的束缚，使管理更加灵活和高效。其次，平台化管理注重数据和信息的共享与整合，促进了企业内部各部门之间的沟通和协作。最后，平台化管理还能够有效整合外部资源，实现跨界合作，提升企业的竞争力。

（2）应用区块链技术。在区块链时代，应用区块链技术可以极大地简化执行流程。区块链作为一种去中心化、安全可信的分布式账本技术，赋予管理的特点凸显了其独特优势。其去中心化的特点使管理过程更加透明、高效，降低了信任成本，为管理提供了更多可能性。在财务管理领域，区块链技术可以实现实时结算和资产跟踪，极大地简化了跨境交易和资金清算的流程，提高了整体的效率和安全性。在供应链管理方面，区块链可以确保产品溯源、质量追溯等方面的可靠性，帮助企业建立起更加可信赖的供应链体系。因此，区块链技术的应用可以极大提高组织执行的效率。

（3）关注人才培养。在企业的发展过程中，培养员工的素质至关重要。第一，高素质优秀的员工更具有执行任务的能力。在提升执行力方面，勇于承担责任是不可或缺的品质。只有具备强烈的责任感，才能有效提高执行力，确保任务顺利完成。第二，内心的忠诚也会对执行力产生深远影响。忠诚不仅表现为对组织的忠诚，还包括对工作任务的忠诚。忠诚可以激发员工的积极性和责任感，提升执行力，使工作更高效。第三，减少拖延是任务执行的关键。及时行动不仅能提高工作效率，还能避免任务积压带来的压力和影响。第四，有效的时间管理同样至关重要。合理安排碎片化时间，提升整体执行效率。时间管理对执行力提升至关重要。第五，坚持不懈是保持良好执行力的关键态度。坚持不懈将成为执行任务过程中突破障碍、实现目标的关键所在。

（4）打造高效团队。一个拥有高效执行力的团队可以成为组织发展的强大引擎。首先，在团队打造的过程中，需要制定明确的目标来帮助团队成员找到工作方向，为整体工作提供清晰的导向。通过与团队成员进行充分沟通和协商而确定出的目标将更具有操作性和实施性，更有利于团队整体的高效运转。其次，设定愿景。为了一个共同的愿景去奋斗能够将团队成员凝聚在一起，激发他们的合作精神和团队意识，同时也能够让他们在困难面前坚定信念，勇往直前。再次，减少员工对领导的过度依赖也是培养团队高效执行力的关键。不让员工变成"乞丐"，而是促使他们主动行动和承担责任，可以有效提升团队整体的执行效率和效果。最后，需要员工树立起危机意识，这能使他们面对突发情况时更加从容，保持团队在竞争激烈的市场中的稳定和发展。团队成员需要学会在压力下保持冷静，而管理者也要相应地建立一套完善的危机处理机制，以保障团队在面对各种挑战时能够迅速做出反应，并及时有效地应对和解决问题。

（5）激励员工。员工激励在组织管理中扮演着至关重要的角色，良好的激励措施可以有效提升员工的执行力和工作动力。首先，尊重员工是树立积极工作氛围的基石。通过尊重员工的个人价值观、意见和劳动成果，能够建立起一种相互尊重的工作环境，激发员工获得更强的归属感和责任感，提高他们对工作任务的执行力。其次，给予员工适当的信任和自主权，让他们有更多的发挥空间和决策权，以此增强员工的自信心和责任感，从而提高他们的自我激励和执行力。赞美员工的表现同样不可忽视，赞美是一种有效的激励方式，能够激发员工的工作热情和积极性，让他们感受到自己的付出和努力得到认可，从而更有动力去执行工作任务。再次，融入情感也是一种重要的激励手段，建立起真诚的情感联系，能够增强员工的忠诚度和凝聚力，使他们更加投入工作中，提高执行力。最后，晋升作为一种长期激励机制，能够激发员工的职业发展动力和执行力，为员工提供晋升机会，让他们看到未来的发展前景，从而更有动力地去实现目标并提高执行效率。

四、战略型共创力

1. 价值共创概述

价值共创理论主张未来企业竞争将取决于一种新的价值创造方式，即以个体为核心，由消费者和企业共同参与创造价值。这一理论要求企业不仅要关注自身利益，还要把客户置于同等重要的位置，与客户共同努力创造最大的价值。价值共创是一个集合体，包括动机、过程和结果。价值共创是用户因为某些动机参与进来，导致了某个过程，产生了某个结果，最终创造出可以满足双方需求的产物的过程。价值共创理论为企业实现可持续发展提供了一种新的思路和方法，不仅能够增加企业的竞争优势，提高客户的满意度和忠诚度，还能够创造更多的社会价值，成为企业实现可持续发展的重要保障。

2. 战略型共创力是什么

战略型共创力指的是组织或企业在制定和执行战略时，与外部利益相关者(如客户、合作伙伴、社会群体等)共同合作、共同创造价值的能力，强调组织与外部利益相关者之间的互动和合作，通过共同努力来实现战略目标，促进持续的创新和发展。战略型共创力有助于组织更好地适应快速变化的市场环境，提升竞争力并创造可持续发展的优势。

3. 为什么需要战略型共创力

(1)促进创新和持续发展。在现代商业环境中，创新是企业生存和发展的关键。战略型共创力激发了员工之间的合作与创造力，为创新的发生与传播创造了有利条件。通过不同部门、团队甚至组织之间的合作共享知识和资源，企业可以更好地适应市场变化，推出更具竞争力的产品和服务，实现持续发展。这种开放式的创新模式不仅可以加速产品和服务的更新迭代，还可以帮助企业更好地把握市场需求，保持竞争优势。

(2)应对复杂挑战。现代市场环境变化多端，竞争日益激烈，单打独斗的模式已经不再适用。企业需要整合各方资源与智慧，共同破解难题，应对复杂挑战。战略型共创力为企业提供了一个跨部门、跨团队的合作平台，让不同专业领域的人共同思考问题、提出解决方案，更有效地迎接市场挑战。通过共同努力，企业可以更快地应对变化，并找到创新的突破口。

(3)提升竞争力。建立战略型共创力可以最大限度地发挥员工的潜力与创造力，加强内部协作与团队合作，增强企业的竞争力。在一个团结合作、共同奋斗的企业文化中，员工更倾向分享想法、协同工作，共同实现企业的目标。团队精神不仅可以提高工作效率，还可以激发员工的创造力和创新意识，为企业赢得更多竞争优势。

(4)拓展视野与资源。通过与外部合作伙伴共同创新、共享资源，企业可以拓展自身的视野与资源范围，获取更多的机会与优势。外部合作不仅可以带来新的想法和技术，还可以扩大企业的业务范围和市场份额。通过与行业领先者、创新公司等合作，企业可以更好地了解市场动态，把握未来发展趋势，提前布局，确保企业的可持续发展。

（5）适应数字化转型。在数字化转型的浪潮下，企业需要更加开放与灵活的组织结构和文化来适应变革。战略型共创力通过促进跨部门、跨组织的创新合作，帮助企业更好地利用数字技术，推动数字化转型的实施与成功。数字化转型不仅是采用新技术，更是一种全面的企业变革过程，需要全员参与、多方合作。战略型共创力可以帮助企业打破部门壁垒，实现信息共享和资源整合，加速数字化转型的落地和实施。

章末案例

海康威视：数字化转型提升企业价值

一、企业简介

自 2001 年创立以来，杭州海康威视数字技术股份有限公司（以下简称"海康威视"）已经在技术革新方面取得了显著成就，尤其是在安全监控和智能物联网这两个领域，积累了超过 20 年的专业经验。海康威视致力于在物联网感知、人工智能、大数据分析等关键技术上进行创新，开发了一系列集软件和硬件于一体的智能物联网产品。这些产品不仅整合了云计算和边缘计算技术，还融合了物理信息和数字智能，能够提供从设计、构建到维护的完整智能系统解决方案。海康威视的业务遍布全球 150 多个国家和地区。通过不断创新和技术进步，海康威视在安防和智能物联领域取得了显著成就，为全球用户提供了先进的产品和解决方案。

二、海康威视数字化转型发展历程

海康威视的数字化转型主要从数字化阶段发展到网络、高清化阶段，再到目前的智能安防时代。海康威视旨在打造一个既便捷、高效又令人放心的智能化世界。根据海康威视官方网站给出的资料，其发展历程主要分为以下三个阶段。

1. 数字化阶段（2001~2010 年）

2001 年，海康威视发布了板卡、DVR 产品，并且成为其主要的销售产品。2003 年，海康威视将 H. 264 算法用于视频监控领域，直到 2007 年才首次推出摄像机产品。随后，其视频监控产品的销量迅速增长，并在国内市场上名列第一。2010 年，海康威视成功在深圳证券交易所上市。

2. 网络、高清化阶段（2011~2014 年）

2011 年，海康威视成为全球视频监控领域的领军者，拥有最高的市场份额。紧接着，2013 年，海康威视推出了一款名为萤石（EZVIZ）的网络视频服务品牌，致力于提供包括智能视频监控设备、各类传感器、基于云的视频服务平台及移动 App 在内的全方位互联网视频解决方案，旨在满足小型企业、家庭及个人用户的需求。2014 年，海康威视扩展了其业务范围，开始提供全面的安全解决方案，并且转型为提供视频产品和内容服务的供应商。

3. 智能化阶段（2015 年至今）

2015 年是海康威视向智能化转型的关键年份，利用其在视频技术领域的专长，进军机器视觉和智能制造领域，其产品从网络化、高清化向智能化的升级，顺应了安防行业向数字化、网络化和智能化方向的发展趋势。2018 年，为适应智能化时代的业务变革，海康威视对内部组织结构进行调整，并提出 AI Cloud 的三级计算架构概念，为海康威视的数字化转型奠定了基础。2021 年，海康威视将其业务焦点定位为"智能物联 AIoT"，专注于在人工智能和大数据技术领域内进行创新，提供集软硬件于一体的智能物联产品。2022 年，海康威视全面推进智能物联战略，旨在利用物联网、人工智能和大数据技术服务各行各业，开创智能物联的新篇章。

三、以数字化生产提升企业价值

在柔性生产与研发效率提升方面，海康威视在 2016 年定下了目标，成为物联网解决方案的领航者，通过融合视音频编辑与数字技术，推出了全方位定制化的产品服务。为了实现这一服务，海康威视加强了软件开发的一体化，特别是通过引入 AI Cloud 架构和采用模块化开发策略。AI Cloud 架构通过边缘节点、边缘域及云中心三层结构，提高了数据处理的速度和准确性，为物联网的需求提供了有效的支持结构。而模块化开发策略使软件组件能灵活集成到产品中，减少了开发重复，加速了产品的刷新周期，并支撑了智能化服务的提供。

海康威视拥有丰富的生产线，包括 180 多条 SMT 线和 40 多条自动化组装线，支撑着多样化、小批量和大规模定制的生产需求。在融合软件和硬件、提高管理效率方面，海康威视通过构建数字化平台，促进了软件与硬件的深度整合，推动了数字化生产流程。软件与硬件的深度整合创新了"软件+硬件＝行业解决方案"的模式，增强了产品的市场竞争力，提升了企业运营效率。在产品结构方面，海康威视形成了覆盖感知、处理和存储的全面布局，包括多样的边缘节点产品，深入开发的边缘域应用产品，以及全面的云中心产品系列，提供了完备的智能物联基础 IT 解决方案。在软件领域，海康威视构建了包括平台、算法、数据模型和业务服务在内的全面软件产品体系，从而能够为各种智能应用场景提供强大的支持。

2022 年，海康威视全力实施智能物联战略，旨在通过物联网、人工智能和大数据技术服务各行各业，推动智能物联的发展。海康威视旨在通过先进的感知技术连接人与物，以多样的智能产品满足不同需求，通过创新应用推进智能世界的建设，为每个人创造更美好的未来。海康威视的软硬件融合优势为客户提供了全面的解决方案，满足了广泛的需求，同时促进了软件与硬件团队的协同合作，实现了产品功能的最大化。

四、以数字化服务提升企业价值

情景交融，推动用户价值实现。海康威视倡导以场景为核心，满足不同行业需求，实现安防监控的场景化应用。海康威视从场景分析、设计到应用，根据用户需求和环境特征，打造符合场景需求的产品。海康威视通过城市管理球机、城市全景云台和智能分析服务器，实现了涵盖 70 种违规事件的预警和算法调度功能，支持从固定点位到移动巡查，在不同场景下提供移动智能采集、违规巡查、"门前三包"管理、城市内涝监测等服务，有助于维护城市环境的整洁有序。同时，针对市政设施如井盖、垃圾桶、路灯等，利用井盖智能监测终端、水尺球机、雷达液位计等设备，实现了问题采集、派遣处置、反馈评价的闭环流程，提升了市政管理的精准化服务水平。海康威视已发展出数千种软件和硬件产品，这既是企业业务成长的结果，也为未来的应用创新奠定了坚实基础。海康威视持续推动"标准化+个性化"策略，以此扩展产品系列，同时不断寻求产品与应用之间的最佳搭配。通过针对不同场景精心选择的硬件与灵活部署的软件，实现了产品与应用环境的无缝整合。

海康威视以解决客户问题和满足特定市场需求为核心，推动了"AI+安防"的战略方向，通过人工智能技术增强安防产品，为企业提供数据分析和精确营销工具，增加客户价值。海康威视专为中小客户设计的数字化平台，如海康互联和海康云商，提供全面服务，旨在帮助经销商建立有效的营销和服务体系。海康威视在政务服务领域提供智慧政务大厅综合管理平台，围绕各类政务服务大厅、便民服务中心等场景，利用大厅 AR 全景摄像机、客流监测摄像机、窗口服务管理服务器等设备，实现大厅运行管理、政务信息发布、视频电子监察等应用，助力提升政务办理的效率和规范化水平。海康威视的业务深度体现在从探测器到系统解决方案的数万种产品，其广度覆盖众多行业及其细分市场。在不断变化、更新和迭代中，技术、产品和需求相互促进、相互造就，形成了海康威视技术创新驱动的主要竞争力。未来智能物联将实现技术、设备、系统和用户需求的大融合，易用性不断提升，成本持续下降，使万物被感知、被链接。随着物联感知、人工智能、大数据技术的持续发展，海康威视将继续全面践行智能物联战略，保持企业龙头地位。

五、以数字化创新提升企业价值

海康威视通过数字平台促进开放创新，实现创新主体多元化。海康威视通过设立多个平台来促进使用创新。例如，设立了海康云远智能运用平台、萤石开放平台、AI 开放平台等数字平台，连接了用户和经销商，打通了创新渠道，使合作伙伴和用户群体参与创新。在海康威视的 AI 开放平台上，设备厂商与技术服务公司可以相互协作，他们可以共同开发满足用户需求的应用和服务。用户可获得不同程度的算法训练，提供定制化服务和丰富的算法仓库，帮助实现高效算法构建。

海康威视实现业务跨领域融合，拓展到泛安防生态圈，提供以视频联网与 AI 视觉感知技术为核心的产品和解决方案。海康威视走"先行业、后技术"路线，深入了解各行业场景需求，根据用户需求开发、完善产品技术，提供综合解决方案。通过利用数字技术，传统安防产品变得更加智能化，业务进一步拓展到智能家居、智能生活等领域。海康威视在智慧城市领域以"由感而治，数智赋能"为主线，优化城市感知联网系统，构建多源数据融合，营造智能物联感知生态，实现"数智赋能多业务"的目标。利用物联网、人工智能、大数据等技术建立高效治理网络，辅助构建智慧数字治理体系，让城市更智慧。海康威视持续优化感知融合赋能平台，其核心设计理念是"点位共建、视频共用、算法共管、能力共享、算力共融、事件共治"，为城市提供统一的视频汇聚、编目治理、算法管理、调度策略、开放共享等能力，满足各行业、部门的可视化、智能化需求。

经历数字化转型，海康威视重塑了其业务结构，形成了以视频为核心的智能物联网服务，并围绕客户需求划分为项目业务群、企业业务群和中小企业业务群这三个主要业务群。针对企业业务群客户，海康威视提供了以视频为基础的智能解决方案。海康威视建立了包括慧拼应用平台和云眸企业级 SaaS 服务在内的数智化应用平台，以及 AI、数据和物联网平台，以此满足客户需求，并提供能够规范操作流程、预防安全风险、优化管理效率和提高业务运作效率的安防方案。海康威视依据客户行业的特定场景需求，推出了多样化的解决方案：在能源行业，公司重点解决规范作业流程和防范安全风险的问题；对于智能建筑、教育和卫生行业，公司着重于通过数字化手段缩短管理距离；而在传统制造业，海康威视致力于提升业务效率。通过这些策略，海康威视在数字化转型的道路上稳步前行，为不同行业客户提供定制化的智能解决方案。

六、结论与展望

通过对海康威视的数字化转型过程进行研究，发现其数字化转型的过程可以简单概括为"从数字化生产到数字化服务再到数字化创新"。数字化转型对企业的影响主要体现在数字化生产、数字化服务和数字化创新三个方面。这三个方面对组织绩效、用户价值创新和业务创新都会产生积极的影响，帮助企业创造更多的价值。

在行业方面，要利用数字化转型推动行业高质量发展。数字化平台作为智能制造的核心组成部分，其关键在于开放共享。通过开放销售数据资源和数字能力，促进信息共享将是行业发展的关键一步。领先的企业应当承担起推动数字化转型的责任。他们可以在建立数字化平台的基础上，适度开放一部分功能，促进行业内信息交流，推动中小型企业的数字化发展，从而推动整个行业向着高质量发展迈进。

在企业方面，应该把数字化创新融入整个生产运营流程中。在企业内部，将数字化技术融入运营流程，对生产、营销服务和创新等过程进行数字化改造，以降低成本、提高生产效率为目标；在企业外部，将数字化与企业的业务、产品和服务相结合，围绕业务展开数字化转型，根据用户市场需求特点，通过智能技术增加产品的附加价值。这样的全面数字化整合将帮助企业更好地适应市场变化，提升竞争力，实现持续发展。

参考文献

［1］蓝文永，黄香华，俞康慧. 传统制造企业数字化转型过程的价值创造——以海康威视为例［J］. 财会月刊，2023，44（7）：135-141.

［2］王明国，吴龙乾. 高新技术企业价值评估研究——以海康威视为例［J］. 北方经贸，2023（4）：75-78.

本章小结

本章主要讨论了新时代下企业管理面临的机遇与挑战。随着时代的不断变化与发展，企业正面临前所未有的挑战，传统的企业管理方式无法适应新出现的问题。对此，在数智时代的背景下，企业需要不断改革创新才能跟上时代步伐。目前，企业管理在实践中面临组织流程固化、工具应用低效、营销融合保守、战略协同无效及数据互通制约等方面的挑战。数字技术为企业带来的新需求、新技术、新影响，创造了新难题，数字化改变了游戏规则，场景化改变了转化链路，智能化改变了角色定位。在这样的背景下，企业需要重新审视现有管理模式的有效性，并在新时代背景下延伸出的新视角，从敏捷型组织力、数字化领导力、高效化执行力及战略型共创力四个方面探索了企业管理的新方向。

第三章

AI 时代管理变革与突围

　　人工智能正以超乎想象的速度渗入我们的社会和生活，引领人类文明进入新的阶段。更具颠覆性的大模型正呼啸而来，每个行业、领域、企业包括个人都将被深刻影响。技术带来变革的时代，机遇与挑战并存，企业家该如何抉择？AI技术的飞速发展，让企业运营迎来前所未有的变革。如何利用 AI 技术来实现管理模式的创新，提升效益、降低成本甚至完成组织变革、实现企业决策智能化，是每一个企业都必须思考的问题。

人工智能不能建造在沙滩上，这个"房子"迟早是会坍塌的。人工智能的基础算法、算力、数据，前两项我们国家还是弱的，光有数据强还不行。

　　　　　　——华为技术有限公司董事、首席执行官　任正非

☆人工智能
☆企业管理变革
☆企业管理突围

润和软件：华为的共建共享者

一、企业简介

江苏润和软件股份有限公司（以下简称"润和软件"）成立于 2006 年，2012 年在深圳证券交易所创业板上市，是国家重点规划布局内的大型软件企业。润和软件总部位于南京，其在北京、上海、深圳、香港等 22 个国内主要城市设有研发中心或分子公司，在日本、美国、新加坡等国设有海外分支机构，全球员工约 13000 人，拥有全球化的技术整合、客户响应与服务抵达能力。润和软件连续三年上榜 IDC 全球金融科技百强榜，同时，润和软件金融 AI 对话式搜索引擎荣登"2024 全国'人工智能+'行动创新案例 100"榜单。

二、润和的数字化发展历程

润和软件的发展历程主要可以分为以下三个阶段。

1. 聚焦专业领域的软件交付时期（2006~2012 年）

润和软件成立之初，主营业务是部分实用性软件，之后逐渐进入日欧美软件交付领域，建立了完善的项目交付体系。前期的软件交易为润和软件上市打下了坚实基础，2012 年 7 月 18 日，公司在深圳股票交易所创业板上市，为润和软件在进行企业数字化、信息化改革及后期开展软件研发提供了融资保障。

2. 企业数字化与信息化时期（2013~2023 年）

润和软件步入数字化的第一步，是成立金融创新中心，通过此方式，储备金融科技；随后，润和软件逐步进军信息化产业，进入银联等通道类业务，润和软件数字化和信息化的雏形形成。在应用领域，润和软件也在不断发力。2018 年，润和软件上线 HiHope，构建端到端一站式平台化 AI 能力矩阵，同年在智能电力/智能零售等行业推出"端-边-云"的整体 IOT 方案。

3. 企业业务人工智能化时期（2023 年至今）

2023 年，润和软件正式发布《润和软件人工智能（AI）战略白皮书》，未来，润和软件将更加高效地融合人工智能，实现企业运营能力的提升。在这个时期，人工智能技术已经从理论和实验室阶段，逐步走向大规模商业应用，覆盖各行各业。AI 不仅是独立的工具，更深度集成到企业的各个业务流程中，成为核心业务的组成部分。数据的量级和质量显著提升，推动了 AI 算法的优化和创新，形成了以数据为核心驱动力的业务模式。企业越来越依赖 AI 进行预测和决策，从市场营销到供应链管理，AI 辅助决策已成为新常态。

三、深入探索数字化转型新模式

1. 聚焦数字化转型，增强企业核心竞争力

润和软件基于 openEuler 开源社区技术路线研发了国产服务器领域的安全操作系统 HopeStage。该系统已获得多项行业认证，并打通了国产芯片、国产服务器、国产数据库、国产中间件的生态体系，构建了完整的国产化信创解决方案。润和软件在世界智能制造大会上展示了自主研发的工业智能行业解决方案，展现了润和软件在推动制造产业数字化转型和业务创新发展方面的实力。

在金融科技领域方面，润和软件的金融品牌子公司捷科在 2024 阿里云金融创新峰会上展示了 AI 测试工程师、基于大模型 Agent 的信审机器人等产品，展现了"金融+AI"能力，推动金融科技领域数智转型。这些产品基于 AI 大模型技术搭建，采用金融行业沉淀材料训练，可深度匹配金融业（银行业）需求，解决金融行业测试生产过程多、测试标准化程度低、测试效率低等痛点。

此外，润和软件作为 openEuler 黄金捐赠人，润和软件打造的企业级操作系统 HopeOS，提供了包括大数据平台一体化交付、大数据平台原地迁移、基于分布式软总线的 openEuler 及 OpenHarmony 协同、基于 openEuler 的行业发行版定制等综合解决方案。

2. 不断深入探索创新模式与发展理念更新，拥抱人工智能时代

润和软件始终认为上市公司的质量是价值投资的基石，两者相互联动、

促进，形成正向循环。润和软件坚持走高质量发展的道路，通过深耕主业，不断为行业客户创造价值。润和软件同样坚持以技术创新为企业发展的根本，持续加大研发投入，打造新一轮增长驱动的主力，使企业能够在不断变化的市场环境中保持竞争力。此外，润和软件也十分注重加强规范治理，提升企业投资价值，提升企业的透明度和公信力，增强投资者的信心。

四、积极与合作伙伴共建共享，实现价值提升

1. 积极进行共建共享

润和软件最大的合作伙伴是华为，鸿蒙系统是润和软件的标志性合作成果。根据2022年11月召开的HDC 2022华为开发者大会的相关信息，历经了3年沉淀，鸿蒙生态快速成熟。润和软件作为华为鸿蒙生态共建者，代码共建、南向共建贡献度居于行业前列并获得充分认可。润和软件切实为OpenHarmony的开源贡献技术力量，代码贡献量居于鸿蒙生态前列。

2. AI与企业业务的深度融合

一方面，开发金融AI对话式搜索引擎。润和软件联合深圳市新财富数字科技有限责任公司共同研发的金融AI对话式搜索引擎——"金融搜一搜"产品，凭借在金融投资场景的创新实践荣登"2024全国'人工智能+'行动创新案例100"榜单。另一方面，应用AI中枢平台的作用。润和软件发布了新一代AI中枢平台AIRuns，获得了"江苏省优秀人工智能产品"奖，并在多个赛道取得前十名的佳绩。润和软件持续加强AI技术创新与产品研发，将人工智能技术带到各行各业，共同发展蓬勃数字中国。

五、结论与展望

润和软件发展至今，其成功经验总结起来可以为以下三点：第一，集聚力量在金融科技上发力，汇聚更多的人脉和信用资本，赢得行业的认可；第二，在创新模式与发展理念的不断更新与完善，在产品技术上，润和软件致力于进行调整与提高，秉持与时代接轨的发展理念；第三，依托与华为的共建共享中，不断实现价值的提升，实现更大的创新突破。

参考文献

[1]刘海建，李纪琛，李颖，等．元宇宙移动互联下企业数字责任创

新[J].科研管理，2024，45(5)：65-74.

[2]徐雷，李政，郭晓玲.人工智能算法决策与企业研发"合谋"[J].中国软科学，2024(6)：214-224.

第一节　管理变革思路

管理变革是指组织为了适应内外部环境变化、提高竞争力和效率而进行的战略调整和流程及架构的改进。管理变革思路是指在组织中引入和实施管理变革时所采取的思路和方法。由于不同组织面临的变革情况和挑战各不相同，需要根据具体情况选择适合的变革管理思路和方法。管理变革思路能够帮助组织适应日益变化的商业环境，优化组织结构，提升运营效率，以及增强企业的竞争力和可持续发展能力。它通常涉及对组织内外部环境的分析、资源的评估及对潜在风险的识别，以明确变革的方向和目标，并帮助组织成员理解变革的重要性和意义。

管理变革思路的实施可以包括多个方面，如重新设计组织结构、引入新的管理方法和工具、推动创新、培养企业文化等。这些变革有助于提高组织的灵活性、响应速度和创新能力，更好地应对来自市场、技术、政策等方面的挑战。在实施管理变革时，需要考虑各种因素，如战略目标的可信度、组织成员的接受程度、变革的阻力和问题等。因此，管理变革思路需要具有灵活性和适应性，能够根据实际情况进行调整和优化，确保变革的顺利实施和成功实现。

一、更新管理理念

管理理念是指管理者在组织中指导和影响员工行为的一种思维方式或观念，涉及管理者对组织目标的理解、管理方法的选择及与员工互动的方式。管理理念是管理者对于如何有效地组织和运营组织所持有的信念和原则，包括目标设定、决策制定、资源分配、员工激励、沟通和管理等方面的思考。

管理理念的选择应该与组织的价值观和文化相符合，以确保整个组织朝着预期的方向发展。同时，管理理念也具有一定的特点，如抽象性、实践性、稳定性、共有性和继承性等。企业为应对 AI 时代到来的各种风险，必须首先在企业范围内开展管理理念的更新，具体可以参考以下七种方式。

1. 在企业全范围内形成创新氛围

在企业全范围内形成创新氛围是一个复杂而持续的过程，需要从文化、结构、激励机制等多方面进行综合管理和调整。高层管理者应明确表达对创新的重视，并通过实际行动支持创新活动。管理者应亲自参与创新项目，树立创新榜样，激励员工追求创新。制定明确的创新愿景和战略，使员工了解创新的重要性及其对企业未来的发展意义。设定具体的创新目标和指标，确保创新活动具有明确的方向和衡量标准。利用大数据、人工智能、物联网等数字化工具，提升企业的创新能力和效率。建立客户反馈机制，及时了解客户需求和意见，将其作为创新的重要来源。采用 PDCA（计划—执行—检查—行动）循环，不断优化创新流程和方法，提升创新效果。定期总结和分享创新经验和教训，促进企业整体创新能力的提升。

2. 进行先进管理理论的学习

通过阅读管理书籍、参加培训课程、参加行业研讨会等方式，了解最新的管理理论和最佳实践方案。这些理论可以帮助企业及员工拓宽视野，理解不同情境下的管理策略。建立企业内部的创新平台，如创新工作坊、头脑风暴会议等，促进创意的产生和交流。提供适当的技术工具和软件，支持员工进行创新活动。组建跨部门的创新团队，汇集不同领域的专业知识和技能，促进多样化思维。建立有效的信息共享平台，促进不同部门之间的交流与协作。采用在线协作平台，促进员工之间的实时交流和合作。

3. 实地观察学习优秀企业案例

研究那些在管理上取得卓越成就的企业，了解他们的管理理念、管理方法和实践，为企业及员工提供具体的启示和灵感，有助于更新管理理念。选择在本行业内具有领先地位的企业，学习其成功经验和实践。选择其他行业内具有创新能力和管理优势的企业，学习其创新思维和管理方法。设定具体的学习指标，如新产品开发周期、客户满意度提升等。与学习企业的高层管理者、技术专家等进行深度交流，探讨其成功经验和面临的挑战。通过对具体案例的分析，了解学习企业在创新、管理、市场拓展等方面的具体做法。通过实地考察和应用，逐步培育企业的创新文化，激励员工积极参与创新活动。

4. 在管理理念更新行过程中开展反思与自我评估

定义变革目标，明确更新管理理念的具体目标，如提高效率、增强创新能力、提升员工满意度等。确定衡量变革成功的具体标准和指标，如生产率、员工流动率、客户满意度等。设立定期评估机制，如每季度或每半年进行一次全面评估，及时发现和解决问题。通过高层管理、中层管理和一线员工的多层次反馈，全面了解变革效果。高层领导和管理者定期反思变革进程，分析战略是否符合实际情况，调整方向和策略。通过内部分享会、报告等形式，将反思和评估的结果分享给全体员工，促进共同学习和进步。根据评估结果，制定详细的改进措施和行动计划，明确责任人和时间节点，确保改进措施所需的资源(如资金、人员、技术)得到合理配置和支持。

5. 鼓励形成创新团队参与管理理念的更新

管理理念不仅是管理者的个人观念，还需要得到团队的认同和支持。鼓励团队成员参与管理理念的讨论和制定，可以增强他们的归属感和参与度，同时也有助于形成更具共识的管理理念。制定评估创新成果的关键绩效指标，确保团队的工作有明确的衡量标准。建立内部协作平台，促进团队成员之间的沟通与合作，分享创新思路和成果。鼓励团队记录和分享创新过程中的经验教训，建立知识库，为后续工作提供参考。邀请行业专家和顾问参与创新团队的工作，提供专业指导和外部视角。

6. 持续鼓励和开展创新与实践

管理理念需要不断创新和实践，以适应不断变化的市场环境。在实践中不断尝试新的管理方法和策略，评估其效果并进行调整，推动管理理念的持续更新。建立容错机制，鼓励团队成员大胆尝试和实验，不怕失败，从错误中学习和改进。定期组织表彰活动，公开表扬和鼓励优秀创新团队和项目，树立榜样。制定长期的创新团队建设和发展规划，确保管理理念更新的持续性和稳定性。确保创新团队的工作与企业整体战略方向一致，推动创新成果的落地实施。通过各种活动和措施，逐步培育企业的创新文化，使创新成为全体员工的自觉行动。

7. 积极关注员工需求

员工是组织的重要资源，他们的需求和满意度对于组织的成功至关重要。关注员工的需求和期望，将员工的发展纳入管理理念的更新中，可以不断激发员工的工作积极性，引导员工进行创新，提升组织绩效。关注员工的身心健康，提供健康检查、心理咨询、健身活动等健康保障措施。为员工提供职业技能培训、管理能力培训等，帮助员工提升专业能力和职业素养。与员工一起制定职业发展规划，提供明确的晋升路径和机会，激励员工不断进步。更加积极、全面地关注和满足员工需求，提升员工的工作积极性和满意度，从而推动企业整体管理水平的提升和创新能力的增强。

二、重置管理定位

1. 管理定位的内涵

管理定位是指根据组织或项目的特点和需求，确定其管理方向、目标、策略和手段的过程。通过明确管理定位，企业可以在激烈的市场竞争中找到自身的独特优势和发展方向，制定科学合理的战略和措施，提升企业的竞争力和可持续发展能力。具体来说，管理定位主要涉及以下几个方面。

（1）战略定位。战略定位是组织在市场竞争中确定自己的位置，明确自己的发展目标和战略，涉及组织的愿景、使命、目标及实现这些目标所需的资源和能力。战略定位是企业在市场竞争中取得成功的关键因素之一，它不仅能帮助企业确定自身的市场定位和目标受众群体，而且能使企业更加专注于自身的核心竞争优势，在竞争激烈的市场中脱颖而出。

（2）组织定位。组织定位是指组织在组织结构和管理体系上的定位，明确各部门的职责和工作内容，以实现组织结构的有效协调和合理分工，包括企业文化定位、组织结构定位和管理制度定位等方面。需要设计合理的组织结构，确保企业各部门的协调运作和高效管理。培育和强化企业文化，使其与企业的战略定位和发展目标一致。

（3）项目管理定位。在项目管理中，定位是根据项目的特点和需求，确定项目的目标、范围、资源、时间和成本等要素，并制订相应的计划和控制措施，以确保项目按时、按质、按量完成。项目管理的定位主要包括五个核心方面：目标定位、时间定位、成本定位、质量定位和风险定位。这些定位可以帮助项目经理确保项目在规定的时间和预算内达到预期质量，并最大限度地降低风险。

管理定位对于组织或项目的成功至关重要。通过明确的管理定位，组织或项目可以提高执行效率，降低风险，增加成功的可能性。同时，管理定位也需要与组织或项目的整体战略和市场需求相一致，以满足外部环境和内部条件的要求。特别需要说明的是，管理定位是一个动态的过程，需要随着组织或项目的发展和市场环境的变化而不断进行调整和优化。

2. 企业管理定位的重置

企业管理定位的重置是一个战略性的决策过程，旨在适应市场环境的变化、优化组织结构及提升竞争力。企业管理定位重置具有以下几种特征。

（1）复杂且多维度。企业管理定位的重置是一个复杂且多维度的过程，涉及企业理念、战略目标、市场环境和内部资源等多个方面。企业需要明确自身战略定位，即为哪些客户提供什么产品和服务，以获取和保持经营优势，实现企业战略目标。对市场环境和需求进行定期审视，以了解当前市场趋势和发展方向。通过对市场环境和需求的了解，企业可以确定战略调整的必要性和方向。将定位提升至企业战略核心，标志着企业从"内部运营导向"转到"外部成果导向"。这种由外部视角而来的定位有助于企业在竞争中占据有利位置。当企业的战略确定下来后，接下来的核心工作在于组织调整。组织调整是确保战略顺利实施的关键步骤。

（2）渐进式和颠覆式相结合。渐进式调整是指企业在保持战略基本稳定的前提下，对局部进行微调和优化，以适应市场环境的变化。颠覆式调整是指企业对自身的战略进行根本性的变革和创新，以打破现有的市场格局和竞争格局。在实际操作中，渐进式与颠覆式战略调整的平衡和实施需要企业采取双元创新平衡策略，即同时重视渐进式创新和突破式创新。这种策略的核心在于对项目进行细致的评估和选择，争取在短期收益和长期愿景之间取得微妙的平衡。具体来说，这种方式是实现价值最大化的低风险方式，适用于对现有产品或服务进行一系列小改动。例如，通过 ERP 系统的渐进式实施，企业可以在不完全改变现有系统的情况下逐步引入新功能和改进。另外，颠覆式创新涉及彻底的变革，旨在通过全新的商业模式或技术来颠覆现有市场格局。这种创新通常在起步阶段受市场环境的影响较大，因此后发企业需要正确识别市场需求，提出新的价值理念并满足顾客需要。例如，拼多多和哔哩哔哩通过环境扫描策略实现了颠覆性商业模式创新。为了有效实施这两种战略，企业需要兼顾短期收益与长期收益的能力，并战略性地分配资源，培育从渐进式改进到颠覆性突破的创新组合。这种组合方法可确保企业的复原力和适应性，推动组织超越竞争对手，促进可持续发展。

（3）遵循动态适应原则。通过估计和预测市场趋势，企业可以加深对市场环境和消费者偏好的认识，有计划地针对变化中的市场制订未来的业务计划。具体方法包括研究基本面数据、绘制 K 线图、趋势线、移动平均线等技术指标来发现市场的趋势和转折点。建立数据分析系统，跟踪竞争对手、关注行业报告和分析，并建立预测模型是了解市场趋势的重要手段。利用大数据进行市场趋势预测，收集并整理数据，然后运用数据挖掘和机器学习算法进行分析，可以更准确地预测市场未来走势。管理者需要知道何时需要改变战略，了解环境变化、敢于放弃过时策略、建立有效的反馈机制并能够灵活地重新设定战略目标，都是实现企业管理敏捷调整的重要手段。一旦企业清楚了自身的定位，就要围绕定位去配置资源，确保决策的正确性，加速构筑自身的核心竞争力，避免滞后的战略调整带来的风险。企业管理定位的重置需要综合考虑市场环境、内部资源、战略目标和外部竞争等因素，动态适应市场变化，并在明确的战略定位基础上进行资源配置和组织调整，以确保企业在激烈的市场竞争中保持竞争优势。企业可以参考以下步骤开展企业管理定位的重置，如图 3-1 所示。

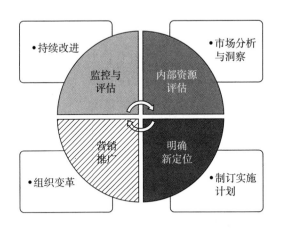

图 3-1　企业管理定位的重置步骤

●专栏 3-1●　中贝通信：6G 领域管理定位的榜样

一、企业简介

中贝通信集团股份有限公司（以下简称"中贝通信"）成立于 1992 年，

2018 年在上海证券交易所主板上市。中贝通信的主营业务聚焦于 5G 新基建、智慧城市与云网算力服务，提供算力、存储、云服务及解决方案和光电子产品，是中国移动、中国电信、中国联通、中国铁塔的重要服务商，在共建"一带一路"国家开展 EPC 总承包业务。

二、切实转变管理思路

1. 及时更新管理理念以适应行业走向

第一，强调创新。中贝通信在更新管理理念时，强调了创新的重要性。中贝通信通过鼓励员工提出新的想法，能够更快地适应市场的变化，抓住新的商业机会。中贝通信还通过设立创新基金、举办创新大赛等方式，激发员工的创新热情，形成了一种全员创新的氛围。

第二，以人为本。在新的管理理念中，中贝通信更加注重员工的价值和需求。中贝通信认识到员工是企业最重要的资产，因此通过提供更好的培训、晋升机会和福利待遇，来吸引和留住人才。中贝通信还建立了员工关怀机制，关注员工工作和生活的平衡，提高员工的幸福感和归属感。

第三，客户导向。中贝通信更新了以客户为中心的管理理念。中贝通信认识到只有满足客户的需求，才能赢得市场。因此，中贝通信加强了与客户的沟通，深入了解客户的需求和期望，为客户提供更加优质的产品和服务。

2. 自上而下重置管理定位以谋求更大发展

（1）聚焦核心业务。在重置管理定位时，中贝通信首先明确了自身的核心业务和竞争优势。中贝通信集中资源投入这些核心业务中，形成更加明显的市场优势。同时，对非核心业务进行剥离或优化，以提高整体运营效率和盈利能力。

（2）数字化转型。随着信息技术的不断发展，中贝通信将管理定位与数字化转型相结合。中贝通信采用了先进的信息化管理系统，实现了数据的实时共享和分析，提高了决策效率和准确性。同时，中贝通信还加强了对数字化人才的培养和引进，以适应数字化转型的需要。

（3）风险管理。在新的管理定位中，中贝通信注重风险管理和控制。中贝通信建立了完善的风险预警和应对机制，对可能出现的风险进行及时预警和应对，进而降低经营风险，确保稳健发展。

（4）持续优化。中贝通信将持续优化作为管理定位的一部分。中贝通信不断寻求改进的机会和方法，通过优化流程、提高效率等方式，提高企业的竞争力和适应能力。

三、结论与展望

中贝通信成立30多年来，一直参与中国通信网络建设，见证和参与了中国通信网络和技术的发展历程，从2G、3G、4G到5G，包括无线网络、交换技术和传输网络，伴随着通信技术的进步，中贝通信参与了大量的项目并积累了丰富的经验。现阶段，中贝通信已成立了6G研究院，密切关注相关技术的发展。未来，谁掌握了先进算力，谁就掌握了发展的胜算。按照中贝通信在算力业务领域的实际进度，2024年底前中贝通信算力规模将突破1万P。

参考文献

[1]林楠.中贝通信打造第二主业[J].支点，2023(4)：49-51.

[2]庄雷，王飞.通信网络、金融发展与技术创新[J].山西财经大学学报，2020，42(10)：42-51.

三、重建管理架构

1. 管理架构的定义

管理架构的定义可以从多个角度来理解。管理架构也称企业组织架构，是企业进行流程运转、部门设置及职能规划等基本结构依据，反映了人、职位、任务及部门之间的特定关系的网络，成为组织构成的底层逻辑和框架体系。管理架构是企业内部组织和管理的一种模式，旨在通过分工、分组和协调合作来实现企业的战略目标。它不仅包括权力和责任的关系匹配，还涉及工作内容、目标和工作关系等要素的组合形式。管理架构是企业在实现其目标过程中所采用的一种组织管理模式，涵盖了企业的各个部门和职能，以确保企业能够高效运作并达成其战略目标。

管理架构是企业内部组织和管理架构的体现，包括董事会、总经理办公室、营运部门（如销售、采购、研发等）和行政管理部门（如财务、人力资源等）等。管理架构通过明确职责、整合资源、规范过程和实施控制，建立起一套系统化、结构化、文件化的管理方法。这有助于实现企业的目标，确保各部门和员工在各自的职责范围内高效运作。管理架构还包括管理模式，这是在管理理念指导下建构起来的，由管理方法、管理模型、管理制度、管理工具、管理程序组成的管理行为体系结构。在创新项目管理中，组织架构的适应性尤为重要，因为它确保了组织能够灵活应对变化，保持活力和竞争力。管理架构还涉及工作任务的分工、分组和协调合作，表明组织各部分排列顺序、空间位置、聚散状态、联系方式及各要素之间相互关系的一种模式。综上所述，管理架构涵盖了组织结构、职责分工、管理模式、适应性和协调合作等多个方面，是企业实现目标和高效运作的基础。

2. 管理架构重建的内涵

管理架构重建的内涵指的是在组织内部对管理结构、职责划分、决策流程及协作机制等方面进行全面、系统的重新设计与构建。这一过程旨在优化组织的运作效率，提升管理效能，并增强组织的适应性和竞争力。管理架构重建的内涵如图 3-2 所示，主要包括以下几个方面。

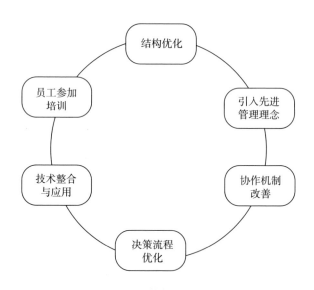

图 3-2　管理架构重建的内涵

（1）结构优化。组织管理的顶层设计包括建架构、搭班子、定机制。架构设计需要根据战略目标进行，对职能进行安排及切分，确保职能层次分明、环环相扣。基于此，对现有管理结构进行审视，根据组织目标和战略需求，重新设计部门的设置、层级的划分及岗位的职责。确保结构扁平化、灵活化，减少冗余，提高信息传递效率和决策速度。明确各部门和岗位的职责和权限，避免职责重叠和模糊地带。通过明确的职责划分，确保每个员工都明晰自己的工作内容和目标，提高工作效率和执行力。

（2）引入先进管理理念。引入先进管理理念是企业应对市场变化、提升竞争力的重要手段。通过精益管理、敏捷管理、知识管理、客户关系管理、变革管理、企业社会责任、创新管理、可持续发展管理、精益创业和远程工作管理等理念，企业可以优化内部管理流程，提高生产效率，增强市场竞争力，实现可持续发展。实施这些理念需要结合企业的实际情况，制定适合的策略和行动计划，持续评估和改进，确保管理理念的有效落地。

（3）协作机制改善。通过重新划分职责和权限，合理配置人力资源，以提高企业的运作效率和绩效。包括调整部门设置、扁平化管理等措施，使企业能够更好地适应市场变化和企业发展需求。加强部门之间的沟通与协作，打破部门壁垒，促进信息共享和资源整合。建立良好的协作机制，可以提高组织内部的协同效应，推动整体目标的实现。

（4）决策流程优化。对组织的决策流程进行审查和改进，确保决策过程的科学、高效、透明。优化决策流程可以减少决策时间，降低决策风险，提高组织的快速响应能力。具体包括对现有业务流程进行全面分析，识别瓶颈和低效环节；通过流程再造，简化和优化业务流程，消除冗余和重复工作；制定标准化的操作流程和工作规范，确保各项工作有序进行。

（5）技术整合与应用。及时引入和应用新技术，如人工智能、大数据、物联网等，提高生产效率和服务质量。推动企业数字化转型，利用现代科技手段，如云计算、大数据、人工智能等，对管理架构进行技术整合与利用。提升信息化和智能化水平，优化业务流程和管理方式。

（6）员工参加培训。鼓励员工参与管理架构重建的过程，收集员工的意见和建议。建立开放的沟通渠道，鼓励员工自由表达意见和建议；定期召开员工会议，听取员工反馈意见，讨论工作中的问题和改进方案；设置意见箱，让员工主动提出意见和建议。同时，加强员工培训和发展，提高员工的技能和素质，以适应新的管理架构。

综上所述，管理架构重建是一个复杂而系统的工程，涉及优化组织结构、提高运营效率、应对市场变化、促进员工参与、完善企业治理，以及实现机构职能调整等多个方面，需要综合考虑组织的战略需求、市场环境、员工素质等多方面因素。管理架构重建不仅是解决表面问题，还需要通过深层次的改革来应对各种风险和挑战，赢得发展的主动权。在管理架构重建的过程中，加强风险管理体系建设，及时识别企业改革面临的各种风险，包括战略风险、运营风险、财务风险、法律风险等。制定应急预案，降低风险发生的可能性和影响。通过科学的规划和有效的实施，可以优化组织的运作效率，提升管理效能，为组织的可持续发展奠定坚实基础。

3. 重建企业管理架构的路径

（1）评估现有管理架构。需要深入了解现有的管理架构，评估其运作效率和存在的问题，包括分析组织内部各部门、岗位之间的职责划分、沟通协作方式及决策流程等。

（2）设定目标和规划方向。在评估现有管理架构的基础上，确定管理架构重建的目标和规划方向。目标包括提高组织运作效率、优化资源配置、增强员工工作积极性等。规划方向包括调整部门设置、优化职责划分、改善沟通协作方式等。

（3）制订详细的计划。在确定了目标和规划方向之后，制订详细的实施计划。这包括明确每个阶段的目标、任务和时间表，确定所需资源和人员，并制定相应的保障措施。

（4）逐步推进和验证。将管理架构重建分为多个阶段进行，每个阶段都有明确的目标和成果。在每个阶段结束时，进行评估和验证，以确保达到预期的效果。同时，及时发现问题并进行调整和改进。

（5）迭代改进和持续优化。管理架构重建是一个迭代的过程，需要不断进行改进和优化。在验证阶段结束后，根据验证结果进行调整和改进，在下个阶段继续推进和优化。

4. 重建企业管理架构的难点

（1）保持沟通和协调。重建企业管理架构是一项系统性工程，涉及文化变革、战略规划、人力资源、技术系统、业务流程、绩效管理、风险控制和成本管理等多个方面。管理架构重建涉及多个部门和岗位，需要保持密切的沟通和协调。确保各部门之间能够相互理解和支持，共同推动管理架构的重建工作。成功的变革需要全面考虑各方面的挑战，制订详细的变革计划，保持有效的沟通和协调，确保变革顺利实施并达到预期目标。

（2）引入先进的管理理念和工具。在管理架构重建过程中，可以引入先进的管理理念和工具，如扁平化管理、项目管理、流程管理等。这些理念和工具有助于提高组织的运作效率和竞争力。引入先进的管理理念和管理工具需要全面考虑企业的实际情况和发展需求，确保管理变革的有效实施。通过精益管理、敏捷管理、数据驱动决策、OKR、ERP、CRM、持续改进和项目管理等方法，企业可以优化运营流程，提高管理效率，增强市场竞争力，推动可持续发展。

（3）加强员工培训和发展。在企业完成管理架构重建后，员工培训是确保新架构成功落地的关键环节。管理架构重建后，员工的职责和角色可能会发生变化。因此，需要加强员工培训和发展，通过此方法，提高员工的专业技能和职业素质，以适应新的管理架构。有效的培训能够帮助员工理解并适应新的流程、工具和职责，从而提升整体绩效和工作满意度。

总之，管理架构的重建是一个系统性的工程，涉及对组织的管理结构、职能分配、决策流程等方面进行全面调整和优化。这个过程通常是在组织面临新的挑战、市场环境发生变化、企业战略转型或内部问题需要解决时进行的。企业需要深入评估现有管理架构、设定目标和规划方向、制订详细的计划、逐步推进和验证及迭代改进和持续优化。同时，需要保持沟通和协调、引入先进的管理理念和工具并加强员工培训和发展。基于此，管理架构的重建需要统筹考虑多个方面的因素，包括战略目标、组织文化、人员配置等，只有在充分准备和科学设计的基础上，才能真正达到优化管理、提升效率的目的。

四、构建管理平台

1. 管理平台的定义

管理平台是指用于企业管理、项目管理、资源管理等多方面的系统或工具，旨在提高管理效率和协同工作的能力。管理平台在现代社会组织和企业运作中发挥着不可或缺的作用。通过整合各种资源、优化决策、提高效率、降低成本等方式，可以提升管理效率和协同工作的能力，帮助组织实现高质量的管理和运营。管理平台不仅可以提供实时的数据和指标，而且可以进行数据分析和预测，为组织提供有效的决策依据。管理平台通常具备以下几个特点。

（1）集成性。管理平台的集成性对于企业的运营效率和信息化水平至关重要，可以确保各部门系统之间的数据共享和流程协同，减少信息孤岛和重复工作。通过集成多个管理工具和系统，以及各种功能模块，使不同的管理需求可以在同一个平台下进行处理和管理。

（2）统一性。管理平台提供统一的用户界面和操作方式，使用户可以方便地进行各种管理工作，而不需要频繁切换多个不同的系统。对于企业而言，统一的管理平台能够提供一致的用户体验、集中化的数据管理和标准化的业务流程，确保各业务系统之间的一致性和协调性，提高整体运营效率和信息化水平。

（3）数据分析和报告功能。管理平台能够对各种管理数据进行收集、分析和报告，帮助用户更好地了解和管理业务和流程。例如，大型医疗设备智能管理平台就是管理平台在医疗领域的一个应用实例，通过整合医疗软硬件资源，提供智能分析智能决策能力，为提高医院管理和医疗质量提供综合、可行的信息化建设方案。目前运营成功的管理平台的几种主要类型如表 3-1 所示。

表 3-1　目前运营成功的管理平台的几种主要类型

平台类型	案例及特点
混合云管理平台	如阿里云混合云管理平台，提供全方位的云资源供给、运维和运营管理能力，支持多云管理、多级云管理、多云应用管理等多种场景，简化专有云管理，加速政企数字化转型
项目管理平台	如云龙项目管理系统，支持项目计划、任务管理、知识库、统计看板等功能，适用于各行各业的项目管理需求，帮助企业实现高效协作和高质量落地。此外，还有开源项目管理工具 TAIga，特别适合跨功能的敏捷团队
企业管理平台	企业管理平台是一个管理体系，结合了有形和无形的管理思想、理念、方法和工具，为企业管理者提供类似线下日常工作的环境，支持远程管理和协同工作
多云管理平台	如行云管家和骞云科技的多云管理平台，提供统一的云资源管理和运维服务，支持自定义高危 SQL 和命令拦截，提高运维效率和安全性
企业协作与管理平台	如飞书，整合即时沟通、智能日历、音视频会议等功能，并提供组织管理产品，帮助团队实现无缝办公协作
数据管理平台	如 Workfine 数据管理平台，支持快速开发、OA 协同办公、数字化财务和预算管理等功能

续表

平台类型	案例及特点
接口管理平台	如 YApi Pro，为开发、产品、测试人员提供高效的 API 管理服务，帮助开发者轻松创建、发布和维护 API
数字能源管理平台	如华为的数字能源管理平台，助力客户实现低碳化、智能化管理，推动源网荷储一体化和双碳管理数字化进程
人工智能中枢平台	如润和软件推出的人工智能中枢平台 AIRUNS，作为模型管理平台，面向行业客户提供垂直领域的 AI 产品

2. 管理平台的内涵

管理平台通常是一种综合性的软件解决方案，旨在通过集中化的数据访问、自动化的工作流程、用户管理及数据分析等功能，帮助企业提高效率、增强安全性和优化业务流程。管理平台的内涵主要体现在综合性、集成性、安全性、可定制性、扩展性、实时监控、目标引领及协同性八个方面。

（1）综合性。管理平台是一个集成了各种管理工具、系统和功能的综合性平台，不仅包含了传统的管理软件和系统，如 ERP（企业资源规划）、CRM（客户关系管理）等，还融合了云计算、大数据、人工智能等现代信息技术，使管理平台的功能更加全面和强大。

（2）集成性。管理平台的核心特性之一是集成性。管理平台能够将多个管理工具和系统集成在一起，使不同的管理需求可以在同一个平台下进行处理和管理。集成性不仅提高了管理效率，还降低了管理成本。

（3）安全性。管理平台通常提供安全的访问和权限控制功能，保护用户的数据和系统安全，包括使用加密技术、防火墙、入侵检测等手段，确保管理平台的数据安全。

（4）可定制性。管理平台可以根据企业的实际需求进行定制，包括界面布局、功能模块的选择和配置、报表样式等方面。企业可以根据自身的业务特点和管理需求进行个性化设置，提高系统的适用性和灵活性。

（5）扩展性。管理平台的扩展性是其长期成功和适应变化的重要特性。一个具备良好扩展性的管理平台能够随着业务需求的增长和变化，灵活地增加新功能、支持更多用户、处理更多数据而不影响系统的性能和稳定性。

（6）实时监控。实时监控是管理平台的重要组成部分，它能够帮助企业及时发现和解决系统问题，确保系统的稳定性和性能。管理平台支持实时监控功能，能够准确把握组织的运转状况和业务发展趋势，有助于企业及时作出合理的运营决策，提高管理效率。

（7）目标引领。平台的目标引领是指在管理平台的建设和运营中，通过设定明确的目标，使所有开发、运维和改进工作都围绕这些目标展开，提升平台的整体效能和用户满意度，确保平台发展与企业战略一致。

（8）协同性。在管理平台的建设和运营中，协同性是指平台内部各组件之间，以及平台与外部系统之间，能够高效地互相协作，形成一个统一、流畅的整体。良好的协同性可以提升平台的效率、灵活性和用户体验，促进企业内外部各部门之间的信息共享和协同工作。

总的来说，管理平台的内涵主要体现在其综合性、集成性、安全性、可定制性、扩展性、实时监控、目标引领和协同性等方面。这些特性使管理平台成为现代企业发展的一个关键要素。

3. 如何构建管理平台

构建管理平台是一个系统性的过程，涉及多个步骤和考虑因素。以下是一个基本的构建管理平台的步骤，如图 3-3 所示。

图 3-3　构建管理平台的步骤

（1）明确需求和目标。确定管理平台的主要使用场景、功能和目标。分析组织或企业的业务需求，明确管理平台需要支持哪些业务流程和管理活动。通过与用户沟通、调研及观察等方式收集需求。这一步骤可以通过用户访谈、头脑风暴、竞品分析等方法来实现。

（2）制定规划和设计。选择合适的技术栈是构建管理平台的关键一步。常见的技术栈包括前端框架（如 Vue、React）、后端框架（如 SpringBoot、Django）、数据库技术（如 MySQL、MongoDB）等。例如，可以使用 Vue3 + Vite2 技术栈来构建一个现代化的中后台管理系统。设计管理平台的整体架构，包括应用层、数据存储层、前端展示层等。确定技术选型，包括后端开发技术、数据库技术、前端开发技术（如 HTML、CSS、JavaScript、React、Vue 等）。设计用户界面和交互体验，确保用户能够方便、快捷地使用管理平台。

（3）开发和测试。按照规划和设计，进行管理平台的开发工作。在开发过程中，注重代码质量和可维护性，遵循良好的编程规范和设计模式。在完成开发后，进行测试工作，包括单元测试、集成测试、系统测试等，确保管理平台的稳定性和可靠性。

（4）部署和上线。选择合适的服务器和云服务提供商，进行管理平台的部署工作。配置网络、安全、备份等基础设施，确保管理平台的安全性和可用性。在平台正式上线前，进行充分的预演和测试，确保管理平台能够正常运行并满足业务需求。

（5）持续优化和维护。监控管理平台的运行状况，收集用户反馈和意见，及时修复问题和改进功能。根据业务需求和市场需求的变化，对管理平台进行升级和优化，以保持其竞争力和适应性。

模块化设计可以提高系统的灵活性和可维护性。将系统功能分解为独立的模块，每个模块负责特定的功能，这样可以方便后续的开发和维护。数据库设计是管理平台的基础。需要根据系统的需求设计合理的数据库结构，确保数据的完整性和一致性。界面设计将直接影响用户体验。需要与用户密切合作，设计简洁、直观的用户界面，确保用户能够轻松地使用系统。在开发过程中需要进行多轮测试，发现并修复系统中的问题。通过持续优化和改进，提升系统的性能和稳定性。在系统开发完成后，需要进行部署，并定期进行维护和更新，确保系统在运行过程中能够稳定可靠地工作。安全性是管理平台的重要组成部分。需要采取有效的安全措施，防止数据泄露和系统攻击。系统设计应具有良好的可扩展性，以便将来可以根据需要进行扩展或升级。通过以上步骤和方法，可以构建出一个高效、稳定、易用的管理平台，满足企业的实际需求。

第二节　管理变革方法

企业变革的核心是管理变革，而管理变革的成功来自变革管理。当市场环境发生变化，如技术进步、消费者需求转变或竞争格局发生调整时，企业需要通过管理变革来适应这些变化。通过调整组织结构、优化流程、创新文化等方式，企业能够更快地响应市场变化，保持竞争优势。因此，知道怎样变革比知道为什么变革和变革什么更为重要。

在人工智能背景下，企业变革的方法涵盖了多个方面，包括战略变革、组织变革、技术变革、数据驱动的管理变革、人机协同的管理变革、跨界合作与创新、企业文化变革，这些变革旨在帮助企业适应新的技术环境，提高效率和竞争力。

一、打破"信息孤岛"，提升创新效能

信息孤岛是指企业内部不同部门、系统或平台之间存在的信息隔离现象，导致信息无法得到高效流动和共享。战略变革和组织变革是企业适应发展潮流的重要方式，理解战略变革和组织变革的内涵，正确通过战略变革和组织变革重塑企业发展模式，将有助于企业打破信息孤岛，提升创新效能。

1. 战略变革

战略变革是指企业对原有发展战略或战略框架进行的一系列调整或重新制定的过程(周炜等，2024)，涉及企业的发展方向、目标、政策及资源配置的显著变化。战略变革是一个复杂而系统的过程，是指企业为了适应内外部环境的变化，确保其长期竞争优势和可持续发展，对其战略目标、方向和行动计划进行重大调整，涉及多个层面的变革和协调。战略变革的本质是改变企业的资源配置和经营模式，以满足市场变化、技术进步、消费者需求等外部环境的挑战，以及解决企业内部存在的问题，如管理效率低下、创新能力不足等(林海芬，2022)。战略变革需要企业高层管理者具备深刻的洞察力、前瞻性的思维和坚定的决心，以推动变革的顺利进行。

(1)评估市场趋势和技术发展，明确企业的战略方向和目标。在人工智能背景下，评估市场趋势和技术发展以明确企业战略方向和目标是一个复杂但至关重要的过程。具体步骤和方法如图3-4所示。

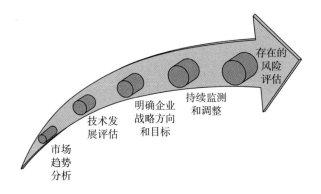

图 3-4　评估市场趋势和技术发展的步骤和方法

在人工智能背景下，评估市场趋势和技术发展，明确企业战略方向和目标的过程中，企业面临着多方面的风险。存在的主要风险如图 3-5所示。

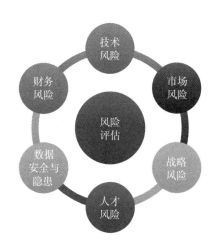

图 3-5　评估市场趋势和技术发展存在的主要风险

为了降低这些风险，企业需要建立完善的风险评估机制和管理机制，加强市场调研和数据分析能力，关注法规政策动态和人才市场动态，确保战略方向的正确性和可行性。同时，企业还需要注重数据安全和隐私保护，确保用户数据的合法性和安全性。

（2）识别和利用 AI 技术为企业带来的新机会，制订针对性的战略计划。

在 AI 背景下，识别和利用 AI 技术为企业带来的新机会，并制订针对性的战略计划，对企业来说具有深远的意义。

第一，通过识别和利用 AI 技术的新机会，企业可以开发出独特的产品或服务，在市场上获得竞争优势。这种竞争优势可以表现为提高生产效率、降低成本、优化客户体验、加速创新等方面。

第二，AI 技术为企业提供了进入新市场的机会。例如，通过利用 AI 进行市场细分和个性化营销，企业可以更有效地吸引和服务目标客户群体，从而实现市场的拓展。

第三，AI 技术可以优化企业的内部运营流程，提高运营效率。例如，通过 AI 进行自动化生产、智能供应链管理、人力资源优化等，企业可以降低成本、减少错误、提高响应速度，增强企业的竞争力。

第四，AI 技术可以为企业提供创新的客户服务方式。例如，通过聊天机器人、智能语音应答等 AI 技术，企业可以为客户提供更加便捷、高效、个性化的服务体验，增强客户黏性和提高满意度。

第五，AI 技术还可以帮助企业更好地管理和应对风险。例如，通过 AI 进行市场趋势预测、风险评估和预警等，企业可以借助此方法降低风险对企业的影响。

第六，制订针对性的战略计划并充分利用 AI 技术的新机会，有助于企业实现可持续发展和保持长期竞争力。这种长期竞争力不仅来自技术和产品的创新，还来自企业在市场、客户、运营等方面的全面优化和提升。

综上所述，识别和利用 AI 技术为企业带来的新机会，并制订针对性的战略计划，对于提升企业的竞争优势、市场拓展与增长、运营效率提升、客户服务创新、风险管理与应对及实现可持续发展与保持长期竞争力等方面都有重要的意义。因此，企业应当积极关注 AI 技术的发展趋势和应用场景，加强 AI 技术的研发和应用能力，以应对日益激烈的市场竞争和不断变化的市场环境。

（3）风险管控。在利用 AI 技术为企业带来新机会并制订针对性战略计划的过程中，风险管控是至关重要的一个步骤。风险管控的基本步骤如图 3-6 所示。

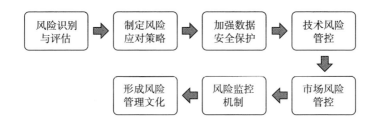

图 3-6　风险管控的基本步骤

在利用 AI 技术为企业带来新机会并制订针对性战略计划的过程中，企业需要全面考虑各种潜在风险，并采取相应的风险管控措施来降低风险对企业的影响。通过加强风险识别与评估、制定风险应对策略、加强数据安全保护、技术风险管控、市场风险管控、建立风险监控与报告机制及培养风险意识和风险管理文化等方面的努力，企业可以更好地应对各种潜在风险并实现可持续发展。

（4）调整企业业务组合和产品线，以适应市场需求和技术变革。在 AI 背景下，为了适应市场需求和技术变革，企业需要调整其业务组合和产品线。具体的策略和建议如图 3-7 所示。

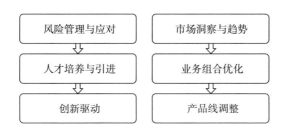

图 3-7　企业业务组合与产品线调整的策略和建立

总之，在人工智能背景下，企业需要密切关注市场需求和技术变革趋势，通过优化业务组合、调整产品线、创新驱动、人才培养与引进、风险管理与应对等策略来适应市场需求和技术变革。这将有助于企业保持竞争力并实现可持续发展。

2. 组织变革

在人工智能背景下，企业在进行组织变革时，主要包括以下几个步骤：第一，设立专门的 AI 技术部门或团队，负责研究和应用 AI 技术；第二，调整组织结构，优化决策流程，使组织更加灵活和高效；第三，加强内部沟通和协作，打破部门壁垒，促进信息共享和资源整合。在人工智能背景下，企业开展组织变革是至关重要的，可以帮助企业适应快速变化的市场环境和技术趋势。

（1）明确变革目标和愿景。企业需要明确组织变革的目标和愿景，包括确定 AI 技术将如何帮助企业实现其战略目标，以及期望的组织结构和文化将如何支持这些目标。

（2）评估现有组织结构和流程。深入了解和分析企业现有的组织结构和流程，识别出与 AI 技术趋势不符或效率低下的部分。具体来说，企业可以通过员工调查、流程审计和数据分析等方式进行。

（3）制订变革计划。根据评估结果和变革目标，制订详细的变革计划，包括确定变革的范围、时间表、关键里程碑、所需资源及预期的成果。

（4）建立变革管理团队。组建一个由高层管理者、中层管理者和关键员工组成的变革管理团队。该团队负责推动变革计划的实施，并确保在变革过程中的沟通和协调。

（5）培训和教育员工。对员工进行 AI 技术和组织变革的培训和教育，帮助员工了解 AI 技术的重要性、掌握新技能，并积极参与变革过程。

（6）优化组织结构和流程。根据变革计划，优化企业的组织结构和流程，包括引入新的职位、角色和职责，以支持 AI 技术的应用和发展。同时，要确保新的流程能够高效地支持企业的战略目标。

（7）加强数据管理和分析。AI 技术的核心在于数据。企业需要加强数据管理和分析能力，以支持 AI 技术的应用和发展，如建立数据仓库、数据湖等数据存储设施，以及采用先进的数据分析工具和技术。

（8）建立信任和沟通。在变革过程中，保持与员工的信任和沟通至关重要。企业需要定期向员工传达变革的进展和成果，以及他们如何参与和贡献于变革。同时，要倾听员工的反馈和建议，及时调整变革计划。

（9）持续改进和优化。组织变革是一个持续的过程。企业需要定期评估变革的成果和效果，并根据反馈和市场变化进行持续改进和优化，有助于确保企业始终保持竞争力并适应快速变化的市场环境。

（10）关注企业文化和价值观。企业需要关注其文化和价值观在变革过程中的作用。一个积极、开放和支持创新的企业文化将有助于推动组织变革的成功。同时，企业还需要确保其价值观与变革目标和自身愿景保持一致。

华懋科技：光刻机的先锋

一、企业简介

华懋（厦门）新材料科技股份有限公司（以下简称"华懋科技"），成立于 2002 年，2014 年 9 月 26 日在上海证券交易所主板挂牌上市。华懋科技是一家新材料科技企业，作为我国汽车被动安全行业龙头企业，其产品涵盖汽车安全气囊、气囊布、安全带等，华懋科技的产品深受海内外顾客的肯定与信赖。华懋科技持续在新材料领域采取"完善夯实现有业务、积极拓展新领域"的发展战略，力争将华懋科技打造成全球领先的新材料产业平台型企业，不断提升核心竞争力及盈利能力，以更好地回报股东、回馈社会。

二、勇于进行风险管理的变革

华懋科技能在行业内取得现阶段的地位，主要是因为企业在管理方式上勇于创新与变革，具体来说，主要体现在以下几点。

1. 面临诸多市场风险亟须变革管理

华懋科技作为国内汽车被动安全领域的领先企业，面临客户集中的风险。下游客户主要为安全气囊总成企业，市场份额主要被国内外少数汽车被动安全部件一级供应商占据。华懋科技的产品通过下游客户最终销售给整车厂商，为保持汽车性能和质量的稳定性，产业链内的上下游企业已经形成长期稳定的合作关系，但如果华懋科技的主要客户的生产经营出现重大波动或对其产品的需求发生重大不利变化，可能会对华懋科技的生产经营产生不利影响。

同时，华懋科技在国内汽车被动安全领域已处于市场领先地位，为进一步拓展战略新兴业务，打造自己的"第二增长曲线"，近年来华懋科技致力于在夯实汽车被动安全业务的同时延伸产业链条，逐步布局更具成长性和技术壁垒的新材料细分行业。为拓展战略新兴业务，华懋科技优选具有潜在市场规模、产业前景、技术壁垒的企业进行投资、合作，但相关行业及企业仍处于快速发展期，产品尚处于研发验证或市场拓展期，其产品及市场前景仍存在较大的不确定性，华懋科技面临产业拓展风险。

2. 在风险管理中注重数据分析和技术应用

针对以上可能出现的风险，华懋科技设立了专门的风险管理部门，负责制定和执行风险管理政策和程序，确保各项业务活动在风险可控的范围内进行；建立了风险评估和预警机制，对各类潜在风险进行及时识别、评估和应对。

华懋科技运用先进的风险管理技术和工具，对大量业务数据进行深度分析和挖掘，为风险管理提供科学依据。此外，华懋科技还积极探索人工智能、大数据等新技术在风险管理中的应用，提升风险管理的智能化水平。

3. 华懋科技强调风险文化的建设

华懋科技注重培养员工的风险意识，通过定期的风险培训和教育活动，使员工充分认识到风险管理的重要性，并在日常工作中自觉遵守风险管理规定。华懋科技举办了法律法规类培训，如"严厉打击财务造假 坚决杜绝资金占用"专题培训，厦门上市公司期货衍生品业务培训班，上市公司董事、监事及高级管理人员培训，公司治理专题培训、关于举办上市公司独立董事履职尽责专题线上培训等，旨在加强公司相关岗位人员对法律的理解和自我教育，降低违法风险，培育良好的风险文化氛围。良好的风险文化氛围为企业的风险管理提供了有力保障。

三、结论与展望

华懋科技以人工智能和技术创新构建未来工厂，在未来材料、未来制造、未来信息等领域打造竞争力，深度参与全球未来产业分工和合作，通过企业管理数字化、供应链数字化、智能化生产，加速技术、数据等生产要素高效流通，培育华懋独有的新质生产力。作为高新技术企业，华懋科技始终从战略层面重视智能化发展，公司早在 2022 年就已将智能化升级作为其三大战略发展方向之一，并于同年 2 月成立华懋科技研究院，致力于推动智能化升级等三大战略目标的顺利实施，并孵化一批新的面向未来的技术和业务方向，华懋科技正积极拥抱 AI 机器人浪潮，本着前瞻部署与生态协同的原则，用实际行动投入于未来先进技术发展。

参考文献

[1]林依达. 华懋科技布局光刻胶业务谜团[J]. 证券市场周刊，2021(38)：28-31.

[2]苏密. 镧明稀土发布新一代冷热管理科技产品[J]. 纺织服装周刊，2023(34)：25.

二、换位价值模式，提高服务质量

在人工智能背景下，企业技术变革的内涵和意义更为深远而广泛。引进和应用先进的AI技术，整合和优化现有技术系统，提高数据处理和分析能力，开发具有自主知识产权的AI技术和产品，有利于企业换位价值模式，提高服务质量。

1. 技术变革

(1)技术变革的内涵。企业技术变革的核心是引入和应用AI技术，以改进和优化现有的业务流程、产品和服务，包括利用AI进行数据分析、预测分析、自动化决策、智能推荐等，提高企业的运营效率、降低成本、提升客户体验。企业需要将AI技术与现有的业务系统、数据平台等进行整合，实现技术的无缝对接和协同工作。同时，企业还需要在AI技术的基础上进行创新，开发出新的业务模式、产品和服务，以满足市场的不断变化和客户需求。

(2)技术变革的意义。技术变革给企业带来了深远影响，具体来说，具有提高企业竞争力、推动数字化转型、促进产业升级三个方面的意义，如图3-8所示。

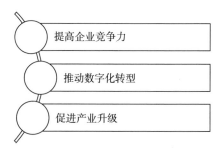

提高企业竞争力

推动数字化转型

促进产业升级

图3-8　技术变革的意义

第一，提高企业竞争力。通过引入和应用 AI 技术，企业可以优化业务流程、提高生产效率、降低成本，增强企业的市场竞争力。同时，AI 技术还可以帮助企业开发新的产品和服务。

第二，推动数字化转型。技术变革是企业数字化转型的重要推动力。通过引入 AI 技术，企业可以实现业务创新能力的提升。数字化转型还可以帮助企业建立更加灵活、高效的组织结构，提高企业的适应性和灵活性。

第三，促进产业升级。技术变革可以促进整个产业的升级和发展。通过引入 AI 技术，企业可以提高整个产业的竞争力和可持续发展能力。同时，技术变革还可以带动相关产业的发展和创新，促进经济的繁荣和发展。

（3）推进企业进行技术变革的路径。在人工智能背景下，企业技术变革的具体举措包括多个方面。第一，战略规划与顶层设计。企业需要制定明确的 AI 技术战略规划，明确 AI 技术在企业整体战略中的地位和作用。进行顶层设计，确保 AI 技术的引入和应用与企业的长期发展目标相一致。第二，建立 AI 研发团队或合作伙伴关系。组建专门的 AI 研发团队，招聘具备 AI 技术和行业知识的专业人才。或者与高校、研究机构或 AI 技术提供商建立合作伙伴关系，共同进行技术研发和应用。第三，数据整合与治理。AI 技术的核心在于数据，企业需要整合现有的数据资源，建立统一的数据平台。第四，业务流程优化与自动化。利用 AI 技术对现有的业务流程进行优化，提高效率和准确性。实现自动化决策和自动化操作，减少人为干预和错误。第五，产品与服务创新。利用 AI 技术进行产品设计和改进，开发智能化、个性化的产品和服务。第六，建立敏捷响应机制。建立快速响应市场变化的机制，及时调整技术变革的方向和策略，与客户、合作伙伴和供应商保持紧密沟通，及时了解他们的需求和反馈。

2. 数据驱动的管理变革

（1）数据驱动的管理变革内涵。数据驱动的管理变革也称大数据驱动管理变革，是指利用大数据技术推进组织、流程、数据、工具和人员等管理要素的重大调整，实现企业高效决策、全面治理和创新发展的一种管理变革方式。数据驱动的管理变革的内涵主要体现在以数据为核心、管理模式的转变、业务流程的优化、创新发展的推动四个方面，如图 3-9 所示。

第一，以数据为核心。数据驱动的管理变革以数据为核心，通过收集、整理、分析和应用大量的数据，来指导企业的决策和管理活动。这种管理方式使企业能够更准确地把握市场趋势、客户需求和内部运营情况，从而作出更明智的决策。

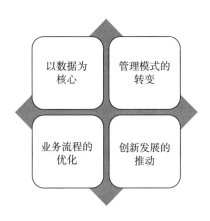

图 3-9 数据驱动企业实践的内涵

第二，管理模式的转变。数据驱动的管理变革推动了企业管理模式的转变。过去，企业的管理往往依赖经验和直觉，而数据驱动的管理更加注重数据分析和应用，通过数据来指导企业的决策和管理活动，使企业的管理更加科学、精准和高效。

第三，业务流程的优化。数据驱动的管理变革推动了企业管理模式的转变。通过数据分析和应用，企业可以发现业务流程中的瓶颈和问题。这种优化不仅可以提高企业的运营效率，还可以降低企业的成本，提高企业的竞争力。

第四，创新发展的推动。数据驱动的管理变革还推动了企业的创新发展。在大数据的支撑下，企业可以更深入地了解市场和客户需求，开发出更加符合市场需求的产品和服务。同时，大数据还可以为企业提供更多的创新机会和灵感，推动企业不断向前发展。

（2）具体实践步骤。大数据驱动管理变革的做法涉及多个方面，在实践中具体可以参考以下步骤。

第一，明确目标与战略。企业需要明确大数据驱动管理变革的目标，如提高决策效率、优化业务流程、增强市场竞争力等。随后，根据目标制定相应的战略，确保大数据技术的引入与应用与企业的整体战略保持一致。

第二，数据收集与整合。建立统一的数据收集系统，确保数据的全面性和准确性。整合来自不同部门、不同来源的数据，形成一个统一的数据仓库或数据湖。

第三，数据分析与挖掘。主要是结合业务需求，将数据分析结果转化为有价值的商业洞察，为企业决策提供有力支持。

第四，决策优化与策略调整。基于数据分析结果，优化企业的决策过程，确保决策的科学性和准确性。根据市场变化和客户需求，及时调整业务策略，以保持企业的竞争力和市场地位。同时利用大数据技术，通过数据分析，发现业务流程中的问题，并采取相应的措施进行改进。

第五，人才培养与引进。培养和引进具备大数据技术和业务知识的专业人才，确保企业能够充分利用大数据技术的价值。对现有员工进行大数据技术的培训和教育，提高他们的数据素养和应用能力。

第六，数据安全与隐私保护。建立完善的数据安全体系，确保数据的安全性和可靠性。遵守相关法律法规，保护客户隐私和数据安全。

第七，持续优化与改进。持续关注市场变化和客户需求，不断优化和改进大数据驱动管理变革的做法。通过反馈机制，收集和分析用户反馈和市场数据，及时调整和优化管理策略。

第八，创新商业模式。利用大数据驱动管理变革的机会，探索新的商业模式和盈利方式。结合行业特点和市场需求，开发新的产品和服务，以满足客户的个性化需求。

第九，建立数据文化。在企业内部营造一种重视数据、尊重数据、利用数据的文化氛围，使每个员工都能认识到数据在企业决策和管理中的重要性。通过激励和奖励机制，鼓励员工积极参与数据分析和挖掘工作，提高整个组织的数据应用能力。

3. 人机协同的管理变革

人机协同的管理变革是指将人类管理者与计算机系统或智能化机器人进行紧密结合，通过协同完成管理任务来推动管理方式的创新和优化。人机协同的管理变革的核心在于充分发挥人类与计算机系统或智能化机器人各自的优势，提高管理效率、精度，减少误差和人为成本，从而达到提升组织竞争力、促进企业发展的目的。人机协同下管理变革的内涵主要体现在以下几个方面，如图 3-10 所示。

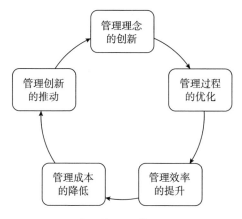

图 3-10　人机协同下管理变革的内涵

（1）管理理念的创新。人机协同管理变革首先带来的是管理理念的创新。传统的管理方式往往依赖人类管理者的经验和直觉，而人机协同管理强调人类与计算机系统或智能化机器人之间的紧密合作和相互协调，通过充分利用机器智能和人类智慧，实现高效管理和生产。

（2）管理过程的优化。人机协同管理变革通过引入计算机系统或智能化机器人，可以自动完成一些烦琐、重复的管理工作，减轻人类管理者的工作负担。同时，计算机系统或智能化机器人的智能分析和预测能力还可以为人类管理者提供更为精准、全面的数据支持，帮助管理者作出更为科学的决策。

（3）管理效率的提升。人机协同管理变革可以大大提高管理效率。通过计算机系统或智能化机器人的快速计算和精准分析，管理者可以更快地获取所需信息，更快地做出决策。同时，计算机系统或智能化机器人的自动化处理能力还可以减少人为错误和疏漏，提高管理精度和效率。

（4）管理成本的降低。人机协同管理变革还可以降低管理成本。通过引入计算机系统或智能化机器人，可以减少对人力资源的依赖，降低人力成本。同时，计算机系统或智能化机器人的自动化处理能力还可以减少浪费和损失，降低企业的运营成本。

（5）管理创新的推动。人机协同管理变革为企业带来了新的管理创新机会。通过与计算机系统或智能化机器人的协同工作，管理者可以更加深入地了解企业的运营情况和市场需求，从而开发出更加符合市场需求的产品和服务。同时，人机协同管理还可以推动企业内部管理流程的优化和创新，提高企业的竞争力和市场地位。

●专栏3-3● 华力创通：天空的布局者

一、企业简介

北京华力创通科技股份有限公司（以下简称"华力创通"）成立于2001年。华力创通的业务涵盖五大领域，包括卫星导航、雷达信号处理、机电仿真测试、仿真应用集成及轨道交通应用。其中，卫星导航业务表现尤为突出，已成为华力创通的第一大收入来源。华力创通的产品种类繁多，包括芯片与模组、终端类产品、测试平台及系统级产品等，这些产品共同构成了"芯片+模块+终端+平台+系统解决方案"的全产业链布局。

二、发力技术领域，提升服务质量

1. 聚焦前沿技术，坚持自主创新

华力创通专注于通信网络设备和技术的研发，在5G和6G无线通信技术方面有强大的实力。华力创通成立5G和6G创新中心，致力于未来通信网络关键技术的研发，包括可重构智能表面、新空口设计和智能化网络技术等6G核心创新领域。华力创通与清华大学合作，在智能极化面等方面展开战略合作，共同推进6G理论和技术的创新。

2. 产学研合作，提升创新能力

华力创通与高校、研究机构和其他企业广泛合作，通过合作和交流获取最新的技术信息和市场需求，不断提升自身的技术水平和创新能力。华力创通与清华大学的合作聚焦在智能极化面技术上，这是一种新型的射频器件，对6G的发展具有重要意义。积极参与国际标准制定，推动技术进步：华力创通积极参与国际标准组织的工作，推动6G的标准化进程，为全球各地的厂商和运营商提供统一的技术规范和标准。

3. 全产业链布局，提升竞争力

华力创通不断优化产业布局，加快产业集聚，积极推进产业链、生态链建设，与商业航天企业、电子元器件企业、行业大客户、高校、科研院所等优秀企事业单位保持长期稳定合作，砥砺奋进。华力创通突破多模融合芯片及射频基带一体化芯片等多项关键技术并推进产业化应用，加快企业产业化进程，进一步放大产业链乘数效应，缔造产业协同优势。

在卫星导航和通信领域，华力创通拥有全产业链布局，从北斗基带芯

片及模组到北斗智能对讲手机、车载定位管理系统等产品，均具备强大的竞争实力。尤其在卫星通信领域，华力创通成功研发了多款卫星通信导航一体化芯片和系列化产品，并掌握了天通卫星移动通信基带芯片核心算法。

4. 关注市场需求，持续创新

华力创通不仅关注前沿技术的研发，还密切关注市场需求，通过创新解决用户痛点，提升产品竞争力。华力创通坚持以市场需求为导向的研发策略，进一步建立健全研发管理体系，充分进行市场调研，重视产品立项评审管理，重视研发过程监管，力争降低因新技术和产品的市场认可度低而产生的不能预期完成经济效益转化的风险。例如，华力创通基于天通一号卫星通信技术开发的便携式卫星电话，为用户提供了全新的通信方式。

5. 重视研发投入，保持技术领先

华力创通是国内较早从事卫星导航通信融合应用技术的科研单位之一，其前瞻性地布局了芯片设计研发领域，拥有自主可控的卫星应用核心芯片研发能力。华力创通坚持以创新谋发展不断加大资源投入力度，巩固技术优势，形成了完善的科研流程与过程管控机制，培养了具有丰富经验和优秀技术能力的研发团队，研发人员占总人数的比例在 50% 以上，截至 2023 年底，华力创通研发人员共 425 人，较上年同比增长 4.42%；长期保持高比例的研发投入，2021～2023 年研发投入占营业收入的平均比例不低于 30%，截至 2023 年底，华力创通研发投入共计 22249.08 万元。

三、结论与展望

华力创通在卫星通信市场上凭借其卓越的科技实力，已在该领域取得了显著的成果。近期，中国电信、荣耀等也相继推出了支持直连卫星功能的手机，而小米、OPPO 等品牌也计划在未来支持卫星通信。这些动态清晰地表明，卫星通信功能有望成为未来手机等终端设备的核心功能和卖点。随着市场的快速发展，预计到 2025 年，我国卫星通信市场规模将达到 2327 亿元，为华力创通等业内企业提供了广阔的发展空间。华力创通作为国内卫星通信领域的领军企业，其在基带芯片、雷达信号处理等多方面均展现出国内领先的技术实力。同时，华力创通还拥有华为这一重量级客户作为强大后盾。未来华力创通也将持续开展研发创新，助力我国实现高水平航空航天强国建设。

参考文献

[1]华力创通：中国电信集采中标金额不便透露[J]. 股市动态分析，2018(45)：30.

[2]苏靖淇.Ka 宽带卫星通信市场的应用研究[J]. 中国新通信，2020，22(19)：15-16.

三、发挥共创思维，提速协同治理

1. 跨界合作与创新

跨界合作是指不同行业、不同领域、不同文化或不同组织之间，基于共同的目标、兴趣或需求，通过资源共享、优势互补和协同配合，开展合作活动的一种形式。跨界合作超越了传统的行业界限和领域限制，旨在实现资源共享、知识交流、技术融合和市场拓展，以创造更大的价值。创新则是指通过引入新的思想、方法、技术或产品，对现有事物进行改进、升级或重新组合，以创造出新的价值或解决新的问题。跨界合作与创新则是将二者结合起来，通过跨界合作来推动创新活动。这种合作创新模式充分利用了不同领域、不同行业的资源、知识和技术，通过跨界交流和合作，产生新的思想、方法和解决方案，从而推动社会进步和经济发展。例如，在自动驾驶与智能交通领域，人工智能公司与传统汽车制造商、交通管理部门合作，推动自动驾驶技术的发展，创造智能交通系统；在智慧城市建设领域，AI 技术与城市规划、能源管理等领域的合作，推动智慧城市的建设，实现城市管理的智能化和可持续发展；在人工智能与金融科技领域，通过 AI 技术与金融行业的结合，推动智能投顾、风险控制、信用评估等金融科技创新，提升金融服务的效率和质量。基于此，在人工智能背景下进行跨界合作与创新已经成为推动企业创新发展的重要策略，其操作可遵循以下步骤。

(1)明确合作目标与创新方向。在展开跨界合作之前，首先要明确合作的目标和期望达成的创新成果。分析 AI 技术如何与不同行业的业务场景相结合，通过数据分析、自动化决策、智能化服务等手段，找到共同点和创新点，为不同行业的业务场景带来深刻变革。

(2)识别合作伙伴。企业需要识别在 AI 领域具有先进技术和创新能力的合作伙伴，寻求在业务上能够互补、产生协同效应的合作伙伴，结合各自的优势和资源，共同研发具有创新性和竞争力的新技术和新产品。通过跨界合作，实现技术突破和产业升级，推动行业的整体发展。

（3）建立开放合作的平台。创建一个开放、共享的合作平台，促进不同行业、不同领域的专家和团队之间的交流和合作。企业需要鼓励知识共享、经验交流和技术合作，共同推动 AI 技术的发展和应用；并且加强数据共享和分析，建立数据共享机制，实现跨行业、跨领域的数据整合和分析，利用 AI 技术对海量数据进行挖掘和分析，发现新的商业机会和价值点。

（4）建立灵活的合作模式。根据合作的具体情况和需求，建立灵活多样的合作模式。可以通过合资、合作研发、技术转移等方式进行合作，以实现资源共享和优势互补。例如，深圳提出，依托大模型企业的实践经验，由政府牵头引导龙头企业和行业组织，联合打造 AI 算力赋能平台。通过整合资源、技术和市场力量，为各行业提供强大的计算能力支持，推动人工智能的广泛应用和技术创新。这种平台可以为各类企业和开发者提供灵活、高效的算法资源，降低 AI 开发门槛，加速 AI 技术在实际场景中的落地。

2. 企业文化变革

（1）企业文化变革的内涵。企业文化变革是指由企业文化特质改变所引起的企业文化整体结构的变化。这种变革通常旨在通过改变企业的核心价值观、经营理念、管理方式等，提升企业的竞争力、创新能力和适应能力，以更好地应对市场的挑战和满足客户的需求。

（2）企业文化变革的意义。企业文化变革对企业的生存和发展具有重要意义，如图 3-11 所示。

第一，适应外部环境变化。随着科学技术的发展，全球经济一体化趋势加强，市场竞争日益激烈。企业只有不断地进行文化变革，才能适应外部环境的变化，保持竞争力。

第二，改善企业形象。企业的文化代表着公司的理念和价值观，对公司形象有着至关重要的影响。通过文化变革，企业可以塑造更加积极、健康、向上的形象，提升品牌价值和市场影响力。

第三，提高员工绩效。企业文化变革可以影响员工对工作的态度和行为，从而提高员工绩效。新的企业文化可以激发员工的创造力和团队意识，提高员工的积极性和参与度，进而提高工作效率和质量。

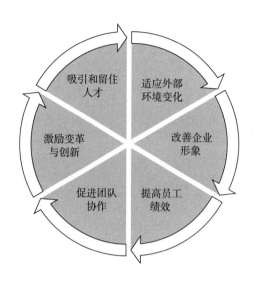

图 3-11　企业文化变革的意义

第四，促进团队协作。良好的团队合作是企业成功的关键。通过文化变革，企业可以建立更加积极、开放、包容的团队合作氛围，促进员工之间的沟通和协作，提高团队的整体效能。

第五，鼓励变革与创新。企业文化变革鼓励企业在面对市场挑战时要敢于做出改变和创新。这种变革精神可以推动企业不断探索新的业务模式、产品和技术，以保持市场领先地位。

第六，吸引和留住人才。优秀的企业文化可以吸引和留住优秀的员工。通过文化变革，企业可以建立更加人性化、关怀员工的文化氛围。

（3）人工智能背景下企业文化变革的路径。在人工智能背景下进行企业文化变革，需要综合考虑 AI 技术的特点、企业现状及未来发展方向。

第一，明确企业文化变革的目标。在引入 AI 技术之前，要明确企业文化变革的目标，如提升创新能力、加强团队协作、优化客户体验等。将 AI 技术作为推动企业文化变革的重要工具，确保变革过程与 AI 技术的发展相契合。

第二，建立 AI 文化。倡导和培育一种积极拥抱 AI 技术的企业文化。鼓励员工学习 AI 知识，提高 AI 技能，培养 AI 思维。通过内部培训、研讨会、实践项目等方式，让员工了解 AI 技术对企业的影响和价值，激发员工对 AI 技术的兴趣和热情。

第三，优化员工行为分析。利用 AI 技术收集和分析员工的行为数据，了解员工的工作习惯、沟通模式及团队协作情况。基于分析结果，发现潜在的问题并针对性地采取措施，改善工作环境，提升员工满意度和绩效。

第四，推动个性化培训与发展。AI 可以根据每个员工的技能、兴趣和发展需求，提供个性化的培训计划。通过个性化培训，提高员工的技能和绩效，同时增强员工对企业文化的认同感。

第五，促进跨部门协作与沟通。利用 AI 技术搭建跨部门协作平台，打破部门壁垒，促进信息共享和沟通。通过 AI 技术优化工作流程，提高跨部门协作效率，加强团队协作精神。

第六，重塑客户服务体验。利用 AI 技术提升客户服务水平，提升客户满意度。基于 AI 技术对客户行为进行分析，洞察客户需求和偏好，为产品开发和市场策略提供有力支撑。

第七，加强数据安全与隐私保护。在利用 AI 技术进行企业文化变革的过程中，要高度重视数据安全与隐私保护，尤其在员工和客户的数据安全上。

第三节　管理突围路径

随着 AI 技术的快速发展和广泛应用，企业面临前所未有的机遇和挑战。AI 技术不仅能够提高生产效率、优化业务流程，还能够改变企业的竞争格局和商业模式。因此，企业需要在 AI 技术的推动下，进行深刻的管理变革和思维转变，以应对市场的快速变化和竞争的压力。在 AI 技术的推动下，企业面临的管理变革主要包括以下几个方面，如图 3-12 所示。

第一，数据驱动决策。AI 技术能够收集、分析和处理大量数据，为企业的决策提供有力支持。企业需要从传统的经验驱动决策模式，转向数据驱动决策模式，以提高决策的准确性和效率。

第二，自动化和智能化。AI 技术能够实现业务流程的自动化和智能化，降低人力成本，提高生产效率。企业需要优化业务流程，引入 AI 技术，以提高企业的运营效率和竞争力。

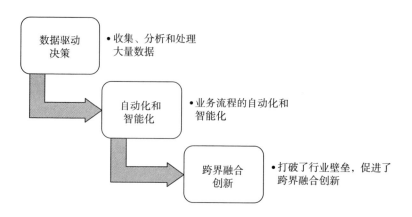

图 3-12　人工智能背景下的管理变革

第三，跨界融合创新。AI 技术的应用打破了行业壁垒，促进了跨界融合创新。企业需要拓展业务领域，加强与其他行业的合作，共同开发新的产品和服务，以应对市场的快速变化。

管理突围路径在企业适应环境变化、企业战略制定方面具有十分重要的意义，主要体现在以下四个方面，如图 3-13 所示。

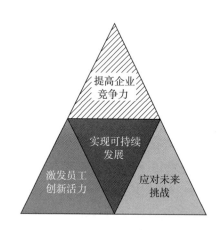

图 3-13　管理突围路径的意义

第一，提高企业竞争力。通过管理变革和思维转变，企业能够更好地应对市场的快速变化和竞争的压力，提高企业的竞争力和市场占有率。

第二，实现可持续发展。管理变革和思维转变有助于企业实现可持续发展，通过优化资源配置、提高生产效率、降低成本等方式，为企业的长期发展奠定坚实基础。

第三，激发员工创新活力。管理变革和思维转变能够激发员工的创新活力，鼓励员工提出新的想法和建议，为企业的发展注入新的动力。

第四，应对未来挑战。随着 AI 技术的不断发展和应用，企业将面临更多的挑战和机遇。通过管理突围路径，企业能够提前做好准备，应对未来的挑战和机遇。

一、变革思维韧性

在企业的 AI 变革过程中，思维韧性是指企业及其员工在面对人工智能引发的快速变化和不确定性时，保持灵活、适应和持续学习的能力。思维韧性不仅是指在面对挑战和压力时保持坚韧不拔的能力，还包括在不断变化的环境中进行创新和适应的能力。思维韧性对于成功实施 AI 变革至关重要，能够帮助企业更好地应对挑战和抓住机遇。在人工智能背景下，管理突围路径并实现变革思维韧性的改变，需要一系列综合性的策略和行动。

1. 明确变革目标和愿景

要想清晰地定义变革的目标和愿景，需要将变革的目标和愿景与员工的个人发展相结合，激发员工的参与度和积极性，具体包括 AI 技术如何帮助企业实现业务目标、提高竞争力等。例如，在纳德拉(Satya Nadella)上任后，微软明确了"移动为先、云为先"的变革愿景，推动公司从传统软件业务向云计算和移动互联网转型。又如，舒尔茨(Howard Schultz)在重新执掌星巴克后，提出了"第三空间"的变革愿景，旨在将星巴克打造成除家庭和工作场所外的第三个生活空间。通过制定清晰的变革愿景和具体的目标，企业可以在变革过程中保持方向感和一致性，激发员工的参与动力。明确的愿景和目标不仅有助于变革的顺利实施，还能为企业的长期发展奠定坚实的基础。

2. 培养变革思维

培养变革思维是企业在快速变化的商业环境中保持灵活性和竞争力的关键。变革思维鼓励员工积极适应变化、拥抱创新并持续改进。领导的支持与榜样作用通过培训、研讨会、案例分享等方式，培养员工的变革思维和创新能力。同时鼓励员工接受 AI 技术，理解其对企业和个人的影响，并积极参与变革过程。例如，谷歌鼓励员工自由探索和创新，设立了"20%时间"制度，允许员工在工作时间自由探索新的项目和创意。为员工提供全面的 AI 技术培训和学习资源，提升全员的数据素养和技术能力。注重员工的心理健康，提供心理辅导和支持，建立了良好的心理安全环境。

3. 构建韧性组织文化

建立韧性组织文化是企业在快速变化和高度不确定性环境中保持持续竞争力的关键。韧性组织能够迅速适应变化、应对危机并从中恢复，同时持续创新和改进。强调适应性和韧性在组织文化中的重要性，鼓励员工在面对变革时保持积极态度。建立一个支持性、包容性的工作环境，让员工感受到安全和自由，从而更愿意接受和应对变革。例如，微软倡导"学习型文化"，通过 LinkedIn Learning 等平台，为员工提供持续学习和发展的机会。微软采用系统化的变革管理框架，推动跨部门协作，通过团队协作和信息共享，提升了 AI 项目的创新和实施效率，有效管理和推进了 AI 变革项目，实现了多个成功的 AI 应用案例。

4. 采用渐进式变革策略

采用渐进式变革策略，逐步引入 AI 技术并优化业务流程，可以避免一次性大规模变革带来的风险和阻力。通过小范围试点、逐步推广等方式，让员工逐步适应变革，并减少变革的阻力。企业可以在控制风险和成本的同时，实现稳步的进步和持续改进。通过设定阶段性目标、分步实施、实时监控和反馈调整，企业能够有效应对变革过程中的挑战，确保变革的顺利推进和长期稳定。

5. 强化数据驱动决策

强化数据驱动决策是现代企业在数字化转型过程中提升竞争力和运营效率的重要策略。利用 AI 技术收集和分析数据，为决策提供有力支持。鼓励员工基于数据进行决策，提高决策的准确性和效率。通过数据分析，及时发现变革过程中的问题并进行调整。通过有效收集、分析和应用数据，企业可以作出更准确、快速和高效的决策。

6. 持续学习与改进

持续学习与改进是企业在快速变化和竞争激烈的环境中保持竞争力和创新能力的关键策略。鼓励员工持续学习新的知识和技能，以适应 AI 时代的发展需求。鼓励员工不断学习和提升 AI 相关技能，建立学习型组织文化。倡导灵活应对变化的心态，鼓励员工尝试新方法和新技术，勇于接受挑战。寻求外部合作和支持，与其他企业和机构共同推动 AI 技术的发展和应用。定期对变革过程进行评估和反思，总结经验教训并进行改进。通过不断学习和改进，企业可以不断优化业务流程、提升员工技能和改进产品与服务。

人类独特的创新能力是 AI 无法完全替代的。尽管 AI 在创造力方面表现出色，但其创新本质上更多的是基于数据和算法的组合，而人类的原始创新、洞察、推理和批判思考才是推动原创性创新的关键动力。这种独特的人类能力需要在 AI 时代得到进一步的培养和应用。虽然中国的人工智能创新能力稳步提升，但在基础研究和原始创新方面仍需大力加强，以形成核心竞争力。这表明在 AI 变革过程中，提升思维韧性和创新能力是至关重要的。此外，在 AI 时代，不仅要适应与 AI 协作的新常态，还要与 AI 共同进化，用大模型思维来驾驭复杂局面。这就意味着需要培养一种"先手思维"，在创新中育新机、在突破中开新局。这种思维方式能够帮助我们在快速变化的技术环境中保持竞争力和适应力。

通过这些策略和方法，企业可以有效增强思维韧性，在 AI 变革过程中保持灵活、适应和持续学习的能力。思维韧性不仅有助于企业应对快速变化和不确定性，还能激发创新潜力，推动企业实现长远发展和竞争优势。

二、变革组织韧性

变革组织韧性是指通过优化组织内部的结构与机制，削弱个体对变革的"惰性"，提升个体应对变革的"韧性"，从而让个体在面对危机时保持灵活的应变能力和创新能力。这种变革不仅有助于企业在逆境中行稳致远，还能持续塑造敏捷能力。在人工智能快速发展背景下，企业为增强组织韧性可从以下五个方面进行变革。

1. 建立情景规划机制

情景规划既是一种系统化的战略规划方法，也是一种战略管理工具。它通过创建和分析各种可能的未来情景，帮助组织识别潜在的挑战和机会，制定灵活的应对策略，从而增强其应变能力和长期竞争力。前瞻性的规划有助于企业能够迅速且有效地应对突发事件或市场变化。

2. 塑造变革型文化

企业文化对组织韧性的提升至关重要。通过塑造求新求变的企业文化氛围，可以激发内部员工对于转型变革的积极性，为企业的持续创新和发展奠定基础。例如，中国电信国际通过提出"客户为先，开放进取"的企业文化，成功地引领了组织的数智化变革，提升了组织韧性。

3. 关注技术现代化战略

随着人工智能技术的不断发展，企业应注重技术现代化战略。大型企业可能需要管理庞大的基础设施，并对数据和人工智能战略有更明确的要求；中小型企业则应专注获得合适的基础设施，如云平台等，以提升自身的灵活性和适应性。同时，与 IT 专家合作可以加快 IT 战略的实施，提升企业的运营效率。

4. 保持敏捷和灵活性

在人工智能时代，市场环境和客户需求都在快速变化。因此，企业需要保持敏捷和灵活性，以便在必要时能够迅速调整战略和业务模式。中小型企业由于缺乏传统的层级结构，往往在这方面具有天然优势；而大型企业需要通过组织结构和流程的优化来提升灵活性。

5. 加强人才培养和引进

人工智能的发展对企业的人才结构提出了新的要求。企业应注重培养和引进具备人工智能技术和创新能力的人才，以提升自身的竞争力。同时，通过建立完善的人才激励机制和培训体系，激发员工的创造力和潜能。

6. 利用人工智能进行决策支持

随着人工智能技术的不断发展，企业可以利用这些技术进行数据分析和预测，为决策提供更科学、准确的依据。这不仅有助于提升企业决策的效率和准确性，还能帮助企业在复杂多变的市场环境中把握机遇、规避风险。

有研究表明，变革型领导对组织韧性有显著的正向影响。变革型领导通过愿景激励、领导魅力、个性化关怀和垂行德范四个维度提升组织韧性。同时，变革型领导与和谐劳动关系氛围的交互作用也能显著增强组织韧性。数字化转型也是提升企业组织韧性的关键途径之一。通过优化组织内部的结构与机制，企业可以更好地应对环境变化，提升整体韧性。在不确定的环境下，组织韧性通过探测机制和缓冲机制降低信息模糊，进而突破资源瓶颈。此外，组织韧性的提升还需要综合考虑外部环境状况和组织自身禀赋，选择适应、更新和突破三种应对策略。在危机情境下，组织韧性能够帮助组织采取恰当的组织策略以更好地应对危机，从而实现持续增长和发展。总之，变革组织韧性需要从多个方面入手，包括优化内部结构与机制、提升领导力、利用数字化转型等，以确保企业在面对各种挑战时能够保持灵活和创新的能力。

● 专栏 3-4 ● **拓维信息：产品及服务提供商**

一、企业简介

拓维信息系统股份有限公司（以下简称"拓维信息"）成立于 1996 年，是一家从事无线通信、集成电路、计算机软件、系统集成等信息技术产品的研发、生产和销售的高新技术企业。拓维信息以无线通信技术为核心，专注无线通信模块的研发和生产，同时涉足物联网、云计算等领域，为全球客户提供优质的产品和服务。拓维信息是中国软件百强、中国信创百强、中国互联网百强、鸿蒙生态重要建设者、鲲鹏战略合作伙伴、昇腾战略合作伙伴。

自成立以来，拓维信息从运营商到数字政府、考试、制造、交通、教育等行业和领域，持续深耕 IT 软件领域。顺应时代发展，拥抱技术变化，拓维信息积极布局智能计算、开源鸿蒙操作系统，从软件服务到软硬一体化、从应用软件到基础软件，打造全栈国产数智化产品及解决方案，以自主创新驱动企业发展。

二、加快数字时代下的管理方式变革

1. 技术现代化脚步

2022 年 7 月，拓维信息旗下湘江鲲鹏加入华为昇腾万里伙伴计划，共建昇腾 AI 生态。2022 年 11 月，联合湘江实验室成立了"开源鸿蒙创新研究院"。2023 年 3 月，拓维信息旗下开鸿智谷公司升为 OpenHarmony 项目群 A 类捐赠人。2023 年 7 月 6 日，在世界人工智能大会上，拓维信息发布了多款"兆瀚"AI 新品。

一方面，拓维信息在信息安全、自主可控的国家战略要求下，深耕行业数字化领域多年，积极推进软硬一体化创新。拓维信息与华为等合作伙伴共同打造了一系列创新成果，这些成果在行业内引起了广泛关注。另一方面，拓维信息着力打造国产技术底座。在教育信息化领域，拓维信息基于 OpenHarmony（开源鸿蒙）、鲲鹏、昇腾 AI 等先进技术，致力于为教育信息化建设打造安全、统一的国产化数字底座。

2. 人才培养的重视与强化

拓维信息高度重视信创人才的培养，推出了在鸿实验箱和配套教材，积极参与湖南省高校 OpenHarmony 师资培训等活动，有助于打破现有人才培养局面，构建科学、开放、高效的人才培养体系。此外，拓维信息通过产学研用四位一体的模式，与高校、科研机构等合作，共同培养信创产业所需的人才。拓维信息在应用开发实验箱的基础上研发了设备开发实验箱，并与湖南大学、湖南第一师范、湖南工程学院、兰州城市学院、长沙民政职业技术学院、长沙职业技术学院、湖南信息职业技术学院等院校开展合作，孵化了产业学院、研发中心、师资培训、师徒制班、专业课程等开源人才培养模式，有助于将学术研究与产业需求紧密结合，提升人才培养的针对性和实效性。

3. 人工智能的运用

拓维信息积极推进人工智能技术与行业数字化转型经验能力相结合，在重点领域探索 AI+行业应用的打造。拓维信息基于自有 AI 中台能力，打造了"AI 质检""AI 稽核"等一系列行业标杆案例，同时基于技术创新优势、"鲲鹏+昇腾 AI"算力底座，推出了 AI 服务器、AI 集群、AI 小站、软硬一体机、高性能服务器等 10 余款"兆瀚"智能计算产品。此外，拓维信息旗下子公司火溶信息正在对虚拟现实及元宇宙领域进行探索和尝试，将基于自有游戏 IP 推出虚拟数字人，这有助于拓维信息在人工智能领域实现更广泛的应用和突破。

三、结论与展望

拓维信息作为国内领先的全栈软硬一体化服务提供商，紧跟行业趋势，积极布局华为昇腾概念。拓维信息在硬件领域以鲲鹏处理器、昇腾处理器为技术底座，研发和生产国产自主品牌的"兆瀚"硬件智能计算产品，同时在软件领域提供全方位的服务。随着人工智能技术的快速发展和应用场景的不断扩大，拓维信息在华为昇腾概念中的发展前景十分广阔。首先，拓维信息在硬件领域的技术积累和产品创新能力使其具备了较强的竞争优势。其次，拓维信息与华为的紧密合作将为其在人工智能领域的发展提供更多的机会和资源。最后，拓维信息在全栈软硬一体化服务方面的布局将使其在未来发展中具备更强的适应性和灵活性。

参考文献

［1］孙媛媛.拓维信息的算力突围［J］.小康，2023（24）：48-50.

［2］刘超然.背靠华为"扶不起"的拓维信息［J］.英才，2023（5）：42-44.

三、变革流程韧性

企业变革流程韧性是指企业在面对外部环境变化和内部挑战时，能够灵活调整自身结构、策略和行为，从而保持稳定并实现持续发展的能力。为了提升企业变革流程的韧性，企业具体可以从六个方面进行改进，如图 3-14 所示。

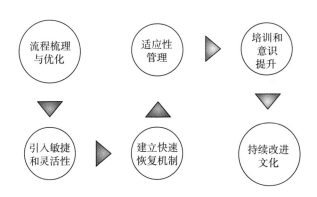

图 3-14　变革流程韧性的步骤

1. 流程梳理与优化

流程梳理与优化的步骤主要包括两个。首先，企业需要对现有流程进行全面梳理，明确各个环节的职责、时间和资源消耗，识别流程中的瓶颈和风险点，以及可能存在的浪费和重复工作；其次，基于梳理结果，优化流程设计，减少不必要的环节，提高效率。

2. 引入敏捷和灵活性

敏捷和灵活性是借鉴敏捷管理的方法，将大流程拆分成若干小循环，每个小循环都包含计划、执行、检查和调整四个步骤。这样的小循环可以快速响应外部变化，及时调整流程方向和目标。加强内部机制和团队协作是增强企业适应性的重要策略。企业内部的各个部门需要密切合作，保持信息流通畅，这样才能够对市场变化快速反应，调整战略。

3. 建立快速恢复机制

建立快速恢复机制是企业在面对突发事件或危机时迅速恢复正常运营、减少损失并确保持续发展的关键。预测可能出现的流程中断情况，并制定相应的应急预案。在流程中断发生时，迅速启动应急预案，确保流程能够快速恢复到正常状态。

4. 适应性管理

适应性管理强调在出现新信息或情况时保持灵活和开放态度，改变方针的重要性。适应性管理风格通过鼓励分享多样化的观点和想法来增强创新。通过适应性管理风格，企业能够创造鼓励多样化观点和想法的环境，从而增强创新能力。适应性组织需要具备敏捷决策的能力，以便在外部环境变化时迅速做出反应。成功的变革管理案例可以提供宝贵的经验和启示。例如，华为通过流程化的企业管理方式，提升了其变革管理的效率。开放的沟通环境、多样化团队、包容性文化、创新思维的培养及适应性管理机制，都是实现这一目标的有效策略。

5. 培训和意识提升

对员工进行流程韧性的培训，提高他们的应变能力和对流程中断的敏感性。培养员工的预防意识，鼓励他们在日常工作中积极发现和报告潜在的风险点。通过系统化的方法和实践来管理和引导变革过程，从而最大限度地降低风险，提高成功率，并确保组织能够顺利实现变革带来的利益和目标。

6. 持续改进文化

建立一种持续改进的企业文化，鼓励员工对流程提出改进建议。企业需制定相关的奖励机制，以此来激发员工参与流程优化的积极性。数字化转型不仅是对产品和商业模式的重构，在转型过程中，组织边界会越来越模糊，组织本身也变得扁平化、平台化、生态化。而组织和业务流程的重构会引发更加深刻、颠覆性的组织变革。企业变革流程的韧性不仅依赖灵活的决策和高效的内部协作，还需要通过实验、反馈、创新和系统化的变革管理来不断提升自身的适应能力和创新能力。

四、变革战略韧性

企业变革战略韧性指的是企业在面对不确定性和突发事件时，能够迅速调整战略，保持竞争力和可持续发展的能力。在人工智能快速发展的背景下，企业需要具备变革战略韧性以应对不断变化的市场和技术环境。为了适应这一变革并提升战略韧性，企业可从以下四个方面进行考虑。

1. 利用 AI 进行数据驱动的决策

一方面，借助 AI 技术，企业可以更高效地收集、整理和分析大量数据，从而获得更准确的市场洞察和预测；另一方面，通过构建基于 AI 的决策支持系统，企业可以快速响应市场变化，并做出更明智的战略选择。利用 AI 进行数据驱动的决策可以大幅提升企业的决策质量和效率。通过系统的数据收集与整合、数据清洗与预处理、AI 模型构建与应用、实时决策与自动化、可解释性与可视化，以及持续优化与改进，企业能够在复杂和动态的市场环境中作出更加精准和迅速的决策，从而获得竞争优势和可持续发展。

2. 重塑组织架构与文化

企业可以逐步实现扁平化管理，减少组织层级，加快决策传导，使组织更加灵活和敏捷。与此同时，塑造企业创新文化，鼓励创新思维和实验精神，为员工提供一个敢于尝试和失败的环境，以促进企业的持续创新。重塑组织架构与文化是一个复杂且持续的过程，需要从多个方面入手，包括扁平化管理、业务单元化、网络型组织、创新文化、开放与透明、以客户为中心、变革型和教练型领导、变革管理与沟通、技术与工具支持、员工参与与认可等。通过系统和全面的变革，企业可以提升灵活性、创新能力和整体竞争力，在快速变化的市场环境中实现可持续发展。

3. 构建灵活的供应链和合作伙伴网络

构建灵活的供应链和合作伙伴网络是现代企业应对市场波动、技术变化和突发事件的重要策略。灵活的供应链和合作伙伴网络可以帮助企业快速调整、减少风险并提高竞争力。企业可以利用 AI 技术优化供应链管理，提高效率和灵活性，同时与不同领域的合作伙伴建立灵活的合作关系，共同应对市场变化。例如，亚马逊（Amazon）通过全面的供应链风险管理，降低供应链中断和库存过剩的风险。通过智能监控系统，实时监控库存和物流状况，及时应对风险。特斯拉（Tesla）在供应链和生产过程中应用严格的风险管理措施，通过多供应商策略和库存管理减少供应链风险。制定详细的应急预案，确保在突发事件发生时能够快速响应。通过多样化供应链管理、数字化和智能化供应链、灵活的库存管理、战略合作伙伴关系、风险管理与应急预案，以及持续改进与优化，企业可以增强供应链的韧性和灵活性，提高应对不确定性和突发事件的能力，实现可持续发展。

4. 注重风险管理与市场趋势

一方面，企业需要利用 AI 技术进行风险预测和评估，及时发现和应对潜在威胁，并建立完善的危机管理计划，确保企业在面临突发情况时能够迅速恢复；另一方面，企业需要密切关注 AI 技术的最新发展，及时调整企业战略以适应技术变革。同时定期进行市场研究，了解客户需求和行业趋势，以便更好地把握市场机遇。注重风险管理与市场趋势是企业在快速变化和高度竞争环境中保持竞争力和可持续发展的关键。通过全面的风险识别与评估、实时监控与预警、多重风险缓解策略和应急预案，企业可以有效管理和应对风险。通过市场研究与数据收集、趋势分析与预测、SWOT 分析和多情景规划，企业可以准确把握市场趋势和机会，制定科学的战略和决策。结合数据驱动决策和智能决策系统，企业可以在风险管理与市场趋势分析中实现最佳实践，提升整体竞争力和创新能力。

五、变革文化韧性

变革文化韧性是企业在面对变革时保持稳定和持续发展的关键。通过强有力的领导、员工参与与赋权、开放与透明的沟通、持续学习与发展、弹性与灵活性及对文化建设的认可，企业可以增强文化韧性，应对变革带来的挑战，实现长期的成功和可持续发展。变革文化韧性的流程如图 3-15 所示。

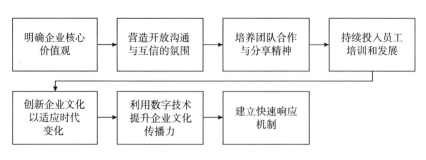

图 3-15　变革文化韧性的流程

1. 明确企业核心价值观

核心价值观是企业在运营和决策中所遵循的基本原则和信念，是企业文化的基石。企业的文化韧性应建立在清晰、坚定的核心价值观的基础上。这些价值观应体现企业的长远愿景和使命，并能够激励员工共同努力。通过定期的内部沟通和培训，确保所有员工都理解和认同这些核心价值观，从而形成强大的文化凝聚力。例如，华为鼓励员工保持拼搏精神和团队合作，面对挑战不屈不挠。比亚迪坚持不懈，逐步打造"平等、务实、激情、创新"的企业核心价值观，并始终坚持"技术为王，创新为本"的发展理念。字节跳动要求员工基于使命愿景，面对短期波动有耐心、有韧性，共同解决问题。持续学习，不设边界，与组织一起成长。始终创业，保持创业心态，始终开创而不守成、创新而非依赖资源，敏捷有效，最简化流程，避免简单事情复杂化。阿里巴巴强调"客户第一"，始终关注客户需求，提供优质的产品和服务，倡导诚信经营，建立可信赖的商业环境。

2. 营造开放沟通与互信的氛围

鼓励员工提出建设性意见和反馈，建立开放、透明的沟通渠道，让员工感受到自己的声音得到尊重和重视。通过有效的沟通，促进团队合作，增强员工对企业文化的认同感，进而提升企业文化的韧性。例如，比亚迪坚持以人为本的人力资源方针，尊重人、培养人、善待人，为员工建立了一个公平、公正、公开的工作和发展环境。阿里巴巴倡导"无障碍沟通"，定期举行全员大会和公开沟通会，高层领导亲自回答员工提问，增强信息透明度和员工信任感。华为倡导"自我批评"文化，鼓励员工和管理层反思和公开讨论工作中的不足，形成开放、坦诚的工作氛围。腾讯推行开放式办公室设计，减少隔阂，促进员工之间的自由交流和协作。字节跳动建立了内部沟通平台，员工可以在平台上发表意见和建议，管理层及时回应和解决问题，形成良好的互动和信任。通过数据透明和开放沟通，建立互信的企业文化。小米定期举行全员会议和高层访谈，高层管理者直接与员工进行交流，回答员工关心的问题，增加了公司决策的透明度。通过开放的沟通和员工参与机制，增强了员工对变革的支持和参与。

3. 培养团队合作与分享精神

组织团建活动，促进员工之间的交流与合作，建立团队凝聚力。设立共享成果和奖励制度，激励员工分享经验和知识，从而提升整个团队的能力和效率。海尔通过建立自组织团队，提高了组织的灵活性和适应性，在变革过程中保持竞争力；推行持续学习文化，通过培训和知识共享，提升了员工的整体素质和能力。例如，华为通过强调员工的福利待遇和分红制度，将公司变成"大家的企业"，每个员工都是企业的主人翁，享受企业的成功，见证企业的成长，并分享成功的果实。这种做法不仅增强了员工的归属感和忠诚度，还促进了团队之间的协作精神。此外，华为的核心价值观中也强调了团队合作的重要性，通过让一群聪明人围绕既定目标相互包容、信任和协作，避免了内部猜忌和拉扯，从而打造了一个高效的团队。阿里巴巴通过其旗下的 Teambition 工具来支持企业团队协作。作为一个项目和任务的可视化管理工具，Teambition 适用于产品、研发、设计、市场、运营、销售、HR 等团队，帮助企业实现协同化管理，简化工作流程，提高工作效率。青岛啤酒像经营媒体一样经营知识，通过知识化协同门户提升企业核心竞争力。美的集团通过自己的门户 MIP 推动知识共享。通过建立共同目标、建立信任和互尊文化、促进协作与分享、提升沟通与协作技能、激励与奖励机制及发挥管理者的作用，企业可以营造一个合作、信任和分享的团队氛围，激发员工的积极性和创造力，实现组织的长期发展和成功。

4. 持续投入员工培训和发展

为员工提供持续的培训和发展机会，培养员工的成长意识，让他们与企业共同成长，这不仅能够增强员工对企业的忠诚度和认同感，还能为企业文化注入新的活力。例如，腾讯建立了腾讯学院，提供丰富的在线和线下课程，涵盖技术、管理、市场等领域。腾讯为每位员工发放学习卡，用于参加各种培训课程，鼓励自主学习和职业发展。腾讯专门设计了领导力发展项目，帮助中高层管理者提升领导力和管理能力。华为设立了华为大学，提供从技术培训到管理培训的全面课程，涵盖各种专业领域和技能。华为鼓励员工在不同岗位之间轮换，以积累多领域的经验和技能。华为为员工提供海外培训机会，帮助他们了解国际市场和先进技术。海尔设立了海尔大学，提供系统的企业文化、技术和管理培训。海尔为员工提供国际培训机会，帮助他们了解全球市场和先进技术。京东设立了京东大学，提供全面的职业技能、管理能力和领导力培训。京东推出了线上学习平台，员工可以随时随地进行在线学习和交流。京东为新员工提供了系统的入职培训，帮助他们快速融入企业文化和业务流程。

员工培训是提升企业竞争力和员工综合素质的重要手段。通过培训，员工可以学习最新的行业知识和技术，掌握新的工作方法，从而提高工作效率和质量。此外，培训还能增强员工的团队合作能力、激发学习动力，并促进个人成长。企业应该充分认识员工培训的重要性，并积极投入资源和精力，建立完善的培训体系，以实现员工与企业共同发展的目标。

5. 创新企业文化以适应时代变化

在保持企业文化核心不变的基础上，根据时代发展和市场需求进行适度的创新。例如，可以引入互联网思维、用户导向等现代管理理念，使企业文化更加符合当今时代的特征。例如，字节跳动倡导国际化和多元化的企业文化，通过全球化布局和跨文化交流，提升企业的全球竞争力。阿里巴巴强调"让天下没有难做的生意"的使命，激励员工为实现这一目标而不断努力和创新。小米推崇"少即是多"的文化，强调极简高效的工作方式，减少层级和流程，提高决策速度和执行力。娃哈哈自成立以来，一直秉承"产业报国、泽被社会"的发展理念，将这一理念定为企业宗旨，并通过实际行动践行社会责任，推动乡村振兴，参与公益事业，为社会作出积极贡献。鸿星尔克通过迅速捐赠和组织救援物资，不仅帮助了河南灾区的人民，还展示了企业在面对重大灾害时的社会责任感和行动力，赢得了广泛的社会赞誉和消费者的支持。适应时代变化需要综合运用多种策略和方法，包括培养创新思维、拥抱数字化转型、促进多样性和包容性、持续学习和发展、强化员工参与感、适应市场和客户变化，以及加强企业文化传导等。通过这些措施，企业可以保持活力和竞争力，应对不断变化的市场和技术环境，实现长期发展目标。

6. 利用数字技术提升企业文化传播力

借助数字技术平台（如企业微信、内部 App 等），加强企业文化的宣传和推广。通过线上线下的互动活动，增强员工对企业文化的感知和参与度。利用数字技术提升企业文化传播力，可以有效地促进员工参与、提高文化认同感，并增强企业整体凝聚力。许多企业也成功地利用数字技术提升其企业文化传播力。例如，阿里巴巴开发的钉钉平台不仅用于办公沟通和协作，还用于传播企业文化，包括公司新闻、活动公告和员工故事。华为使用内网和社交平台促进员工之间的交流和文化传播，分享公司动态和成功案例。腾讯通过多种数字工具和平台传播其开放、创新和社交的企业文化。

利用企业微信平台进行内部沟通和文化宣传，包括发布公司新闻、活动信息和员工故事。通过数字显示屏展示公司愿景、价值观和员工贡献，营造文化氛围。通过创建数字平台、多媒体传播、数据分析和个性化推送、建立奖励机制，以及持续改进和优化，企业可以有效地传播和强化企业文化，增强员工的认同感和参与感。

7. 建立快速响应机制

快速响应机制是企业应对市场变化和突发事件的重要手段。在市场竞争激烈、变化迅速的今天，企业需要建立快速响应机制以应对各种挑战，包括对市场变化的敏锐洞察、灵活调整战略和行动的能力及迅速执行决策的效率。例如，每年阿里巴巴的"双 11"购物节需要处理海量订单和客户需求。阿里巴巴利用云计算、大数据分析和人工智能技术，实时监控和优化系统性能，确保平台在高峰期稳定运行。通过建立高效的物流和供应链体系，京东实现了快速响应客户的需求。京东使用自动化仓储系统、无人配送车和智能仓库管理系统，能够在短时间内完成订单处理和配送，确保客户快速收到商品。美团通过智能调度和灵活的组织结构，实现了对市场需求和突发事件的快速响应。采用小团队作战模式，各团队拥有较高的自主权和决策权，能够快速应对市场变化和客户需求，加快整体响应速度。企业实践证明，通过建立清晰的响应流程、组建专业团队、优化沟通渠道、引入数字工具、制定应急预案、培养快速响应文化和持续改进，企业可以提升自身的响应能力和竞争力，在激烈的市场环境中保持领先地位。

章末案例

赛力斯：AI 背景下管理变革的时代新秀

一、企业简介

赛力斯集团股份有限公司（以下简称"赛力斯"）成立于 1986 年。赛力斯作为新一代科技型制造企业，核心业务为新能源汽车，包含新能源汽车、传统汽车、核心三电，以及汽车研发、制造、销售及服务。公司主要产品包括 AITO 问界系列高端智慧新能源汽车等。

赛力斯作为一家领先的汽车制造商，在面对快速变化的市场环境和消费者需求时，积极寻求管理变革以提高竞争力。近年来，随着 AI 技术的快速发展，赛力斯开始将 AI 技术应用于其管理变革中，取得了显著的成效。

如今，AI 技术已逐渐渗透到各行各业中，为企业的管理变革提供了有力支持。赛力斯作为汽车行业的佼佼者，也积极拥抱 AI 技术，将其应用于生产、供应链管理、营销销售、客户服务及人力资源管理等多个领域，实现了从传统管理模式向智能化管理模式的转变。

二、赛力斯的持续发展之基

回顾赛力斯从创业之初到现阶段在新能源行业的发展历程，其发展经验主要可以归纳为以下三点：合作共赢、技术创新和员工至上。

1. 坚持合作共赢的发展理念，以合作谋发展

尽管时代变迁，塞力斯仍然坚持合作共赢的发展理念，借助合作伙伴的力量以不变应万变，走在了时代前列。2003 年，时为渝安集团的赛力斯首次与东风公司合资，实现了企业业务的拓展、规模的壮大；2018 年 4 月，赛力斯与百度签约，双方表示深入开展合作为用户提供智能出行服务；2018 年，赛力斯与华为建立战略合作模式；2019 年，AITO 问界汽车全面下线；发展至今，赛力斯已经在新能源汽车技术上实现了科技创新质量高、用户体验佳等成就。在与合作伙伴的共建共享发展的过程中，赛力斯不断吸收外界的营养，优化自身发展体系，创建属于自己与行业的合作模式。

2. 秉持科技创新是第一生产力，以创新促发展

几十年来技术更迭迅速，赛力斯始终以技术创新驱动企业向前发展。3 月 18 日，在赛力斯汽车 2024 海外商务大会上，张兴海语气笃定："赛力斯汽车将以'智慧重塑豪华'，在继承传统豪华的基础上，以软件定义汽车，将智慧深度融入产品，打造智慧产品、智慧安全与智慧服务全价值链的科技赋能体系，提供全新的豪华体验，满足用户最根本的豪华需求。"现阶段的赛力斯，作为新质生产力的代表企业，依托研发投入与智能制造的创新资本，赛力斯正在深入实施创新驱动发展战略，助力新能源汽车产业从量变到质变的跃升过程不断加速。

3. 坚守员工至上的初心使命，以人本享发展

在员工至上层面，赛力斯以员工持股、员工幸福度提升等保障员工利益优先的企业原则。近年来，汽车行业竞争激烈，赛力斯作为一家新能源公司与华为的合作提高了其竞争力。华为作为技术巨头，成为业内的标杆。特别是赛力斯公布的 2024 年度职工股份收购计划，旨在让员工持股。塞力斯还计划实行全员股权制和员工职级制。企业深知华为先进的经营方式和企业文化对公司长期发展的重要性，决心全面学习华为的经验。从顶层设计开始，以员工持股为基础，进行一系列企业变革，力求将华为的精神融入公司文化，并持续在汽车市场中取得突破。

三、借助 AI 积极开展管理变革，适应时代潮流

1. AI 在生产管理中的应用

赛力斯通过引入 AI 技术，实现了生产线的自动化和智能化。通过安装传感器、机器人等智能设备，实现了对生产过程的实时监控和自动调整。AI 系统可以分析生产数据，预测设备故障，提前进行维护和保养，减少了生产中断的风险。

AI 技术在质量控制方面也发挥了重要作用。通过引入机器视觉、自然语言处理等 AI 技术，赛力斯实现了对产品质量的全流程监控。在生产过程中，AI 系统可以自动识别产品缺陷，并通过数据分析找出问题的根源，为改进生产工艺提供依据。此外，AI 技术还可以对产品进行质量评估，为消费者提供更加可靠的产品。

2. AI 在供应链管理中的应用

赛力斯利用 AI 技术实现了库存管理的智能化。通过引入预测分析、机器学习等 AI 算法，赛力斯可以更加准确地预测市场需求和库存需求，从而制订更加合理的库存计划。AI 系统还可以实时监控库存状态，自动调整库存水平，避免库存积压和缺货现象的发生。

在物流运输方面，赛力斯积极运用 AI 技术。通过引入物联网、大数据等 AI 技术，赛力斯可以实时监控物流运输过程，优化运输路线，提高运输效率。同时，AI 技术可以对运输过程中的风险进行预测和评估，为企业提供更加可靠的物流保障。

3. AI 在营销销售中的应用

赛力斯通过 AI 技术实现了客户画像的精准分析。通过收集和分析用户数据，AI 系统可以深入了解用户的消费习惯、兴趣爱好等信息，为企业制定更加精准的营销策略提供支持。同时，AI 技术可以根据用户画像进行个

性化推荐，提升用户满意度和忠诚度。

在市场需求预测方面，赛力斯也积极运用 AI 技术。通过引入机器学习等 AI 算法，赛力斯可以分析历史销售数据、市场趋势等信息，预测未来市场需求的变化趋势。这有助于企业提前调整生产计划和营销策略，以应对市场变化。

4. AI 在客户服务中的应用

赛力斯通过引入 AI 技术实现了智能客服系统的构建。智能客服系统可以自动回答用户的问题和咨询，提高客户服务效率。

在语音应答方面，赛力斯也积极运用 AI 技术。通过引入语音识别、自然语言处理等 AI 技术，赛力斯可以为用户提供更加便捷、高效的语音应答服务。用户可以通过语音与智能客服系统进行交互，获得更加个性化的服务体验。

5. AI 在人力资源管理中的应用

赛力斯通过引入 AI 技术实现了招聘流程的自动化。AI 系统可以自动筛选简历、进行面试安排和评估等工作，提高招聘效率。同时，AI 技术还可以对候选人的能力、性格等方面进行评估和预测，为企业招聘到更加合适的人才提供支持。

在员工培训方面，赛力斯也积极运用 AI 技术。通过引入在线学习平台、虚拟现实等 AI 技术，赛力斯可以为员工提供更加灵活、便捷的培训方式。员工可以随时随地进行学习和培训，提高培训效果和员工的综合素质。

总之，通过 AI 技术赛力斯更加高效地筛选和招聘人才，提高了员工培训的针对性和效果，优化了人力资源配置和管理。

四、结论与展望

赛力斯在运用 AI 进行管理变革方面取得了显著的成效。通过将 AI 技术应用于生产、供应链管理、营销销售、客户服务及人力资源管理等领域，赛力斯实现了从传统管理模式向智能化管理模式的转变。这不仅提高了企业的运营效率和管理水平，也为企业带来了更加广阔的市场前景和发展空间。未来，随着 AI 技术的不断发展和应用，赛力斯将继续深化管理变革，推动企业持续创新和发展。首先，加强 AI 技术研发与投入。赛力斯作为一家新能源汽车制造商，已经在技术创新方面取得了显著成果。未来，公司可以进一步加大对 AI 技术的研发投入，提升自身的研发实力，推动 AI 技术在汽车制造、供应链管理、销售服务等环节的应用。通过构建统一的 AI 技术平台，赛力斯可以整合内外部资源，形成强大的 AI 技术生态。这将有助于公司更快速、更高效地推进 AI 技术的研发和应用。其次，利用 AI 优化生产流程与管理。利用 AI 技术对生产流程进行智能化变革。通过引入智能机器人、自动化生产线等设备，提高生产效率和产品质量。同时，借助 AI 技术，赛力斯可以实现对供应链的智能化管理，包括预测市场需求、优化库存水平、提高物流效率等。这将有助于降低公司运营成本，提高市场竞争力。再次，利用 AI 提升用户体验与服务。赛力斯引入 AI 客服系统，为用户提供更加便捷、高效的客户服务。AI 客服可以自动回答相关顾客群体的疑难，帮助解决顾客的问题。并且可以利用 AI 技术对用户数据进行分析和挖掘，为用户提供个性化的产品和服务推荐。最后，利用 AI 推动跨界合作与创新。赛力斯可以积极寻求与 AI 技术领域的优秀企业合作，共同探索 AI 技术在汽车领域的应用，有助于公司快速获取先进技术和资源，推动产品创新和市场拓展。同时通过 AI 技术，赛力斯可以在自动驾驶、智能互联、智能出行等领域进行创新应用。这些创新应用将为用户带来更加便捷、智能的出行体验，进一步提升公司品牌形象和市场竞争力。

参考文献

［1］李岩. 赛力斯何以出圈——张兴海三次大跨界秘闻［J］. 创新世界周刊，2023（6）：61-63.

［2］杨阳. 赛力斯：华为光环之下未来路在何方［J］. 股市动态分析，2023（13）：50-51.

［3］高驰. 牵手博世，赛力斯试图摆脱对华为的依赖［J］. 汽车与配件，2023（17）：58-59.

本章小结

本章深入探讨了 AI 时代管理变革的必要性和突围策略，旨在为企业在智能化浪潮中找到新的发展方向。企业通过整合内外部数据资源，提高决策的科学性和准确性；同时，借助 AI 技术优化工作流程，提高工作效率；

此外，加强部门间的沟通与协作，打破信息壁垒，形成合力。在探讨突围策略时，本章从变革思维韧性、组织韧性、流程韧性、战略韧性、文化韧性五个层面提出了建议。最后，本章总结了 AI 时代管理变革与突围的重要性和紧迫性。在 AI 背景下，企业需要不断调整和优化管理模式，以适应新的市场环境。

第四章

AI 时代管理重塑与升级

随着智能技术的飞速发展，企业管理者面临前所未有的机遇和挑战。传统的管理方法和模式已经无法适应快速变革的商业环境，企业亟须进行管理重塑与升级。管理重塑与升级意味着企业需要从根本上改变传统的管理思维和方法，引入新的技术和理念，改变传统的业务流程和组织架构。通过智能化、自动化的手段，优化企业的运营流程，提高工作效率，降低成本。同时，需要加强对员工的培训和教育，提高员工的技能和素质，使其能够更好地适应新的工作模式和需求。

海尔要生存，整个组织的工作性质必须改变：从单纯的上级发号施令，转变为围绕与用户的零距离，快速回应并满足任何新出现的需求；这反过来又意味着海尔不能再依赖像"螺丝钉"一样行事的员工，而是需要企业家，他们成为创客，自组织为小微、生态链群，在平台的支持下开展创新。

——海尔创始人 张瑞敏

☆智能管理重塑思路

☆企业管理全方位重塑

☆智能数据应用与风险防范

开篇案例

雅戈尔："人工智能+"管理重塑与升级

一、企业简介

雅戈尔集团股份有限公司(以下简称"雅戈尔"),经过 40 余载的发展,已构筑起以品牌服饰为核心,同时拓展至地产与金融投资的多元化经营版图。雅戈尔凭借强大的品牌影响力、成本竞争力、快速响应机制、优质的用户体验平台、高科技应用及线上线下融合的策略,雅戈尔正积极构建智慧营销体系,以进一步推动公司的持续发展。

二、数字化革新的三阶段发展

雅戈尔作为中国工业互联网的先行者,致力于构建覆盖制造、智慧营销、生态科技的全新工业互联布局,在智能制造方面通过标准化、自动化、信息化、数字化和智能化的手段实现了生产模式的升级;通过线上线下融合,将线上推广和线下体验、线上营销和线下服务的特色结合,实现了销售与服务的升级。其数字化革新主要经历了以下三个阶段。

首先是功能运维阶段,主要侧重系统应用功能模块的建设。雅戈尔在数字化转型初期,重点投入核心业务基础设施的建设,包括电子商务平台、O2O 营销平台和生产线智能化改造。同时,雅戈尔着力构建快速反应的业务中台,以支持灵活的业务运作。

其次是业务驱动阶段,主要是基于流程的集成开发。随着企业规模扩大,沟通复杂度呈指数级增长,企业需要确保 IT 系统服务于业务目标。雅戈尔通过碎片化时间赋能业务,利用 IT 系统实现流程打通,提高业务效率。

最后是战略引领阶段,数字化支撑企业战略的制定和执行。雅戈尔认识到数字化的本质是帮助企业找到更多的价值和意义，数字化工具必须与企业战略相结合。因此，雅戈尔致力于让数据真正赋能业务，以实现智能化引领。

雅戈尔的三段式数字化进程反映了企业数字化的初始建设以功能化的系统为主，如 ERP、CRM、POS 等；完成数字化基建后，业务需求不再是单一功能的需求，产生数据整合的需求，产生驱动式集成来适配业务需求；随后借助 AI，将所有业务都通过 AI 重构。

三、携手钉钉实现一体进程重塑

自 2018 年起，雅戈尔便开始了信息化建设。2019 年，雅戈尔与用友合作，创建了业务中台，整合了商品主数据、价格策略、路由规则及全渠道等要素。2020 年，雅戈尔与阿里巴巴合作推出了数据中台，到 2021 年完成了数据中台建设，从多个角度推动了基于业务场景的流程整合，包括"人货场"和产业链。2022 年，雅戈尔与阿里巴巴的钉钉展开了全面战略合作，将所有应用统一整合到基于钉钉的"夸父办公"平台，实现了企业数字化的一站式解决方案。同时，雅戈尔利用宜搭低代码平台，结合企业数据实现了敏捷开发，加速了高质量的数字化发展，迈入了"智能+"时代。

1. 宜搭提高了数据查找速度

雅戈尔首次采用宜搭搭建的系统是 Hartmarx 信息化平台。在此之前，内部文件上传至工作群，由于缺乏规范和保存机制，导致统计困难，员工也难以找到历史文档，影响了项目跟进。上线后，Hartmarx 信息平台允许将工作资料分层、分文件夹上传并进行在线管理，系统在项目进展时通过钉钉消息提醒相关员工，大幅提高了内部协作效率。

2. 宜搭构建了多个数据应用

为了降低成本提高效率，雅戈尔利用宜搭制作了一款应用，只要输入基本条件和要求，就能自动生成一份合同标书。此外，雅戈尔利用宜搭构建了巡店系统，支持运营部对全国近 2000 家门店进行巡店检查。这个系统不仅实现了数据的全采集管理，还包括信息对比版块，能够在地图上显示某一地区的巡店次数，也可以根据日期进行筛选查看平台的巡店情况。

3. 宜搭深入推进了企业文化建设

雅戈尔管理层认为除了数字化转型，企业的文化建设也至关重要。为此，雅戈尔信息部组织了小红花项目，评选"月度之星"，奖励那些在完成本职工作的同时还经常帮助其他同事解决难题的员工。为了解决名次并列员工无法区分的问题，信息部利用宜搭开发了小红花应用，采取了颜色区分不同组别、无记名送花和必须填写送花理由等方式，每月结果通过自动化计算实时同步在工作群中，大幅提升了员工的积极性。

四、Chat BI 大模型应用推进融合创新

自从我国实施数字化战略以来，商业智能（BI）产品作为一种方便的数据资产激活工具受到了广泛关注。2017 年，Gartner 提出的新概念"增强分析"，国内称为"AI+BI"，逐渐被企业采纳应用，其中最突出的代表产品是 Chat BI。这款产品采用类似 Chat GPT 的对话式问答方式，实现了 BI 工作全范围的覆盖。

在大型模型和生成式人工智能的发展浪潮下，雅戈尔也积极创新。依托与阿里巴巴的合作，雅戈尔建立了数据中台，实现了高质量的数据存储和挖掘。借助达摩院的自然语言处理技术，他们于 2023 年在基于钉钉的"夸父办公"平台上推出了"夸父有数"智能 BI 应用，实现了在自然语言条件下的智能化数据分析和问答能力。Chat BI 的问答功能使数据变得直观易懂。雅戈尔的 Chat BI 实现了问答的任意组合，降低了获取数据的门槛，能够快速发现海量数据中的规律，获取洞见，从而辅助经营决策。为了提高数据的使用率，Chat BI 提出了一个设计思路：让系统变得免培训，即时获取。例如，原本的搜索结果呈现为三个数字，现在变成三个看板；当数字增多时，呈现为表格形式；根据员工对"业绩"不同的称谓，系统可以自动理解同义词，进行自动切换。

Chat BI 不仅实现了问答功能，还具备了门户管理的功能。雅戈尔对 BI 平台的部署深入各个业务场景。不同部门的员工拥有不同的操作权限，例如，库存管理员只能编辑库存页面，店铺管理员只能编辑所属店铺的页面，IT 人员则拥有所有页面的编辑权限。此外，门户还具备定时提醒功能，无须员工手动查看报告即可及时预警紧急情况。多人拉会功能支持系统自动查询所有参会员工的空闲时间，减少烦琐的手动查询步骤。为了方便审计平台的日常工作，门户还提供了看板功能，可通过大量沟通进行定制，实现"人货场"全面数字化。根据货号，可以查看货品的基础信息、销售情况

及库存的分布，各个营销公司的情况也一目了然。例如，在奥莱门店的价格不得低于四折，在看板上即可查看其销售情况。

目前，雅戈尔的 Chat BI 已经涵盖了对话式报表检索、对话式数据分析和对话式数据洞察，未来也将继续致力于智能制造和大型人工智能模型的发展。他们在线上线下融合和商业模式创新方面拥有 3000 多家门店的独特优势，为雅戈尔创造了中国纺织服装业"智能+"的远景与未来。

五、结论与展望

雅戈尔的数字化之旅反映了许多企业的共同现象——从建设功能化系统开始，逐步转向满足复杂业务需求的数据整合，最终借助人工智能重构所有业务。在新一轮人工智能浪潮的推动下，雅戈尔集团充分利用其良好的数字化基础，积极参与智能化升级。雅戈尔在数字化和智能化方面的成功经验，不仅推动了企业自身的发展，也为整个行业的转型升级树立了榜样，并为中国服装行业的数字化转型注入了新的动力。

参考文献

[1]李奥，施星语，马永斌. 雅戈尔破解品牌内卷[J]. 企业管理，2024(3)：65-68.

[2]姜琳琳. 雅戈尔多元化的绩效研究[J]. 会计师，2023(16)：20-22.

第一节　重塑思路

在数智时代的潮流中，企业的管理方式也在经历着翻天覆地的变革。随着技术的飞速发展和市场的快速变化，传统的管理模式已经显得越发不够灵活和适应。面对这一挑战，企业被迫重新审视管理思路，探索更为创新和灵活的管理方式。这不仅是一场管理的革命，更是一次对企业生存与发展的必要性思考。在竞争激烈的市场中，如何保持竞争优势成为企业亟待解决的重要问题。因此，本节将探讨在 AI 时代下，企业在管理思路上的重塑。

一、重塑管理队伍

企业要想适应时代发展，需重塑管理队伍。对此，提升执行力、培养数字领导力和构建敏捷组织是关键。在数字化时代下，数字领导力成为关键课题。团队需要利用数据和技术决策，并在数字化环境下有效运作以保持竞争优势。与此同时，高效执行的管理团队能为企业作出明智决策、实现业务目标，提高效率。敏捷组织具备灵活结构和决策机制，可迅速响应市场变化，确保企业创新和发展。管理团队需有敏捷思维，优化流程和决策机制，以面对市场挑战和机遇。

1. 提升管理队伍执行力

执行力是企业核心竞争力，结合行为与技术的体系。执行力塑造的关键在于高层管理者参与、执行文化和选用执行员工。执行力高效利用资源，实现目标，转化战略为效益，无执行力则为愿景空谈。为了实现企业发展的目标，以下方法可以帮助管理者提升队伍的执行力，如图 4-1 所示。

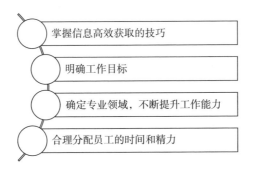

掌握信息高效获取的技巧

明确工作目标

确定专业领域，不断提升工作能力

合理分配员工的时间和精力

图 4-1　管理队伍执行力提升的途径

（1）掌握信息高效获取的技巧。管理者需迅速获取并理解信息以更好地做出决策。对此，管理者首先要明确团队信息需求，共享并明确信息用途，进而帮助团队构建广泛的信息网络，利用内部资源，建立信息共享机制，定期收集分析市场动态、竞争情报、客户需求等。对于收集的数据，可以进行数据分析并深入探究，与内外关键人物建立联系以获取外部支持。此外，管理者还可以利用技术工具促进信息共享与交流，建立反馈机制，收集整理信息支持决策。

（2）明确工作目标。明确的工作目标可以帮助员工清晰地知道他们需要完成的任务，进而提高工作效率和执行力。管理者应与员工共同制定具体、可衡量的工作目标，并定期进行跟踪和评估，进而确保目标的实现与团队整体的发展方向一致，同时激励员工为实现这些目标而努力奋斗。

（3）确定专业领域，不断提升工作能力。首先，需要明确关键业务领域与管理团队所需的专业能力，通过能力评估确定当前水平。其次，制定与企业战略一致的专业发展目标，并提供培训和资源支持。具体来说，可以建立导师制度，促进新手队员的成长，定期评估并提供反馈指导，确保持续提升工作能力。最后，对员工的专业发展成就给予激励和认可，激发学习动力。

（4）合理分配员工的时间和精力。合理分配员工的时间和精力能够在很大程度上提高质量和效率，优先处理重要紧急任务，确保目标达成。对此，管理者可以均衡工作负荷，促进合作与共享；提供资源支持，包括时间、技术支持和培训；激励并认可员工的优秀表现，增强团队动力与效率。

2. 培养数字化领导力

培养数字化领导力是现代企业成功转型和发展的关键。领导者需要了解数字化趋势和技术，识别和利用这些技术来推动业务创新和增长；培养基于数据进行决策的能力，利用数据洞察来作出明智的业务决策；具备变革管理的能力，能够引导团队适应新的工作方式和技术；鼓励员工尝试新技术、分享知识和经验，以及不断学习和提升数字技能；创建一个支持创新和数字化转型的企业文化。促进跨部门的协作，打破信息孤岛，共同推动数字化项目的成功；制定明确的数字化愿景和战略目标，并将其传达给整个组织；确保员工理解并支持这些目标，以共同努力实现企业的数字化转型；推动敏捷的工作方式，提高组织的灵活性和竞争力。

以下是几种培养数字化领导力的方法，如图 4-2 所示。

（1）推动数字化转型的领导变革。数字化转型需领导变革，管理者需开放思维、前瞻眼光与应变能力。对此，管理者不仅需要树立数字化意识，融入整体发展规划，鼓励创新与技术接受；还应当打破沟通壁垒，促进信息共享，培养数字化领导力。此外，面对数字化转型，领导变革还可以从领导风格入手，建立积极的领导风格，激励团队参与转型，共同实现企业数字化转型目标。

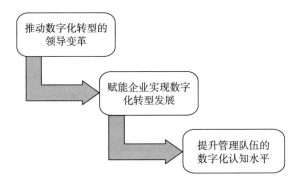

图 4-2　培养数字化领导力的方法

（2）赋能企业实现数字化转型发展。科技发展与数字化浪潮迫使企业转型。企业的发展需要建立高效数字化团队，培养技能与创新人才，投资数字化技术，提升效率和协作能力，实现信息共享和跨部门协同，同时还应当持续关注数字化趋势，调整战略，保持竞争优势和创新活力。从组织结构上说，企业还可以调整企业组织结构和流程，鼓励员工参与并激发创新，成功实施转型。只有如此，才能引领企业向数字化目标前进。

（3）提升管理队伍的数字化认知水平。提升管理队伍数字化认知是企业发展的关键。企业需要深化数字化战略规划与核心业务的融合，全面转型，进而在日常工作中不断加强队伍对数字化趋势和技术的了解，理解其对商业、生产、客户关系的影响。此外，企业还可以通过培训提升员工数字化水平，激发积极性和创新精神，建立激励机制，学习新技术，调整战略，保持竞争力和创新能力，抢占转型先机，实现可持续发展。

3. 构建敏捷组织

钱雨等（2021b）将敏捷组织定义为以客户为中心，通过敏捷要素部署快速适应环境变化的企业组织范式。在数字化背景下，敏捷组织的构成要素包括结构、流程、能力、开发敏捷性和数字价值主张，以适应市场需求。郭润萍等（2024）认为，战略学习的数字化新创企业能提升组织敏捷性，推动机会迭代。以下是构建敏捷组织的四种方法，如图 4-3 所示。

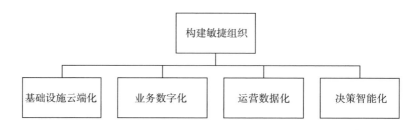

图 4-3 构建敏捷组织的方法

（1）基础设施云端化。基础设施云端化是将传统的基础设施迁移到云端的过程，其优势在于提高灵活性、可扩展性和安全性。通过将基础设施云端化，企业可以根据需求灵活调整资源，避免资源浪费。同时，虚拟化技术的应用可以实现资源的更有效利用和更快速部署，从而提高整体效率。引入自动化工具也能够提高基础设施管理的效率和稳定性，减少人为错误、减轻运维压力。

（2）业务数字化。业务流程优化则是重新设计业务流程，利用数字化技术提升效率和降低成本。数字化转型不仅是技术上的改变，更是一种文化和思维方式的转变，需要企业全体员工的参与，共同推动数字化转型，以适应快速变化的市场需求。

（3）运营数据化。运营数据化是指通过收集各方面的数据并进行分析，从中发现潜在机会和问题。数据是当今企业的重要资产，通过数据化运营，企业可以更好地了解市场和客户，作出更明智的决策，提高运营效率并实现持续增长。对此，企业可以采用监控系统和关键绩效指标等方式更好地实现运营数据化。具体而言，实时监控系统则能够及时发现并解决运营中的异常情况，保障业务的稳定运行；设定关键绩效指标（KPI）并持续追踪，有助于优化运营效率和效果。

（4）决策智能化。决策智能化是基于数据和分析结果作出决策，降低决策风险的过程。对此，企业可以应用人工智能技术辅助决策，提高决策应用的效率和决策成功的可能性；并且建立跨部门的信息共享机制，促进决策的智能化和协同性，更全面地考量各方的利益。

二、重塑一体进程

为了应对市场环境的变化，许多企业已经开始进行重塑一体化的进程，旨在提升竞争实力并实现长期可持续发展。

1. 一体进程概念

一体进程通常是指企业管理中的一种方法或理念，其核心思想是将企业的各个部门、功能和流程整合在一起，以实现协同工作和整体优化。一体进程的实施旨在消除部门之间的壁垒，促进信息交流、资源共享和决策协作，从而提高企业的效率、灵活性和创新能力。

2. 跨部门合作

为了推进企业一体进程，企业可以进行跨部门合作，跨部门合作实现途径主要有以下几个方面，如图 4-4 所示。

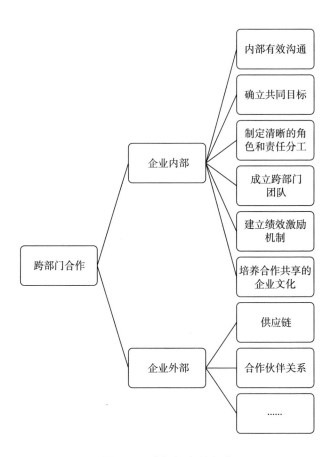

图 4-4　跨部门实现方法

（1）企业内部跨部门合作。企业的长远发展离不开企业各个部门之间的有效合作。

第一，内部有效沟通。各部门的有效沟通是实现企业整体发展的第一步。为了确保各部门之间的有效沟通，企业可以采用多种现代化工具和方法。利用现代化工具不仅可以促进信息交流，还能够实时跟踪项目进展，提高工作效率。

第二，确立共同目标。企业需要明确定义并传达企业的愿景和目标，以确保各部门都了解并认同，有助于各部门保持一致，共同努力实现企业的长期目标。

第三，制定清晰的角色和责任分工。每个部门都应明确其职责和目标，以避免混淆和冲突。这样可以确保各部门能够在合作中充分发挥自身优势，达到最佳效果。

第四，成立跨部门团队。成立跨部门团队是推动项目实施的有效方式。团队由来自不同部门的员工组成，致力于共同解决特定问题或推动重要项目的实施。部门之间的合作将得到加强，并促进知识和经验的共享。为了增进部门之间的理解和信任，企业可以提供跨部门培训和发展机会。通过让员工了解不同部门的工作流程和需求，可以促进更好的合作关系，并为未来的项目合作打下良好基础。

第五，建立绩效激励机制。建立绩效激励机制可以激励员工和团队积极参与合作，推动整个企业朝着共同目标迈进。

第六，培养合作共享的企业文化。企业可以通过培养合作共享的企业文化来进一步促进跨部门合作。通过表彰合作精神、分享成功案例等方式，让员工认识到合作是企业成功的关键，从而激发更多的合作热情。

（2）企业外部跨部门合作。企业的成功发展不仅取决于内部组织的良好运转和协调，同时也需要来自外部组织的积极支持和合作。内部组织为企业提供了内部资源、人力、技术和管理支持，而外部组织通过供应链、合作伙伴关系、客户支持、行业协会和政府支持等方面为企业提供了外部资源、市场渠道、行业信息和政策支持。这种内外协调的支持体系共同促进了企业的稳健发展，提升了企业的竞争力和影响力。

企业与外部组织进行长期合作的主要机制是交换互惠机制和情感联结机制（李子林，2023）。在合作初期，交换互惠机制主导着合作关系的建立，强调合作的理性选择；而在合作成熟阶段，情感联结机制将会发挥关键作用，强调合作关系的情感纽带和信任。这表明了企业在参与社会领域的公益活动时应该采取的态度和行动。企业不仅是提供资源的角色，更应该成为公益项目的执行者和创新者，将自身的市场思维、视野和知识融入非营利合作中。只有通过积极争取与社会组织在项目层面的深度合作，建立良好、健康、长久的合作关系，才能为企业的长期经济收益和可持续发展作出贡献。

3. 管理层的支持和推动

管理层支持对企业重塑一体化进程有着深远的影响。首先，管理层的认可和推动能够激发全员的积极性和参与度，使整个企业能够更加紧密地团结在实现一体化目标的方向上。其次，管理层的支持可以为企业管理一体化的战略规划和决策提供指导和方向。管理层的意愿和决策影响着企业整体的方向和重点，在管理一体化过程中，管理者的支持可以确保各级部门和团队在实践中与整体战略保持一致，避免出现分散或冲突的情况。此外，管理者的支持还可以促进企业文化的转型和升级。管理者在企业中扮演着榜样和引领者的角色，他们的支持和倡导可以推动企业文化朝着更加开放、合作和创新的方向发展，从而为管理一体化提供良好的文化氛围和环境。最后，管理者的支持可以增强管理一体化的执行力和效果。管理层的支持意味着资源和权力的调配更加顺畅，员工在实施各项政策和措施方面，能够更加得心应手，从而提升了管理一体化的执行效率和效果，实现了管理一体化的预期目标。

● 专栏 4-1 ●　海信集团：以跨部门合作推动一体进程

一、企业简介

海信集团有限公司（以下简称"海信"）成立于 1969 年，拥有海信视像、海信家电、三电控股、乾照光电四家上市公司。以显示为核心的 B2C 产业（消费者业务），海信始终处在全球行业前列；在智慧交通、精准医疗和光通信等新动能 B2B 产业（政府与企业业务），海信也占据了全国乃至全球领先位置。家电板块与科技板块相得益彰，海信视像和海信家电 2024 年第一季度报告显示，其营业收入比上年同期分别增加 10.61% 和 20.87%。

二、一体化进程的逐步推进

海信积极与在企业管理领域具有丰富经验的企业进行跨部门合作，以推动其企业一体化进程，从而促进企业发展。

1. 与金蝶软件合作

自 2019 年起，海信开始积极推动财务数字化转型，并确立了财经数字化蓝图，构建了全球一体化财务管理体系。与金蝶软件有限公司（以下简称"金蝶"）共同打造了财务中台，重构了原有的财务系统，实现了 18 个能力中心和 12 个财务端到端流程的贯通，引入了流程自动化机器人、影像识别和自动化收单柜等智能化技术。同时，利用大数据算法进行全流程线上线下闭环管理，在费用、资产、合同等方面提升了内控管理水平，增强了企业风险抵御能力。

在营销方面，海信与金蝶合作，在数字化渠道和物流基础上建立了全渠道库存中心，应用了全渠道一盘货、统仓统备和库存共享等数据技术，显著提升了库存周转和订单交付时效。共享仓的运行让渠道商享受到更稳定的供给体系，客户也能更方便地获得产品和服务。

在人力资源方面，海信与金蝶共建了内部人才供应平台，"海信活水平台"，促进了内部人才流动和内部招聘、员工应聘、人才池搜索等场景的支持，提供了更多的内部发展机会，帮助企业留住人才，提升了人岗匹配度和组织活力。

在先进制造方面，海信致力于构建"灯塔工厂"，采用了基于 5G 网络的边缘云建设，全面实现了设备的 IOT 连接，并应用自动光纤检测模型替代人工视觉进行自动外观检测。同时，利用大数据进行建模积累和训练，探索精益制造体系，优化供应链环节，实现了企业内外部数据的及时衔接，全方位连接了人与人、人与业务、人与环境，推动了企业数字化转型。

在研发方面，海信已经取得了部分成果，在数字化仿真领域持续加强仿真场景和模型，并计划在全球协同研发方面取得更大进展。通过 IPD 和 NPS 业务流程变革，实现了产品创新流程数字化管控，提升了研发协同效率，降低了产品设计和工艺设计过程中的风险。通过金蝶云·苍穹构建的企业级 PaaS 平台，实现了海信信息整合的数字化，推动了海信在人、财、物数字化管理方面的转型升级。

此外，海信与金蝶共同成立了财经数智化联合创新中心，共同投入研究资源，积极探索实践场景，寻找数字化为企业创造更大价值的新途径，面向全球化、复杂化的业务需要，探索企业稳健的卓越运营体系，贡献具有中国特色的管理智慧。

2. 与东软集团合作

2023 年，海信与东软集团合作发布了"DHR PLUS"人力资源平台，为海信集团的人力资源数字化转型提供了强大支持，标志着海信集团人力资源服务及管理进入新阶段。新版本着眼员工常用场景，推出了包括"全场景办业务首页"在内的 10 余项新功能，全面提升了用户体验。对于 HR 专业用户，DHR PLUS 版实现了"一线用工""政企直连"等 20 多个专项建设，将人力资源运营管理全面数字化，通过流程和表单的数字化实现了工作效率的全面提升。公司管理层认为，DHR PLUS 已成为海信数字化管控的重要组成部分，能够整合总部及所属公司的人力数据，为人才建设和人力资源分析提供支持。

海信与东软集团合作将协助海信优化业务体系和流程，构建人才资本管理框架，实现集团管控、规范建立、管理提升、效率提升、业务协同等目标。DHR 系统已支持全国 21 个公司、9 个基地的高效招聘和入职，接入公积金中心，实现了接口协同，承接了 3 万员工、60 余家公司的需求。

海信集团 DHR PLUS 统一人力资源平台能够全面满足海信的个性化定制服务，服务 8 万名员工。该版本全面提升了用户体验和 HR 用户的工作效率，替代了人资领域 74% 的手工统计工作，实现了在线统计分析，业务实况实时呈现。满足了海信多变的 HR 需求，实现了"智慧协同、员工赋能、组织激励"的目标，构建了企业核心。

三、结论与展望

在当今数字化浪潮的冲击下，企业管理已经不再局限于传统的手工操作和纸质文件，而是转向了更加智能、高效的数字化管理模式。海信充分认识到数字化转型的重要性，选择与经验丰富的合作伙伴合作，共同开发和优化数字化解决方案，以应对日益激烈的市场竞争，适应不断变化的经营环境。

参考文献

[1]陈志军，牛璐，刘振."技术立企"带动制造企业转型——海信集团的持续经营之道[J]. 管理学报，2022，19(12)：1733-1743.

[2]张军红，马淑贞. 数字化让大显示"聚好看"访海信集团高级副总裁、聚好看科技股份有限公司总经理于芝涛[J]. 经济，2022(11)：62-63.

三、重塑融合创新

数智时代，企业管理融合创新至关重要。打破传统壁垒，提升技术研发与创新力，加强合作与开放创新，实现数字化转型，建设创造性思维与创新文化，为企业创新奠定了坚实的基础。企业重塑融合创新的主要内容如图 4-5 所示。

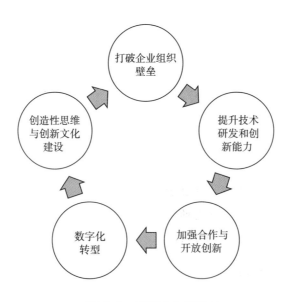

图 4-5　重塑融合创新

1. 打破企业组织壁垒

(1)打破沟通壁垒。首先，企业需要建立并维持起一套企业沟通体系，沟通体系的首要职能是企业结构安排和人事工作两个方面。在企业安排方面，通过合理设置部门和岗位，以实现企业目标为原则，趋向扁平化的结构有助于提高沟通效率和减少错误。在人事工作方面，则涉及员工的选择、调动和薪酬奖惩等，必须体现能岗匹配和公平公正的原则，以维持员工服务和保证企业效率。其次，重视并促进企业横向沟通，通过设置跨部门会议和建立公共信息平台来促进部门间交流与信息共享，实现跨职能整合管理。最后，通过创建积极的企业沟通文化，用行动引领诚信沟通，在企业中营造开放的沟通氛围并且制定出规范日常沟通的秩序。

（2）打破工作壁垒。为了实现有效的多部门协作，需要建立清晰的沟通渠道和协作机制，以确保各个部门之间能够及时、准确地交换信息和沟通。企业可以利用电子邮件、视频会议、在线协作平台等工具建立沟通渠道，并制定明确的协作流程和责任分工来实现。同时，在企业内部确立起共同的目标和价值观，企业内部的多部门协作需要各个部门在共同的目标和价值观下进行合作，以确保各方的利益一致，并促进协作的顺利进行。此外，建立并制定合作框架和协议，能够明确各方的权利、义务和责任，规范合作关系，防止出现合作纠纷和冲突。在实现跨部门工作流的互操作方式方面，可以采取标准化数据和接口、采用中间件和集成平台，以及采用服务导向架构（SOA）等措施来实现不同部门系统之间的数据转换和交换，从而提高系统的灵活性和可扩展性，降低系统集成的复杂性。

2. 提升技术研发和创新能力

首先，要想提升技术研发和创新能力，企业需要投资研发基础设施和人才培养，为技术研发团队提供必要的资源和支持，包括先进的设备、工具和培训计划，以激励他们不断探索和实践新技术。同时，持续关注行业趋势和前沿技术也是至关重要的，定期进行市场调研和技术前瞻，了解行业的发展趋势和新兴技术，及时调整研发方向和策略，以保持技术领先地位。其次，建立创新文化和激励机制，营造鼓励创新和尝试的文化氛围，同时建立适当的激励机制，如奖励制度或晋升机会，以鼓励员工积极参与技术创新。此外，与外部合作伙伴建立合作关系，共享资源和知识，加速技术创新的过程，可以通过联合研发项目、技术交流会议或共同申请研究资金等形式实现。最后，建立有效的项目管理和创新流程，确立清晰的项目管理流程和创新流程，以确保研发工作高效有序地进行，并及时发现和解决问题。

3. 加强合作与开放创新

加强合作与开放创新是企业进行融合创新的重要内容。培养优质的合作伙伴关系不仅能够促进新产品和技术的快速研发与推广，更能够为企业带来丰富的机遇与创新灵感。与供应商建立紧密的伙伴关系，意味着共同探索新的产品设计和制造技术的前沿，从而提高企业的生产效率，降低生产成本。通过与合作伙伴共同进行技术研发，不仅能够迅速推动创新的进程，还能够减少研发过程中的风险，提升企业在市场中的竞争力。同时，与行业企业的合作也是企业重塑融合创新的关键内容。积极参与行业组织的各类活动和项目，能够让企业紧跟行业的最新动态和发展趋势，结识更多的行业领军人物，扩大业务网络。与行业企业的合作还能够为企业提供更多的资源支持和政策指导，帮助企业更好地应对市场的挑战和变化。

4. 数字化转型

首先，数字化技术能够优化企业的内部运营流程，提高效率。通过引入先进的数据分析工具和自动化技术，企业可以更有效地管理资源，减少浪费，从而为创新提供更多的空间和资源。其次，数字化还能促进企业与企业之间和企业与外部合作伙伴之间的连接。云计算、大数据和人工智能等技术使企业能够更快速地共享信息和资源，与合作伙伴实现紧密的协同工作，共同探索新的商业模式和市场机会，推进企业的融合创新。最后，数字化转型需要进行企业文化的改革创新。企业需要鼓励员工接受新的技术和工具，培养数据驱动的决策文化，促进跨部门和跨团队的合作，以支持创新的发展。

5. 创造性思维与创新文化建设

创造性思维与创新文化建设是企业进行重塑融合创新的基础。首先，为了打造这种文化，企业需要鼓励员工大胆尝试新想法，并接受在创新过程中的失败。这样的环境才能鼓励员工不断挑战自我，探索新的解决问题的方式。因此，企业管理者需要公开表示对创新的支持，并为员工提供足够的资源和机会来进行实验。其次，企业可以建立激励机制，以奖励在创新方面取得突出成果的员工。进而更好地激发员工的创造力，推动团队不断取得突破。最后，建设创新文化还需要关注员工的个人成长和发展。企业可以为员工提供培训和教育机会，培养员工的专业技能和解决问题的能力，帮助他们更好地参与创新过程。

● 专栏 4-2 ● 淘天集团：AI 电商的融合创新

一、企业简介

淘天集团是阿里巴巴集团的业务集团，旗下拥有淘宝、天猫、天猫国际、淘宝直播、天猫超市、淘菜菜、淘特、闲鱼、阿里妈妈、1688 等业务，提供线上零售、线上批发、二手闲置交易、数字营销等服务。从 AI 模特换装到 AIGC 赋能运营，生成式 AI 正在全方位渗透并改变传统电商模式与产业链。淘天集团在电商大模型、AI 商家智能运营、智能导购、AI 广告应用场景等领域都进行了尝试与探索，其成功经验值得借鉴。

二、淘天集团的融合创新路径

1. AI 电商领域融合创新

在 AI 电商领域，提升 AIGC 能力是关键，而这依赖强大的大模型支持。大型语言模型的研发，需要大量的算力、数据和算法资源，成为各国、各类大型模型竞争的核心。解决算力瓶颈、提升数据质量、实现算法突破，已成为推动大模型行业发展的重要条件。

在这一背景下，淘天集团积极应对人工智能新技术的发展趋势，投入大量资源发展电商行业的大模型。然而，通用大型模型需要海量数据进行训练，而全球中文网站仅占 1.4%，可供训练的公开中文语料库数量有限且质量不一。与此同时，国内用户在网站和移动端 App 上会产生海量数据，但由于隐私保护需要，大部分数据无法用于大型模型的训练，对模型训练效率和精度造成了不利影响。相比适用于多领域、多任务的通用大型模型，行业专用模型更依赖对垂直场景的理解和海量行业数据的支持。在种种限制下，行业专用模型更有可能成为中国 AIGC 的制胜赛道。淘宝天猫凭借多年积累，拥有全网最大的商家库和商品库，在这一变革中具有独特优势。

2. 电商智能化运营助手

淘天集团的千牛（Copilot）是一款辅助商家经营的智能助理，为商家提供全方位的经营知识问答、AI 经营工具、图片制作与加工等高效工具。

千牛的智能工具包括 AI 作图、AI 文案、AI 开店、AI 数据分析和 AI 客服等功能。其中，AI 作图能够提供商品素材制作能力，生成场景图、模特图、白底图等丰富的图片内容，灵活调整图片尺寸并进行局部圈选和擦除，降低了商品素材制作成本；AI 文案能够进行文案智能创作，优化商品标题，撰写店铺上新文案，提升内容创作效率；AI 开店能够提供极速开店能力，支持快速发品，自动生成主图、详情，并根据商品风格自动生成店铺 Logo 和店铺名，快速完成新店创建与商品售卖；AI 数据分析能够提供智能分析能力，简化运营分析流程；AI 客服能够提供智能客服机器人，提升接待和转化效率，降低人力成本。

淘天集团推动商家智能化运营，持续降低经营成本和门槛，为平台上的商家提供一站式店铺管理服务。

3. AI 广告创意实验室

万象实验室是首个利用大型模型一体化的 AI 广告创意解决方案，提供一站式的分析、生成和投放优化服务。其主要功能包括通过引入 AI 技术，广告主只要提供简单的商品图，就可自动生成多样化的场景营销图片，并与阿里妈妈的智能广告投放系统深度结合，为每次广告展示带来精彩而有效的创意。该产品主要应用于美妆、食品、消费电子等领域，加速品牌进入"AI 上新"快速通道，已吸引超过 12 万家商家使用。万象实验室为广告主带来了广告创意优化能力的快速、高效、低成本体验。

4. 电商搜索智能导购

淘宝问问是淘天集团开发的电商搜索智能导购产品，主要功能是对用户提出的问题进行及时、真实和有效的答疑，从而实现更高效的消费决策。淘宝问问具有指令模式和问问模式两种核心能力，能够在客户搜索商品时提供需求指令，并通过大型模型的自然语言处理和内容生成能力，提供导购服务，解答生活中的问题。

5. AI 创造新价值

AI 的创新应用缩短了消费决策链路，加快了消费需求向商家的传递效率。通过 AI 工具实现一键生成商品信息，缩短了商家制造时间降低了成本支出，促进了更优质的内容生成，帮助商品与客户建立更快、更深的链接。AI 的智能化运营帮助电商从业者降低了经营成本，增加了毛利率，促进了更有创意多元的竞争，同时加速了供给和需求的良性循环。

三、结论与展望

淘天集团通过将人工智能与电商服务进行融合创新，深度整合了各个业务场景，利用智能化技术不断提升用户的购物体验，同时优化了企业的业务流程，为用户和企业双方带来了极大的便利和价值，从而实现了企业的快速成长和持续发展。

参考文献

［1］刘哲铭．大淘宝，大调整［J］．中国企业家，2022（2）：41-45.

［2］管军，马迎新．零售业数字化转型面临的挑战及对策研究［J］．商业观察，2024，10（11）：25-28.

第二节　重塑方法

在当今日益激烈的商业竞争环境中，企业必须不断调整自身以适应新的挑战和机遇。随着人工智能时代的来临，管理方式必须进行重塑与升级，以适应这一新时代的要求。企业进行管理重塑的方法多种多样。从数据驱动决策到智能化自动化、从弹性企业架构到新文化价值营造，企业管理的革新正在以多种形式展开。在这个动态变化的环境中，企业需要不断探索和采纳适合自身发展的管理方法，以保持竞争优势和持续增长。本节将探讨一些在当前商业环境中被广泛接受和采用的管理重塑方法，以及它们对企业的意义和影响。

一、流程重塑

新时代下，现代企业管理需要不断地进行改进和创新以保持竞争力。在这个过程中，流程重塑是关键的方法之一。通过重新设计和更新传统的企业组织流程、改善领导方式及数字化企业组织流程等，企业能够实现流程重塑，从而提高效率、降低成本并增强竞争力。这些变革不仅是为了适应市场的变化和技术的发展，更是为了使企业能够持续发展并在不断变化的商业环境中取得成功。

1. 传统企业组织流程现状

组织流程是指企业组织内部各项工作活动的有序排列和相互关联的方式，涉及企业内部各个环节的规范、流程和程序，以确保企业能够高效地实现其目标。传统的企业组织流程通常是基于预定义的规则和顺序进行操作的，强调标准化和流程控制；而新的企业组织流程更加灵活和自适应，注重创新和快速响应市场需求。然而，传统和新的企业组织流程并非完全对立，它们往往相互融合和影响。传统的企业组织流程提供了基本的框架和稳定性，新的企业组织流程则通过引入新技术和方法来增强效率和创新能力。

2. 企业组织流程重塑方法

企业组织流程重塑方法主要包括以下几个方面，如图 4-6 所示。

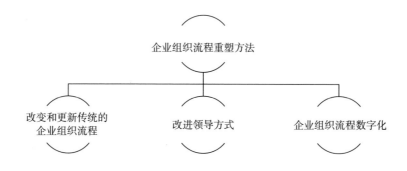

图 4-6　企业组织流程重塑方法

（1）改变和更新传统的企业组织流程。首先，企业需要仔细审查每个流程的目标、步骤和输出，并评估其有效性和效率。通过这个过程，企业可以确定哪些流程已经过时或不再适用，从而进行流程的优化。其次，积极推动变革，并鼓励员工参与其中。可以通过提供培训和教育机会，以及奖励和认可员工的改进提案来实现，从而促进企业文化的革新。最后，企业需要关注持续改进和监测。改变企业组织流程和革新企业文化是一个持续的过程，需要不断地评估和调整。

（2）改进领导方式。企业可以设立培训计划，帮助管理者提升其变革管理和创新驱动能力。一个好的管理者应该注重与员工进行沟通，并倾听他们的想法和意见。建立良好的沟通渠道，能够增进团队合作和理解，形成积极向上的团队文化。同时，管理者要学会给予员工适当的自主权和决策权，让他们有更多的主动性和责任感，并且逐步建立起信任关系，鼓励员工勇于尝试和创新。

（3）企业组织流程数字化。在企业组织管理方面，数字化流程的应用可以优化企业的运作方式，将烦琐的手工操作转变为高效的自动化流程，从而释放出更多的人力资源用于创新和核心业务。这种转变不仅能够提高生产效率，还能够降低因人为错误而带来的损失，提升整体运营的质量和稳定性。数字化流程的实时监控和分析功能为企业管理层提供了全面、准确的业务数据，使其能够更清晰地了解企业的运作情况，及时发现存在的问题，并作出科学的决策。通过数据驱动的管理模式，管理层可以更加精准地把握市场动态和企业内部状况，从而更好地制定战略和应对挑战。此外，企业组织流程数字化还将极大地提升员工的工作体验和满意度。自动化和智能化的工具能够有效减少员工的重复性劳动和烦琐操作，使其能够更专注创造性的工作和问题解决，从而提升工作效率和满意度。而且，智能化工具还能够根据员工的个性化需求提供定制化的服务和支持，使其工作体验更加个性化、便捷和高效。

3. 企业组织流程重塑的意义和影响

企业组织流程重塑旨在提高效率与生产力，通过重新设计和优化流程消除冗余步骤、减少重复，从而更高效地运作，缩短交付周期，快速响应客户需求。同时，优化流程也能降低成本，精简和整合资源配置，减少运营成本，增强竞争优势。通过重新设计流程以符合客户需求，企业能够提升客户满意度，缩短等待时间，提供个性化服务，增加客户忠诚度。企业组织流程重塑还促进创新能力发展，引入新技术和业务模式，保持市场领先地位。与此同时，企业组织流程重塑也带来企业文化变革，强调团队合作、信息共享、灵活性和持续改进，支持员工拥抱变化，并参与到持续改进中。最重要的是，企业组织流程重塑支持数字化转型，利用信息技术和数据分析实现智能、灵活的运营，为内部效率提升和与客户、合作伙伴的数字化互动打下基础。

二、生态重塑

新时代下，现代企业管理需要不断地改进和创新以保持竞争力。在这个过程中，企业也需要进行生态重塑。生态重塑不仅涉及企业内部的管理机制和运营模式的调整，还包括企业与外部环境的关系和社会责任的履行。企业需要考虑到多方面因素，采取积极的措施，同时推动社会公益事业的发展。通过生态重塑，企业能够更好地适应新时代的发展要求，实现可持续发展并提升竞争力。

1. 生态重塑的重要性

第一，企业生态重塑有助于企业适应不断变化的市场环境。随着技术的快速发展和客户需求的日益多样化，企业面临前所未有的挑战。通过重塑企业生态，企业可以更加灵活地调整自身的战略和业务模式，以应对市场的快速变化，不仅可以使企业保持竞争力，还可以为企业创造新的市场机会。

第二，企业生态重塑有助于优化资源配置和提高效率。在重塑企业生态的过程中，企业可以重新评估自身的资源优势和劣势，优化资源配置，提高资源利用效率，进而降低企业的运营成本，提高企业的生产效率和盈利能力。

第三，企业生态重塑有助于建立更加紧密的合作伙伴关系。在重塑企业生态的过程中，企业需要与供应商、客户、政府、社会组织等多方利益相关者进行紧密合作，共同构建更加和谐的商业生态。这种紧密的合作伙伴关系不仅可以为企业带来更多的资源和支持，还可以增强企业的稳定性和抗风险能力。

第四，企业生态重塑有助于推动企业的可持续发展。在重塑企业生态的过程中，企业需要关注环境保护、社会责任等议题，积极采取可持续的经营方式，在降低企业的环境风险和社会风险的同时，还能够提高企业的社会形象和品牌价值，为企业的长期发展奠定坚实的基础。

第五，企业生态重塑有助于培养企业的创新能力和竞争力。在重塑企业生态的过程中，企业需要不断探索新的业务模式、产品和服务，以满足市场的不断变化和客户的多样化需求，进而使企业在市场上保持领先地位，为企业创造更多的价值和发展空间。

2. 生态重塑的手段

（1）优化企业组织结构。一个好的企业组织结构可以减少信息传递的复杂性和风险，提高决策的速度和准确性。企业可以优化部门设置，避免重复的职能和决策权限，以降低决策的不一致性和流程固化的可能性。同时，企业也可以借助先进技术工具和平台来促进企业间信息的流通和协作，使用内部社交媒体平台或协同办公工具，员工能够方便地分享信息、讨论问题，并及时获取所需的决策支持，进而提高信息的透明度和可及性，促进企业流程的灵活性和改进。此外，引入云计算、大数据分析和人工智能等先进技术，能够实现企业流程的自动化、智能化，促使企业提高工作效率、增强决策效果。

（2）业务模式创新。企业生态重塑是指企业在面对市场变化、技术发展等挑战时，通过重新构建自身的生态系统，以适应新的环境和需求。在这个过程中，业务模式创新是至关重要的一部分，主要涉及如何重新设计企业的运营方式、服务提供方式及利益共享机制。

企业可以利用多种模式来推进企业生态重塑进程。第一，平台化模式，将企业构建成平台，通过开放 API、数据共享等方式吸引合作伙伴和第三方开发者参与，形成生态系统。第二，订阅服务模式，该模式通过转变销售方式来提供持续的服务，增强客户黏性。第三，共享经济模式，能够实现资源最大化利用和共享利益；定制化服务模式，能够根据客户需求提供个性化服务。第四，生态联盟模式，与其他企业合作资源共享、共同发展，构建完整的产业生态系统。第五，社区经济模式，建立客户或行业社区增强进客户黏性和品牌忠诚度。

（3）人工智能驱动企业管理生态重塑。数字技术、人工智能及自主技术的综合运用给企业管理带来了深刻的变革和提升。传统的管理体系往往分散且缺乏整合，而数字技术的介入打破了这一局面。通过数字化、智能化的手段，企业管理得以实现全流程的集成，从而提升了企业的绩效和效率。

人工智能的应用更进一步加速了企业管理的智能化和自主化。从管理规划、可见性、感知、决策到合作等方面，人工智能技术都发挥了重要作用。通过机器学习、深度学习等技术，企业管理者可以利用大数据进行精准的预测和决策，从而提高了企业管理的灵活性、加快了反应速度。此外，人工智能还能够自动化一些重复性、烦琐的任务，减少了人工干预，提高了企业的自主能力。

除了人工智能，无人技术、认知计算等新兴技术也为企业管理带来了新的可能性。无人技术在制造、仓储、配送等环节的应用有效降低了人工干预成本，提高了企业的运作效率。而认知计算通过模拟人类的思维过程，加强了对企业环境的感知和理解，为决策提供了更多的信息支持。尽管存在技术成本、数据隐私等问题，但随着新技术的不断发展和应用，人工智能必将成为企业管理高效化的重要驱动力。通过智能化、自主化的管理，企业可以更好地应对市场变化，提高运营效率，从而创造出更大的竞争优势和业务价值。

三、人力重塑

新时代下，现代企业管理已然成为一场不断探索与创新的旅程。在企业管理重塑过程中，人力重塑的角色越发凸显，成为不可或缺的重要一环。因此，企业需要持续地调整和改善其企业组织结构、人才配置及管理模式，以应对市场的变化与挑战，确保自身的竞争力和适应性能够与时俱进。不断变革与创新的精神将成为企业持续发展的关键所在，只有不断地适应变化，才能在激烈的市场竞争中立于不败之地。

1. 人力重塑的重要性

人力重塑有利于推进企业管理重塑。通过信息整合和共享、自动化流程和智能化工具及弹性化工作模式的推动，企业可以更好地适应市场变化，提高生产效率，增强竞争力，实现可持续发展，如图 4-7 所示。

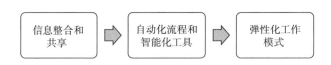

图 4-7 人力重塑的重要性

（1）信息整合和共享。人力重塑通过整合和共享信息，实现了企业内部各个部门之间、企业与外部合作伙伴之间的信息通畅。通过数字化技术，企业可以将分散的信息资源整合起来，使决策者能够更全面地了解市场趋势、客户需求、供应链状况等重要信息，从而更准确地制定战略和决策。

（2）自动化流程和智能化工具。人力重塑借助自动化流程和智能化工具，实现了企业内部业务流程的高效运作。通过自动化技术，企业可以将重复性、低价值的任务交给机器来完成，释放人力资源，让员工更多地专注创新性、高价值的工作。智能化工具如人工智能、机器学习等技术的应用，进一步提升了企业的生产效率和服务质量，帮助企业更好地应对市场竞争压力。

（3）弹性化工作模式。人力重塑推动了企业工作模式向更加弹性化的方向发展。随着数字化技术的普及和成熟，许多企业开始采取远程办公、灵活工时等弹性工作制度，使员工能够更好地平衡工作与生活，提高工作效率和生产力。同时，弹性化工作模式也为企业提供了更大的灵活性，使其能够更好地应对市场的变化和不确定性，提高了企业的抗风险能力。

2. 科技创新驱动人力重塑

（1）推行数字化人力资源管理。随着信息技术的迅猛发展，企业纷纷寻求将人力资源管理推向数字化的新阶段。通过利用先进的人力资源管理软件和云计算平台，企业可以实现人力资源管理的数字化转型。从招聘、培训、绩效管理等人力资源管理的各个环节，利用数字化手段进行高效、精确和可追踪的处理。数字化人力资源管理不仅提高了工作效率，还使企业能够实时掌握员工情况，优化人才配置，提升员工满意度和绩效表现。此外，数字化人力资源管理还为企业提供了更加灵活、便捷的管理方式，帮助企业快速适应市场变化和业务需求。

（2）应用智能化工具。在科技创新的浪潮中，智能化工具日益成为企业人力重塑的重要驱动力。特别是以 ChatGPT 为代表的生成式人工智能，不仅重塑了各行业的竞争格局，也为企业的人力资源管理带来了革命性的变革。在人力重塑方面，人工智能的应用主要集中在离职预测、候选人检索、工作岗位调度算法、人力资源情感分析、简历信息提取及交互式员工自助服务等维度。通过机器学习等先进技术，人工智能可以准确预测员工的离职风险，帮助企业提前采取措施进行挽留；同时，基于数据库的候选人检索可以为企业快速筛选出符合需求的优秀人才，缩短招聘周期；工作岗位调度算法则可以根据员工的能力和经验进行智能匹配，实现人力资源的最优配置。智能化工具的应用，不仅提高了人力资源管理的效率和准确性，还为企业带来了更加智能化、个性化的管理体验。

（3）数据驱动的人才管理。在当今科技创新驱动的环境下，数据驱动的人才管理成为企业不可或缺的战略工具。通过收集、分析和利用大数据，企业可以深入了解员工的能力、倾向和需求，从而进行更精准的人才匹配和发展规划。基于数据的决策方式使企业能够更准确地评估员工的潜力和价值，为他们提供个性化的职业发展路径和培训计划。同时，数据驱动的人才管理还可以帮助企业预测人才流动趋势，及时发现人才缺口，并采取相应的措施进行补充和培养。这种前瞻性的管理方式可以更有效地提升员工的工作满意度和绩效表现，有助于企业保持人才队伍的稳定性和竞争力，推动企业的整体发展和创新，为企业的长期发展提供有力支持。

3. 驱动人力重塑的其他因素

（1）员工需求变化推动企业人力重塑。在传统的工作模式中，员工往往更关注薪资和职位晋升，但如今，员工越来越注重工作与生活的平衡。员工不再愿意为了工作而牺牲个人生活的时间和空间，而是追求在工作与生活中找到最佳平衡点。这意味着企业需要在工作安排上更加灵活。除了工作与生活的平衡，员工还注重个人成长和发展。他们希望在工作中不仅能够获得物质上的回报，更能够在技能和知识上得到不断的提升。因此，企业需要加大对员工的培训和发展投入，为他们提供多元化的学习机会。

（2）市场激烈竞争亟须人力重塑。在激烈的市场竞争中，企业要想立于不败之地，就必须拥有一支高效、灵活且具备创新能力和市场洞察力的人才队伍。这意味着企业需要进行人力重塑，优化人力资源结构，确保员工具备与市场需求相匹配的技能和知识。为此，企业还需要不断引进新的人才，补充新鲜血液。同时，也要加强对现有人才的培养和激励，提高员工的归属感和忠诚度。通过一系列的人力重塑措施，企业可以构建一个充满活力、富有创新精神的人才团队，为企业的持续发展提供源源不断的动力。

● 专栏 4-3 ●　华为：重塑人力资源管理模式

一、企业简介

华为技术有限公司（以下简称"华为"）成立于 1987 年，总部位于广东省深圳市龙岗区。华为是全球领先的信息与通信技术（ICT）解决方案供应商，2023 年实现营业收入 7042 亿元，净利润为 870 亿元。华为的人力资源管理体系是其成功的关键因素之一，它强调了人才的选拔、培养、激励和绩效管理。华为的人力资源管理体系为其他企业提供了一个如何通过人力资源管理来推动企业持续发展和创新的范例。

二、人力资源管理模式的创新与重塑

1. 数字化人力资源管理

华为云携手上海利唐信息科技有限公司（以下简称"上海利唐"）共同推出了 i 人事 HR 系统，这是一套全面数字化的人力资源解决方案，现已在华

为云商店上线。该系统致力于应对数字经济下，尤其是大数据、云计算和人工智能等创新技术广泛应用背景下，企业面临的人力资源管理挑战。

随着企业规模的扩大和全球化进程的加速，人力资源管理压力剧增，包括员工信息碎片化、招聘效能难以量化及考勤数据处理烦琐等问题日益凸显。为解决这些问题，i 人事 HR 系统应运而生，它通过整合多平台数据，实现了组织人员信息的同步和待办事项的统一管理，从而为客户提供了高效流畅的使用体验。上海利唐的数据连接器智搭云实现了与 OA、MES、CRM 等系统的无缝集成，为企业构建了开放且多元的管理生态。而 aPaaS 无代码平台的引入使数据处理更为灵活便捷，无须复杂的代码编写即可实现数据的筛选、整合和处理。

针对人力资源分析中的难题，如数据不完整、不统一，i 人事 HR 系统提供了智慧报表功能，通过直观的数据可视化工具，帮助企业清晰呈现人力资源生态数据，为管理决策提供有力支撑。

在战略执行方面，i 人事 HR 系统以"业务+人事"一体化和业务绩效为核心，提出了"行业化"和"业务化"的理念，实现了快速及时的绩效衡量，助力企业战略的顺利落地。

此外，为了提升员工体验，i 人事 HR 系统还推出了全新的 AIGC 人才管理系统。该系统通过全面的人才盘点、检索、对比及梯队建设和标签体系，实现了对人才价值的最大化挖掘和发展，进一步提升了企业的整体竞争力。

2. 满足员工需求

华为强调知识资本的价值，构建了与知识分子共担、共治、共享的长效动力机制。通过虚拟股权计划，员工可以获得利润分享权，这种股权具有动态性，适合高科技企业。这种机制不仅解决了利益分配的问题，也解决了知识分子的成就感问题。

华为注重员工的个人成长和职业发展，提供丰富的培训机会和晋升通道。实施了"天梯制"人才评价体系，鼓励员工通过不断学习和成长来提高自己的绩效与竞争力。同时，华为也实行了股权激励计划，员工持股，并通过股权的涨跌来提高员工的参与感和企业归属感。

3. 创新的人才选拔策略

为了在激烈的市场竞争中拥有一席之地，华为建立了一套科学的招聘流程和标准，筛选出最适合企业发展的人才。同时，华为也鼓励内部员工的跨部门流动，并提供相应的培训和发展机会，以激发员工的潜力和创造力。

华为在人才选拔上注重能力、潜力和价值观。他们通过各种测试和面试来评估候选人的能力，包括专业技能、沟通能力、团队协作能力等。同时，华为也关注候选人的潜力和长期发展，认为只有具备这些特质的人才能够成为团队中的一员。此外，华为通过背景调查来了解候选人的价值观，以确保其与公司文化相符。

华为注重员工的持续学习和成长。他们提供了一系列的培训和学习机会，包括内部培训、外部培训、在线学习等。通过这些培训，员工可以不断提升自己的技能和知识，同时也有机会被选拔到更重要的岗位上。

华为建立了庞大的人才库，以储备和选拔各类优秀人才。这个人才库包括了各种背景和领域的人才，为公司的发展提供了源源不断的人力资源支持。

三、结论与展望

华为通过技术创新，与先进企业合作，从根本上提升了人力资源管理效率和质量。这些技术的应用使华为能够更加灵活、高效地处理人力资源管理需求，实现了流程的优化和加速。企业管理者可以借鉴华为的成功经验，重塑企业人力资源管理，实现企业的长远发展。

参考文献

[1]李群，朱明丽.不确定情境下价值观管理塑造组织韧性的机理研究——基于华为的案例分析[J].现代管理科学，2023(6)：106-115.

[2]梁荣成.中国的世界级领先企业华为人力资源管理之道[J].边疆经济与文化，2024(4)：120-133.

四、价值重塑

在现代企业管理中，团队的和谐氛围对员工的工作满意度和企业的整体表现具有深远的影响。一个和谐、积极的工作环境不仅能够提升员工的工作积极性，还能够促进团队间的协作与沟通，从而提高整体的工作效率和质量。通过构建和谐的团队氛围和塑造团队相同的愿景、使命、价值观能够促进企业管理的价值重塑。

1. 构建和谐的团队氛围

企业管理通过构建和谐的团队氛围以促进企业价值重塑，其中构建和谐团队氛围的方法主要有以下几个方面，如图 4-8 所示。

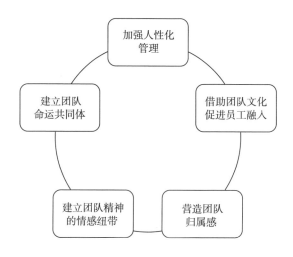

图 4-8　构建和谐团队氛围的方法

（1）加强人性化管理。人性化管理是一种基于尊重、关怀和信任的管理方式，它关注员工的个人需求和情感状态，并建立起相互尊重和信任的工作关系。首先，管理者可以定期与员工进行沟通，了解他们的工作和生活状况，及时解决他们的困难和问题，让员工感受企业的温暖和关怀。其次，建立相互尊重和信任的工作关系。管理者应该以身作则，展现出公正、诚信和正直的领导风格，与员工保持良好的沟通和互动，避免用权威和压力来管理团队。最后，让员工感受到企业的温暖和关怀。通过提供员工福利、关怀假期、举办员工活动等方式，让员工感受到企业对他们的关心和支持，增强员工的归属感和认同感。

（2）借助团队文化促进员工融入。团队文化是指团队共同遵循的价值观和行为准则，它可以促进团队员工的凝聚力和认同感，提高团队的工作效率。在构建和谐的团队氛围时，应该重视团队文化的建设，让员工在共同的文化氛围中融入团队。首先，团队文化应该注重积极向上的精神风貌，倡导团队员工之间的互助和支持，鼓励员工发挥个人潜力，共同实现团队的目标。其次，让员工在共同的价值观和行为准则中找到归属感。团队文化应该明确团队的核心价值观和行为准则，让员工在这些共同的价值观和准则中找到自己的位置，从而更好地融入团队。最后，团队文化应该包容不同的观点和想法，鼓励员工敢于表达自己的看法，促进团队员工之间的交流和合作，提高团队的创造力和创新能力。

（3）营造团队归属感。团队归属感是指团队员工对团队的认同和归属感，它可以增强团队员工之间的凝聚力和团结性，提高团队的工作效率。在构建和谐的团队氛围时，应该重视团队归属感的营造，使每个人都感到自己是团队中不可或缺的一部分。管理者可以通过明确团队的共同目标和利益，强调团队员工之间的联系和互相依存关系，让员工意识到自己的重要性和价值，从而增强他们的归属感和认同感。

（4）建立团队精神的情感纽带。团队精神是团队员工之间的情感联系和信任基础，它可以促进团队员工之间的合作和协作，提高团队的工作效率。在构建和谐的团队氛围时，应该注重团队精神的培养，通过团队活动、集体学习等方式，增进团队员工之间的情感联系，培养彼此间的信任和团结，从而形成更加紧密的团队精神。

（5）建立团队命运共同体。团队命运共同体是指团队员工之间的利益和命运紧密相连，共同承担困难和挑战，共享成功和成果，形成更加团结和稳固的团队结构。

2. 塑造相同的愿景、使命、价值观

企业管理通过塑造相同的愿景、使命和价值观能够促进企业价值重塑，其中塑造的方法主要有以下四种，如图 4-9 所示。

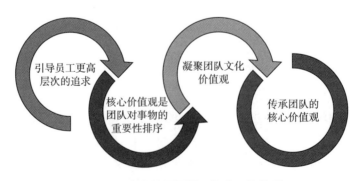

图 4-9　塑造相同愿景、使命、价值观

（1）引导员工更高层次的追求。愿景、使命和价值观应该激发员工追求更高层次的目标和成就。管理者可以通过激励演讲、示范行为和奖励制度等方式，激发员工的潜能，使他们对企业的未来充满信心和热情。

（2）核心价值观是团队对事物的重要性排序。每个员工应该清楚地理解团队的核心价值观，这些价值观反映了团队对事物的重要性排序，有助于确保员工在面对挑战和决策时能够保持一致，并且能够以团队利益为重。

（3）凝聚团队文化价值观。团队文化价值观是团队员工共同信奉的行为准则和信念。通过定期举办团队活动、分享成功故事、提倡开放沟通和建立信任关系等方式，可以加强团队的凝聚力，使团队文化价值观得以贯彻。

（4）传承团队的核心价值观。员工的加入和老员工的离职都可能对团队的核心价值观产生影响。因此，管理者可以通过培训和导师制度等方式，将核心价值观传承给新员工，并且通过持续的激励和认可，让老员工始终保持着对核心价值观的信仰和践行。

第三节　升级新变革

随着人工智能时代的到来，企业管理不仅需要进行思路和方法的重塑，还需要企业管理各方面的升级革新。现代企业管理不再仅仅局限于传统的范畴，而是需要面对更广阔、更复杂的挑战和机遇。在这样的背景下，企业需要重视数据分析，从海量数据中提炼出关键信息，指导决策和战略规划。同时，企业也必须加强价值决策，不断寻求创新和增值的路径，以满足客户需求并提高市场竞争力。挖掘数据转换的潜力也是现代企业管理不可忽视的一部分，通过将数据转化为见解和行动，企业可以实现更高效的运营和更精准的决策。此外，随着信息技术的迅速发展，企业面临日益复杂的信息安全挑战，因此必须加强对信息风险的防范和管理。综上所述，本节将探讨在人工智能时代下，企业管理的升级与革新。

一、重视数据分析

在信息爆炸的时代背景下，数据已经成为企业发展的重要驱动力。然而，拥有海量数据仅仅是开始，要在竞争激烈的市场中脱颖而出，企业必须具备强大的数据分析能力。有效的数据分析能力能够帮助企业洞察市场趋势，优化运营流程，精准定位客户需求，并在激烈的商业竞争中保持领先。因此，深入了解数据分析的方法、工具能够帮助我们更好地进行数据分析。同时，审视企业在构建和提升数据分析能力过程中可能面临的挑战，并提出一些切实可行的策略，帮助企业充分发挥数据的价值。

1. 数据分析的方法

数据分析涵盖收集、清洗、转换、建模与解释，是现代企业决策、优化与解决问题的关键。数据收集需通过明确目标确保相关性、通过清洗与转换确保准确性、通过建模揭示数据模式与趋势，进而助力企业洞察与决策。数据分析的常用方法有以下三种。

（1）对比分析法。对比分析法通过比较不同的时间段、地区、产品等要素之间的数据差异，揭示数据的变化规律和趋势。可以比较企业不同季度的销售额或者不同产品线的市场份额，以发现其中的关联性和差异性。对比分析法能够帮助分析者了解数据的演变过程，识别出数据的关键特征和变化趋势。

（2）分组分析法。分组分析法将数据按照某种特定的属性或者特征进行分类，并对每个组别的数据进行分析和比较。这种方法可以帮助分析者从不同角度深入挖掘数据的内在规律和特点。分组分析法可以将客户按照年龄、性别、地域等因素进行分组，然后分析不同组别客户的消费行为和偏好，以便针对性地制定营销策略

（3）平均分析法。平均分析法是通过计算数据的平均值来描述数据的集中趋势和总体水平。常用的平均分析方法包括算术平均数、加权平均数、中位数等。平均分析法适用于对大量数据进行总体概括和描述，能够帮助分析者快速了解数据的总体特征。

2. 数据分析的工具

（1）Excel。Excel 作为一种基本的数据分析工具，在许多企业和机构中被广泛使用。Excel 提供了丰富的数据处理功能，包括数据录入、排序、筛选、计算和可视化等，使企业能够快速进行简单的数据分析和报告生成。虽然 Excel 在处理大数据和复杂数据分析方面存在一定的局限性，但对于一般的数据管理和简单的统计分析来说仍然是一种方便实用的工具。

（2）BI 工具。商业智能（BI）工具的出现为企业提供了更强大的数据分

析能力。BI 工具通过可视化、数据挖掘、报表和仪表板等功能，帮助企业管理层更深入地理解数据，发现数据之间的关联和趋势，从而支持决策和战略制定。大数据 BI 工具尤其强调对海量数据的处理和分析，为企业提供了更全面、更准确的数据洞察，帮助他们更好地应对市场竞争和变化。BI工具使企业管理层聚焦数据本身的特点、数据之间的关系、数据分析的目标，而不必担心编程能力的高低（乔冰琴等，2021）。

（3）R 和 Python 等编程语言。灵活的数据分析工具。R 和 Python 等编程语言因其灵活性和强大的数据分析能力而受到广泛关注和应用。这些语言提供了丰富的数据处理和统计分析库，可以实现复杂的数据挖掘、机器学习和可视化等任务。与传统的 BI 工具相比，R 和 Python 等编程语言具有更高的自由度和可扩展性，能够满足不同行业和领域的数据分析需求，并支持定制化的分析流程和模型建立。虽然需要一定的编程技能和专业知识，但这些语言为企业提供了更多的控制权和创造空间，有助于实现更深入、更精细的数据分析。

3. 实施数据分析的关键步骤

在这个信息爆炸的时代，数据不再只是企业的资产，更是决策者制定战略、规划发展方向的基石。以下是实时数据分析的关键步骤，如图 4-10所示。

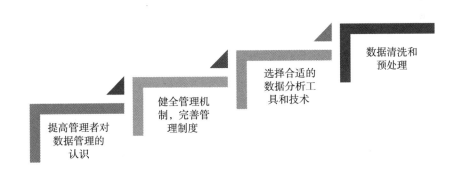

图 4-10　实时数据分析的关键步骤

（1）提高管理者对数据管理的认识。管理者需要深刻认识数据管理的重要性，了解数据从收集到应用的完整生命周期。数据不仅是决策基石，更是推动业务增长的关键。通过数据分析，企业能洞察市场、客户与竞争，制定精准战略。因此，理解数据对业务的影响至关重要，能激发工作热情。为提升数据管理能力，企业可以定期举办培训课程、工作坊与分享会，涵盖数据管理原理、工具应用及数据伦理，深化管理者对数据管理的理解，提高管理水平，为企业发展和创新提供坚实支持。

（2）健全管理机制，完善管理制度。数据管理至关重要，首先要确立明确的政策和流程，标准化数据采集、存储、处理和分享，确保合规性和可追溯性。同时，实施数据分类和分级管理，根据敏感度和重要性设定安全措施和权限控制。其次要明确数据管理职责和权限，遵守企业政策，确保数据合法、合规、安全使用。并且进行定期数据质量检查与评估，发现并解决数据质量问题，确保数据的准确性、完整性和一致性。最后要采取严格的数据安全保护措施，避免数据被非法获取、篡改或丢失。

（3）选择合适的数据分析工具和技术。选择合适的工具和技术可提升分析效率和准确性。考虑数据类型和分析需求，可选 Hadoop、Spark 处理大数据，R、Python 进行统计分析和可视化，Tableau、Power BI 辅助商业智能和数据挖掘。同时，掌握数据挖掘、机器学习等技术，应对复杂任务，实现更优分析结果。

（4）数据清洗和预处理。在数据分析前还需对数据进行清洗和预处理，以确保质量。清洗涉及识别和处理缺失、异常、重复值及格式问题，运用统计和数据挖掘技术使数据更可靠。预处理则包括标准化、归一化、特征提取和降维，提取关键信息，减少复杂度。这些步骤提升分析准确性，减少误差，为有效数据分析奠定基础。

● 专栏 4-4 ● 京东物流：智能数据助推企业发展

一、企业简介

京东集团自 2007 年起开始打造自有物流体系，并于 2017 年正式成立京东物流集团（以下简称"京东物流"）。京东物流 2021 年在香港上市。作为中国领先的供应链解决方案及物流服务商，京东物流 2023 年总收入达到 1666 亿元，同比增长 21.3%。京东物流始终将技术创新视为核心驱动力，不断探索并应用前沿技术，结合多元场景，通过数字化、智能化及软硬件一体化的物流科技解决方案，有效推动成本降低、效率提升和产业结构的优化升级，进而促进行业的高质量发展。

二、覆盖全链条的物流科技软硬件产品矩阵

京东物流的技术驱动产品和解决方案，已经深度涵盖了供应链的各个主要流程和关键环节，构建了一套覆盖全链条的物流科技软硬件产品矩阵。

1. Udata 统一查询引擎

2022 年，京东物流基于 StarRocks 打造了 Udata 统一查询引擎，高效解决了数据服务与数据分析的众多痛点。StarRocks 是一个开源的分布式实时分析数据库，具有高性能、低延迟和高可扩展性的特点，适用于大规模数据的实时分析和查询。

而 Udata 统一查询引擎是京东物流在此基础上进行了定制和优化，旨在解决数据服务和数据分析中的种种痛点，提高数据处理效率和数据价值的挖掘能力。通过 Udata 统一查询引擎，京东物流能够更加高效地处理海量数据，实现数据的统一管理、查询和分析，极大地简化数据团队的工作流程。

在数据源兼容性方面，Udata 覆盖了 MySQL、Elasticsearch、ClickHouse、Hive 等主流数据源，同时还支持 API 接入，实现了对京东生态大部分数据源的兼容，为数据的集中管理和统一查询提供了基础支撑。

在底层引擎方面，基于 StarRocks 打造的底层引擎架构，将数据源以外表挂载的形式接入查询引擎中，实现了数据的快速接入和高效查询。底层引擎分为 StarRocks 实时数仓和联邦查询两层，其中实时数仓应用了 StarRocks 的数据快速摄入和高性能查询的能力，而联邦查询实现了跨数据源、跨集群的查询功能，保证了数据的全面性和实时性。

在产品功能方面，从数据接入、管理到使用，再到数据接口编排和在线 Excel 等功能，覆盖了数据的整个生命周期，解决了数据管理和利用中的各种问题。这些功能的实现使企业可以更加便捷地进行数据操作和分析，提高了工作效率和决策的准确性。

在数据赋能方面，它主要通过数据分析和数据服务来对外赋能，支持的业务场景包括报表分析、办公协同、数据探索、指标监控、数据大屏等。这些应用场景的覆盖为京东生态内外的客户提供了丰富的数据利用方式，促进了业务的发展和优化。

2. 仓储自动化解决方案

京东物流在仓储环节不断升级仓储自动化解决方案，优化了仓库内品

类结构布局，提升了存储坪效和拣货效率，并持续优化网络布局。在分拣环节，采用灵活的自动化分拣设备进一步提升作业效率。自研的自动分播墙简化了操作员的作业流程，降低了分播错误率与运营成本。这些技术的应用不仅优化了京东物流自身的仓储作业流程，也为外部行业客户提供了智能化升级的解决方案，助力其提高运营管理效率。在 2023 年京东"双十一"大促期间，京东物流 StarRocks 集群规模已经达到了 3 万核以上。

3. 实时异常调度的可视化工具

京东物流还在公路运输环节应用智能算法与实际运营场景相结合，构建了智能统筹、规划和调度体系，并实现了实时异常调度的可视化工具，有效提升了运营效率和降低成本。通过车型升级、运载资源优化分配等方式，不断提升精细化运营能力，降低综合运输成本，提高运输效率。这种整合技术与运营的方式，不仅在京东物流内部运输体系中发挥了重要作用，也为行业内其他物流企业提供了可借鉴的经验。

4. 物流异常管控平台

除了在传统物流环节的技术应用，京东物流还持续追求尖端技术的应用。物流异常管控平台通过多维度数据的解析，快速实现对异常事件的定位、预警和干预，提升了服务质量和客户体验。在一线配送人员的作业系统中嵌入语音助手，也能有效提高运营操作效率，使操作更加便捷高效。这种结合人工智能和实际操作的方式，不仅提升了作业效率，还为员工提供了更智能化的工作环境，提升了工作舒适度和满意度。

三、结论与展望

京东物流通过持续的技术创新，不断提升自身的竞争力，同时也为整个供应链行业带来了巨大的发展动力。其在智能化仓储、智能物流园区等关键场景的突破，以及对尖端技术的持续探索与应用，为整个行业树立了标杆，促进了供应链管理水平的提升，推动了行业向着更加智能化、高效化的方向发展。

参考文献

[1]张璐．大数据统计分析方法在经济管理领域中的应用[J]．上海商业，2023(12)：36-38．

［2］何德旭，张昊，刘蕴霆．新型实体企业促进数实融合提升发展质量［J］．中国工业经济，2024（2）：5-21．

二、强化价值决策

大数据时代的决策方式正在向更加全面、数据驱动的方向发展。现代企业管理也不再局限于传统的范畴，而是需要面对更广阔、更复杂的挑战和机遇。在这样的背景下，企业需要不断适应并应用新的数据技术和分析方法，以提升决策效率和准确性，保持竞争优势。

1. 价值决策概念

在企业管理中，价值决策是指企业在面临选择时，根据其核心价值观、长期目标及利益相关方的期望，作出决策的过程。价值决策过程通常涉及权衡不同选择之间的利益、风险和成本，以及对可能结果的评估。企业管理中的价值决策涉及诸多方面，包括战略规划、投资决策、人力资源管理、营销策略、生产运营等。企业在制定营销策略时，需要考虑到与企业核心价值观相符合的市场定位和品牌形象，以及满足客户需求的产品和服务；在进行投资决策时，需要评估投资项目的长期回报与风险，并与企业的战略目标和价值观相匹配；在人力资源管理中，企业需要根据员工的能力、素质和发展需求，制定符合企业价值观的人才培养和激励机制。

2. 新时代决策工具

在数字化生活背景下，传统的管理已变成或正在变成对数据的管理，传统的决策变成或正在变成基于数据分析的决策。企业需要借助先进的决策工具和技术，从数据中获取洞见，支持科学决策。这些工具不仅提升了决策的效率和准确性，还帮助企业更好地应对市场变化和竞争挑战。通过商业智能、大数据分析、人工智能、预测分析、决策支持系统、供应链管理、客户关系管理、风险管理、项目管理、区块链技术、地理信息系统和协作工具，企业可以构建全面而强大的决策支持体系，实现持续的业务优化和增长。目前，主要的决策工具有如下四种，如图4-11所示。

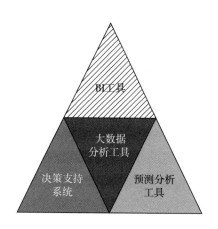

图 4-11　主要决策工具

（1）BI 工具是用于分析数据并从中提取有用信息，以支持企业决策的应用软件和技术。该工具具有数据可视化、报表生成、数据挖掘和预测分析等功能，可以帮助企业对其业务数据进行收集、处理、分析，并以图表、报表、仪表盘等形式展示结果，从大量数据中提炼出有价值的信息和洞察，使管理者和决策者能够更好地理解业务趋势、发现问题、制定战略。

（2）决策支持系统是一类专门设计用于辅助管理者进行决策的软件工具，结合了数据分析、模型建立和决策评估等功能，用于帮助企业管理者或其他决策者进行决策。这类系统通过收集、处理和分析数据，提供支持决策所需的信息、模型和工具，尤其是在复杂或结构化程度较低的决策场景下，通过信息的呈现和分析，提升了管理者的决策质量和效率。

（3）大数据分析工具是用来处理和分析海量数据的软件和平台，帮助企业发现潜在的关联和趋势，包括 Hadoop、Spark 和 Apache Flink 等。随着数据量的迅速增长，传统的数据处理方法无法满足现代企业对数据分析的需求。大数据分析工具可以帮助企业从结构化、半结构化和非结构化数据中提取有价值的信息，从而支持商业决策、市场分析、产品优化等。

（4）预测分析工具是用于分析历史数据并预测未来趋势、行为或事件的软件和平台。它们在多个领域得到应用，包括市场营销、财务规划、风险管理、供应链优化等。通过使用统计方法、机器学习算法和数据挖掘技术，预测分析工具可以帮助企业提前预见潜在问题或机会，从而作出更具前瞻性的决策。例如，Python 是目前数据科学领域最流行的编程语言之一，拥有大量用于预测分析的库和框架；Scikit-learn 适用于各种机器学习模型；TensorFlow 适合构建深度学习模型；Prophet 是一个强大的时间序列预测工具。这些预测分析工具广泛应用于机器学习、时间序列分析、自然语言处理等领域，适合需要灵活和高度可定制的预测模型的场景。

　　企业可以根据具体的业务需求和决策场景，选择合适的工具，以支持更科学和高效的决策过程。通过使用这些工具，企业能够更好地应对市场变化、优化运营流程、提升竞争力，实现持续发展。表 4-1 涵盖了在新时代决策过程中常用的一些先进工具及其关键特点。

表 4-1　新时代决策工具一览表

工具类型	工具名称	功能	优势	应用领域
BI 工具	Tableau、Power BI、QlikView	数据可视化、分析、报告	易用、实时数据更新、可视化强	战略决策、运营优化
大数据分析平台	Apache Hadoop、Spark、BigQuery	处理和分析海量数据	处理能力强、扩展性好、多数据类型支持	客户行为分析、市场预测
人工智能与机器学习	TensorFlow、Scikit-Learn、Watson	预测分析、模式识别、自动决策	自学习能力强、预测准确度高、应用广泛	精准营销、风险管理、供应链优化
预测分析工具	SAS Predictive Analytics、SPSS	统计模型和算法进行预测分析	精度高、可解释性强、多业务场景支持	市场需求预测、客户行为预测
决策支持系统	SAP Business Objects、Hyperion	数据管理、分析、报告	系统集成度高、复杂分析支持、多维度报告	战略决策、规划
供应链管理工具	SAP SCM、Oracle SCM、Kinaxis	需求预测、库存管理、生产计划、物流调度	提升供应链效率、降低成本、提升客户满意度	供应链优化、物流管理
客户关系管理工具	Salesforce、HubSpot、Zoho CRM	客户数据管理和分析、销售预测、客户细分、个性化营销	数据管理强、自动化营销支持、易集成	客户关系管理、销售和营销
风险管理工具	Palisade® RISK、RiskWatch	风险评估和管理、制定应对策略	风险识别和评估准确、情景分析支持、提高风险应对能力	财务风险、操作风险、合规风险管理
项目管理工具	Microsoft Project、Asana、Trello	项目计划、执行、监控、资源和成本管理	项目跟踪管理强、多项目支持、易用	项目管理、团队协作

续表

工具类型	工具名称	功能	优势	应用领域
区块链技术	Ethereum、Hyperledger、Corda	去中心化、安全透明交易和数据管理、智能合约	数据安全性高、交易透明度强、减少中介成本	供应链溯源、数据共享、智能合约
地理信息系统	ArcGIS、Google Earth、QGIS	地理数据空间分析、选址决策、物流优化	可视化强、分析精度高、应用广泛	选址决策、物流优化、市场区域分析
协作与沟通工具	Slack、Microsoft Teams、Zoom	团队沟通、文件共享、协作	实时沟通支持、集成度高、易用	团队协作、远程工作、项目管理

3. 强化企业价值决策

企业价值决策的强化须从多个维度进行深度剖析。企业价值决策不仅关乎企业当前的运营状况，更决定了其未来的发展方向和潜力。企业可以从数据驱动决策、意见多元化、优化决策流程、风险管理、持续学习与改进等方式强化企业价值决策。

（1）数据驱动决策。在大数据时代，数据已成为企业决策的重要支撑。企业需要通过收集、分析和解读大量的数据，深入了解市场趋势、客户需求和竞争对手动态。数据不仅能够揭示市场变化的规律，还能够为企业决策提供准确的依据。因此，企业应建立完善的数据收集和分析系统，培养专业的数据分析师团队，确保数据驱动决策的有效实施。

（2）意见多元化。决策的质量和效果往往取决于对各种不同意见和观点的充分考虑。企业应鼓励员工和利益相关方积极参与决策过程，开展多渠道、多层次的信息收集和讨论，不仅能够确保企业决策的综合性和客观性，还能够激发员工的创造力和参与感，增强企业的凝聚力和向心力。

（3）优化决策流程。企业应建立清晰、高效的决策流程，确保决策过程透明、公正，并减少不必要的延误。同时，应明确各个部门和个人的决策职责和权限，确保决策得到有效执行。优化决策流程不仅能够提高决策效率，还能够降低决策风险，为企业创造更大的价值。

（4）风险管理。企业应充分考虑各种潜在的风险因素，并制定相应的风险管理策略。这包括市场风险、技术风险、运营风险等。通过风险管理，企业可以减少决策带来的不确定性，提高决策的稳健性。同时，企业还需要建立完善的风险应对机制，确保在风险发生时能够迅速应对，减少损失。

（5）持续学习与改进。企业应不断学习和借鉴先进的决策方法和经验，不断完善和优化自身的决策体系。同时也应关注市场动态和技术发展趋势，及时调整决策策略，以应对不断变化的市场环境。通过持续学习与改进，企业可以不断提高自身的决策能力和水平，为企业的发展创造更大的价值。

三、挖掘数据转换

随着信息技术的快速发展和大数据时代的到来，数据挖掘技术在各个领域得到了广泛的应用，特别是在企业管理领域引起了广泛关注。数据挖掘技术可以从大量的人力资源数据中提取有价值的信息，从而更好地支持企业的人力资源管理决策。数据挖掘技术也可以从市场数据资料中获得企业营销方面的重要信息。在企业数字化供应链管理方面，也能提取出重要信息。如何利用数据挖掘技术，从大量的数据中提取出有价值的信息，成为被关注的焦点。

1. 数据挖掘概述

数据挖掘是从海量数据中提取有意义信息的过程，涵盖各种数据源和数据库类型。数据挖掘是从大规模数据中发现有用信息、模式和知识的过程，结合了机器学习、统计学、数据库管理和专业领域知识，以辅助决策。数据挖掘常用方法包括神经网络、决策树、模糊集、遗传算法和粗糙集算法。建模过程包括定义问题、构建数据库、数据分析、模型构建、模型评价和实施。

2. 数据挖掘的企业应用

数据挖掘在企业管理的主要应用领域有以下三个方面，如图 4-12 所示。

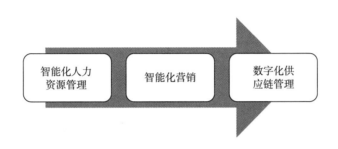

图 4-12 数据挖掘的企业应用

（1）智能化人力资源管理。在招聘选拔方面，数据挖掘可以通过分析历史招聘数据，发现成功招聘的共同特征，优化招聘标准，并制定更符合市场趋势的招聘策略。在员工发展与培训方面，数据挖掘能够帮助企业精准识别员工的能力差距，优化培训计划，并辅助进行人才梯队的建设。在绩效评估中，数据挖掘能够构建全面、客观及公正的评估体系，提高员工绩效管理的准确性和有效性，同时预测员工的绩效发展趋势，及时发现和解决潜在的绩效问题。在离职管理方面，数据挖掘可以帮助企业理解员工离职的原因，预测离职风险，并提出有效的人力资源策略，从而降低员工离职的可能性，改善人力资源管理，降低未来的离职率。

（2）智能化营销。利用网络爬虫技术可以系统地抓取并提取网络平台上的市场数据，实现大规模、高效率地获取市场信息，为企业提供全面的市场了解和竞争情报。通过深入的市场数据分析，可以精准地定位企业的目标市场，并帮助企业准确把握目标市场的特征和需求，从而有针对性地制定营销策略和产品定位。在选择数据挖掘模型方面，应根据市场数据的特点和业务需求选取适合的算法和模型，并在预处理阶段采用数据清洗等方法确保数据的质量和完整性。建立数据分析挖掘模型，对消费数据进行探索性分析，发现数据之间的关联性和规律性，为企业提供洞察和启示，指导决策和战略的制定。在评价数据挖掘模型的应用效果时，应比对实际情况和模型预测结果，评估模型的准确性和稳定性，并持续监控和调整模型，不断提升预测能力和实用性，以适应市场变化和业务需求的不断变化。

（3）数字化供应链管理。首先，企业可以通过数据挖掘进行需求预测。企业利用数据挖掘技术，通过分析历史销售数据、市场趋势和季节性变化，可以建立精准的需求预测模型。这些模型能够自动辨识销售模式和周期性波动，以及长期趋势和短期趋势，从而有效预测未来的市场需求。通过这种方法，企业能够优化生产计划和库存管理，以应对市场的动态变化。同时，通过深入分析经济指标、竞争对手动态、消费者行为分析及市场调查数据等外部信息，企业可以获得对市场环境更全面的认识。这不仅帮助企业调整市场策略，而且能够提高需求预测的准确度，使企业能够更好地应对外部环境的变化。其次，通过数据挖掘进行企业库存优化。企业可以建立定量库存模型，如经典的经济订货量模型（EOQ）和安全库存模型。这些模型通过分析历史销售数据和供应链参数，帮助企业确定最佳库存水平和再订货点，以降低库存成本并减少缺货风险。在定量模型的基础上，定性模型考虑了供应链中的不确定性因素，如供应商的可靠性、市场需求的波动等。通过对这些因素的系统分析，企业可以制定更加灵活和适应性更强的库存策略，以应对不断变化的市场和供应条件。最后，在供应商的评估和选择上，数据挖掘技术能够帮助企业系统地分析供应商的绩效，包括交货的准时性、产品质量、成本控制和服务水平等关键指标。通过持续监控这些指标，企业不仅能识别表现优秀的供应商，也能及时发现并解决潜在的供应问题。在供应链管理中，风险管理是一个不可忽视的方面。数据挖掘可以帮助企业识别和评估潜在的供应风险，如原材料价格波动、供应中断和质量控制问题等。

四、防范信息风险

随着企业信息化的快速普及，各种企业面临的信息安全问题也变得日益突出。这些问题不仅具有广泛的影响范围，而且其影响程度深远。在信息安全问题难以解决和控制的情况下，科学地对企业信息进行风险评估，并提前采取有效的防范措施显得尤为重要。通过全面的风险评估，企业可以识别潜在的威胁和漏洞，从而有针对性地采取措施来保护其信息资产和业务运营的稳定性。因此，企业应该重视信息安全风险评估工作，并将其纳入日常管理和决策中，以确保信息资产的安全性和可靠性。

1. 信息风险的概念

信息风险，是指与投资者定价决策相关的企业特质信息质量较低及信息披露质量较差的可能性，主要表现为信息质量的不确定性和波动性（Kravet & Shevlin，2010）。技术和数据是企业数字化转型的核心。信息安全风险的存在意味着企业在数字化转型过程中可能面临潜在威胁和挑战。只有通过做好信息安全治理工作，才能够确保企业在数字化转型场景下的安全性，为数据技术的升级和数据信息资源的应用提供一个安全的环境。

2. 利用数据防范风险

在当今这个数据驱动的时代，数据在防范风险中扮演至关重要的角色。企业可以积极利用外部数据，使用先进的分析工具和技术，以实现对安全风险的实时评估。实时性的评估不仅能够帮助企业迅速识别潜在的威胁，还能为企业提供针对性的风险应对方案，如图 4-13 所示。

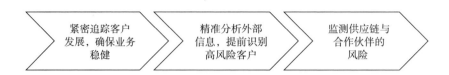

图 4-13　如何利用数据防范风险

（1）紧密追踪客户发展，确保业务稳健。客户的发展状态直接关系到企业业务的稳定性和可持续性。为了确保业务的安全和稳健，密切关注客户的发展动态，通过定期的市场调研、客户访谈及数据分析，深入了解客户的经营情况、市场需求及竞争态势。这些信息的获取和分析，使企业能够及时调整业务策略，降低因客户风险而带来的潜在损失。

（2）精准分析外部信息，提前识别高风险客户。为了有效防范风险，需要深入分析行业动态、市场报告、竞争对手情况等各类外部信息。通过对这些信息的深入挖掘和比对，企业能够提前辨别出潜在的高风险客户。针对这些高风险客户，制定专门的防范策略，包括加强尽职调查、提高业务审核标准、建立风险预警机制等，以确保业务安全。

（3）监测供应链与合作伙伴的风险。通过利用数据分析技术对供应商的资质、信用记录及交货准时率等关键指标进行监测和分析。这项工作不仅是对数据的简单收集和整理，更是通过建立供应链数据平台，实现对供应链的实时监控和风险评估。通过这一平台，企业可以及时发现和解决潜在的供应链问题，从而提高供应链的效率和稳定性。另外，建立完善的供应商评估体系，包括对供应商的财务状况、合规性、生产能力及品质管理等方面进行全面评估。通过定期对供应商进行评估和排名，企业可以及时识别高风险供应商，并采取相应的风险管理措施，以确保供应链的稳定和可靠性。

定期监测和评估合作伙伴的信用记录、合作历史及商业合规性等方面的信息。利用数据分析技术对合作伙伴的行为和表现进行监测，能够及时发现异常情况并采取相应的应对措施，确保合作伙伴的行为符合企业的期望和标准。

3. 信息安全风险发现与防范措施

信息安全风险发现与防范措施是企业稳健运营的重要保障。为了构建全面的风险防范体系，可以采取一系列具体的实施步骤和方法。

首先，建立完善的信息安全管理制度，明确了各级员工的安全职责和操作流程。其次，加强技术防护手段，如部署防火墙、加密技术、入侵检测系统等，确保信息系统的安全稳定运行。最后，定期开展安全培训和应急演练，提高员工的安全意识和应对能力。

▰ 章末案例

美团：智能管理促进发展

一、企业简介

美团是北京三快在线科技有限公司旗下品牌，成立于 2010 年 3 月。多年来，美团致力于推动服务零售和商品零售的数字化升级，以满足不断增长的客户需求。美团持续推动服务零售和商品零售在需求侧和供给侧的数字化升级，与广大合作伙伴一起努力为消费者提供品质服务。2018 年 9 月 20 日，美团在香港交易及结算有限公司（以下简称"港交所"）挂牌上市。美团始终以客户为中心，不断加大在新技术上的研发投入。美团会和大家一起努力，更好承担社会责任，更多创造社会价值。通过与广大合作伙伴的紧密合作，美团不断优化服务体验，为客户提供优质的商品和服务。作为行业领先者，2023 年美团实现营业收入 2767 亿元，同比增长 25.8%。

二、美团企业管理重塑与升级历程

美团从最初的团购服务到多元化的生活服务平台，经历了一个不断演变和拓展的过程。在这个过程中，美团不仅是单一服务的提供者，而是逐步成为用户生活的综合性解决方案。通过持续的商业模式创新和技术升级，美团不断提升用户体验，拓展服务范围，满足用户多样化的需求。其探索和实践不仅带动了行业的发展，也为客户提供了更便捷、多样化的生活方式选择。根据现有资料，可以将美团的发展分为以下几个阶段。

1. 创立与初期发展阶段（2010~2011 年）

在美团的创立与初期发展阶段，王兴创立了这一生活服务平台的雏形，并于 2010 年将其推向多个城市的市场。这一时期，美团获得了红杉资本的 A 轮投资，为其初期运营提供了有力支持，同时也奠定了未来发展的基础。

随着 2011 年的到来，美团迎来了一次重要的融资机会，得到了阿里巴巴和红杉资本的 B 轮融资。这次融资增强了美团的资金实力，巩固了其在团购行业的领导地位，为其后续拓展与壮大奠定了坚实基础。

2. 多元化服务拓展阶段（2012~2015 年）

在这个阶段，美团从团购网站向综合性生活服务平台的转变，并在 O2O 领域取得了巨大成功。2012 年美团推出了电影票在线预订服务，为用户提供更便捷的娱乐选择。2013 年进一步扩大了服务范围，推出了酒店预订和餐饮外卖服务。2014 年，美团推出了旅游门票预订服务，并通过 C 轮融资获得了 3 亿美元，使其估值达到约 30 亿美元，全年交易额超过 460 亿元，市场份额占比超过 60%。2015 年，完成 7 亿美元的 D 轮融资，估值达 70 亿美元，并建立自有配送团队以满足外卖高时效需求，全资收购酷讯加速酒店旅游布局。同年 10 月，美团与大众点评合并成立新公司，估值超过 150 亿美元。然而，次月，阿里宣布退出，CEO 王兴宣布不再担任联席董事长，腾讯追加 10 亿美元投资，标志着美团成为 O2O 领域领军企业，提供多样化生活服务。

3. 商业模式升级与拓展阶段（2016~2019 年）

在这个阶段，美团完成了首次融资并成功收购了钱袋宝，进一步扩展了面向商家的服务。随后，美团推出了海外酒店服务和"美团打车"服务，加大了在酒旅业务领域的投入力度。2018 年，美团收购了摩拜单车，并向港交所进行了首次公开募股，同时推出了共享单车服务和无人配送开放平台，加速了在新兴领域的布局。2019 年，美团进一步推出了新品牌"美团配送"，并捐赠了 2 亿元用于支持医护人员，体现了公司在社会责任方面的积极贡献。这一系列举措不仅丰富了美团的服务内容，也提升了其在行业内的影响力，奠定了其在商业领域的领先地位。

4. 技术与战略升级阶段（2020 年至今）

2020 年，美团通过捐赠设立专项基金、推出无接触配送标准、合作推出电动无人配送原型车等一系列举措，积极参与抗疫及支持复产复工工作。2021 年，美团实施了战略升级，专注"零售+科技"，与腾讯展开技术创新合作，与快手达成战略合作，并推出美团小程序，开始支持数字人民币支付。2022 年，美团与苏宁易购达成战略合作，推动数字人民币在重庆地区的普及，并推出了美团直播助手。2023 年，美团放弃了自营打车业务，转向了聚合模式，并推出了面向 ToB 市场的业务"美团企业版"，同时加深了与中国银行的数字人民币合作。2024 年，美团进行了组织架构调整，并发布了全新的外卖品牌 KeeTa 和小象超市，同时将会员体系扩展到了到店业务。这一系列举措清晰地展示了美团在商业模式升级和多元化发展方面的持续努力和重要进展。

三、多元化智能管理手段

1. 美团 AIOps 提升运维效率

美团早期运维依赖手工操作，但随着互联网业务的快速扩张和人力成本的不断增加，手工运维变得不再可行。因此，美团转向自动化运维，利用预设规则的脚本来执行常规和重复的运维任务，以降低人力成本并提高效率。然而，随着业务规模和服务类型的急剧扩张，传统基于规则的自动化运维开始暴露出不足。为应对这一挑战，美团开始关注 DevOps 和 AIOps 的理念。DevOps 强调从价值交付的全局视角出发，通过横向融合和打通的方式优化运维流程。AIOps 则是 DevOps 在运维侧的高级实现，不再依赖人为设定的规则，而是通过机器学习算法自动分析大量运维数据，总结并应用这些规则。在自动化运维的基础上，AIOps 引入了机器学习技术，使监测系统能够自动采集数据、进行分析和决策，并指导自动化脚本执行相应的操作，从而实现了运维系统的整体优化。通过这种方式，美团在运维方面取得了更加高效和智能的解决方案。

2. 一码全流程推进美团一体化进程

美团通过一码全流程方案，不仅解决了过去依赖文档或口头沟通的问题，还实现了整个终端研发流程的串联和自动化。这种方式不仅提高了效率，还降低了出错的可能性，让团队能够更加专注核心任务而不是烦琐的操作步骤。另外，整合自动化测试工具体系和 DevOps 平台，进一步提升了流程的自动化水平和可控性。通过自动生成和分解二维码，实现了产研信息的自动化采集和配置管理的便利性，这对信息的追溯和管理都是非常有益的。美团的这种创新方法为公司的发展注入了新的活力，为未来的技术创新和业务发展奠定了坚实的基础。

3. 商家数据中台助力数据分析

目前，美团商家的规模越来越大，数据量和复杂度日益增加，对查询性能和数据处理能力提出了更高的要求；同时，商家对自主数据分析能力的需求增加，对异构数据源的融合、低成本高效的部署和定制化数据模型的需求也越来越强。面对这些痛点，传统的 OLTP 引擎已经无法满足当前数据生产和查询的需求，需要提出更加灵活和高效的解决方案来应对。

StarRocks 在架构设计和特性方面能够有效地满足商家数据中台的需求，提供了高效、稳定、灵活的解决方案。首先，它实现了独立部署，作为自包含的系统，不依赖其他外部系统，且具备在线节点的扩缩容和自动故障恢复功能，满足了独立部署的需求。其次，StarRocks 支持多数据源接入，可以轻松整合市面上大部分数据，包括其他产品的数据，满足多数据源接入的需求。同时，其高效迭代特性使在引入过程中不需要对整个数仓进行大量修改，从而提高了迭代效率。StarRocks 作为分布式数据库系统，天然适用于大规模存储的需求。其采用全新的 MPP 执行框架和向量化执行引擎等独特优化，实现了极速查询，满足了商家对快速数据查询的需求。此外，借助其极速查询能力，商家可以通过简单的拖拉拽方式实现底表分析，实现了低代码的商业智能分析。在架构设计方面，StarRocks 提供了数据同步功能，支持全量导数、增量导数和变更导数等方式，确保数据的一致性；引入虚拟化视图的设计避免了物化存储的额外部署成本，同时提高了迭代效率和数据质量；通过智能查询软件开发工具包（SDK）实现了分级查询策略，减少了联机分析处理（OLAP）的并发压力，提高了每次查询的效率（ROI）。

4. 数据仓库助力数据分析

在数据仓库优化领域，美团采取了一系列精细化措施，旨在确保其数据仓库的高性能、可扩展性和灵活性。通过实施分布式架构，将数据分散存储在多个节点上，从而实现了数据的水平扩展，满足了美团海量数据处理和高并发读写的能力需求。此外，美团采用了列式存储技术，如 Parquet 和 ORC，通过只读取需要的列数据而非整行数据，显著提升了数据处理和分析的效率，减少了 I/O 开销。

为了进一步节省存储空间和提高数据传输效率，美团应用了数据压缩技术，通过压缩算法对数据进行压缩，既减少了存储空间占用，又保持了数据的完整性和可访问性。同时，美团对数据仓库中的表进行了索引优化，通过创建合适的索引，加速了数据的检索速度，提高了查询性能。在查询优化方面，美团不仅改写了查询语句，还使用了合适的连接方式和过滤条件，进一步提升了查询的执行效率和准确性，并采用了查询缓存技术，避免了重复计算，加快了查询响应速度。

美团还实施了资源调度策略，根据业务的重要性和优先级，合理分配计算资源，确保了关键业务数据处理任务的资源支持，同时避免了资源浪费和冲突。此外，美团对数据仓库中的数据进行了生命周期管理，根据数据的价值和业务需求，设置了不同的数据保留期限和存储策略，有效释放了存储空间，提高了数据仓库的性能和可扩展性，并降低了数据存储成本。

5. 智能营销系统推进数据转换

美团餐饮系统智能版基于大数据和 AI 技术帮助企业实现精准营销和增长。该系统在美团管家 PC 后台方面，新增了针对美团钱包支付方式的分账资金安全校验功能，确保连锁品牌的资金安全，并增加了菜品推荐功能，帮助总部设置菜品推荐关系并提高客单价。点餐助手和收银 POS 加优化了团购可选套餐券核销功能，支持拆分套餐并选择菜品，提高了点餐操作效率。同时，美团管家 App 新增了 AI 智能助手"哆啦"上线"高级 Plus"页，单店商户开通了自动续费后可享受高级功能，包括菜品诊断、文案生成和菜品优化，帮助提升经营效率。在生产管理方面，新增了 BOM 批量修改功能，提高了操作效率；订配管理新增了集团配送单据增加门店收货单功能，解决了总部月结时无法统一或批量处理门店单据事项的问题，提高了总部操作效率；采购收货单新增了供应商管理增加评价能力，满足商家对供货机构送货情况评价的需求，方便更好地管理供应链。

6. 数据治理防范信息风险

美团的数据治理策略涵盖了四个核心方向：标准化建设、组织管理、技术实践、衡量与监控。在标准化建设方面，致力于确保数据采集、数仓开发、指标管理和数据应用都遵循统一规范，以保障数据的一致性和准确性。在组织管理方面，美团设立了专门的数据管理委员会，并建立清晰的流程和责任分工，以促进数据治理策略的贯彻执行。在技术实践方面，采取了一系列措施，包括数据质量管理、效率优化、数据安全管理和元数据管理等，以确保数据的完整性、安全性和隐私。在衡量与监控方面，制定了关键的数据治理绩效指标，并进行日常和定期的监控和评估，以确保数据治理策略的有效实施和持续改进。

在美团外卖业务中，美团采取了一些数据治理措施，以保障用户数据的安全和隐私。对用户订单数据进行脱敏处理，只保留必要的用户信息，如用户 ID、订单号等，而不存储用户的敏感信息(如姓名、手机号等)。在数据存储和传输过程中，采用加密技术对用户订单数据进行加密，防止数据泄露。建立严格的数据访问权限控制机制，只有经过授权的员工才能访问用户订单数据。同时，对访问行为进行实时监控和安全审计，确保数据不被非法访问和篡改。通过元数据管理系统，对用户订单数据的元信息进行统一管理和维护，包括数据的来源、结构、质量等信息。这有助于美团更好地了解用户订单数据的情况，为数据治理提供有力支持。

四、结论与展望

美团智能管理不仅是在技术上的不断改进，更是通过提升运营效率、数据驱动、降低成本和创新业务模式等方面的发展，持续促进了企业的发展，并提升了竞争力。通过数据驱动，美团实现了对企业各个方面的数据收集、分析和挖掘。同时，通过运用先进的技术和智能化管理系统，美团能够优化商家的运营流程，提升效率，降低成本，从而提高整体经营效益。此外，美团不断创新业务模式，为商家提供更多元化的选择和服务，满足不同商家的需求。这些综合因素共同推动了企业的持续发展，并使其在激烈的市场竞争中保持领先地位。

参考文献

[1]任渊，李英健，王永生，等.AIops 智能运维在 IT 系统中的应用发展[J].智能城市，2024，10(4)：4-7.

[2]王子阳，罗浚知，魏炜.基于美团黑珍珠榜单的数字原生企业商业模式设计机制研究[J].管理学报，2023，20(12)：1737-1749.

本章小结

在当今智能技术飞速发展的时代，企业管理者面对着前所未有的机遇和挑战。传统的管理方法已经显得力不从心，无法适应商业环境的快速变革，因此企业亟须进行管理重塑与升级。管理重塑与升级意味着企业需要从根本上改变传统的管理思维和方法，引入新的技术和理念，打破传统的业务流程和企业架构。通过智能化、自动化的手段，优化企业的运营流程，提高工作效率，降低成本。与此同时，还需要加强员工的培训和教育，提高员工的技能和素质，使其能够更好地适应新的工作模式和需求。管理变革将为企业带来更加灵活高效的运营模式，助力企业在激烈的市场竞争中脱颖而出。

第五章
AI 技术在管理中运用

　　在当今快速发展的商业环境中，管理实践正经历着前所未有的变革。其中，随着科技的迅猛发展，AI 技术已经从科幻概念转变为现实生产力。AI 技术的崛起和广泛应用，为管理领域带来了革命性的转变。在管理中，AI 技术以其独特的优势，如智能化决策支持、自动化工作流程、精准数据分析等，正成为管理者不可或缺的工具，用于提升运营效率。因此，AI 技术正在为企业带来前所未有的竞争优势。

人工智能发展的第二个红利，就是随着底层 AI 基础设施的不断投入，神经网络技术训练通用模型的能力正在逐步突破。目前，自动化、规模化、集约化的 AI 模型量产正在逐步实现。

——商汤科技联合创始人、CEO　徐立

学习要点

☆数据标准化流程

☆平台经济的特征

☆平台治理的措施

☆平台效应的内涵

开篇案例

科大讯飞：引领 AI 革新，智能科技赋能未来生活

一、企业简介

科大讯飞股份有限公司（以下简称"科大讯飞"）成立于 1999 年，是亚太地区享有盛名的智能语音和 AI 领域的领军企业。"技术顶天、应用立地"一直是科大讯飞秉承的发展策略。自成立以来，科大讯飞一直从事智能语音、计算机视觉、自然语言处理、认知智能等人工智能核心技术研究并保持国际前沿水平。科大讯飞积极推动人工智能源头核心技术研发和产业化落地，致力于"让机器能听会说，能理解会思考，用人工智能建设美好世界"。科大讯飞在自然语言理解、语音及语言处理、机器学习推理及自主学习等领域取得了国际领先的技术水平。2024 年 4 月，科大讯飞入选 2024 福布斯中国人工智能科技企业。

二、大数据平台，实现管理数据化

科大讯飞 iFlyData 大数据平台依托先进的大数据和人工智能技术，围绕数据资源的"汇聚、管理、治理、共享、分析、挖掘、可视化"发展主线，提供"专业、先进、高效"的大数据平台服务。该平台在数据领域已经稳扎稳打数年，构建了包括数据治理、数据可视化、数字集成中枢等产品矩阵，旨在解决政府、企事业单位用户全域数据汇聚、高质量数据供给、数据分析利用等问题。

具体来说，iFlyData 大数据平台通过一站式的数据资产管理、数据服务和分析应用等平台能力，实现消除数据孤岛、规范数据标准、提高数据质

量、推动数据共享、挖掘数据价值的目标。同时，该平台也广泛应用于多个城市和行业，包括合肥、重庆、上海、长春、杭州、郑州等，以及交通、公安、教育、金融、医疗、综治等行业。

在交通领域，iFlyData 大数据平台结合交通行业落地实施经验，形成交通数据从汇聚、开发、治理到服务的一整套数据使用机制和数据中台体系，提供交通一站式数据资产管理、数据服务和分析应用等平台能力，形成业务级的能力复用体系，赋能交通业务场景。

此外，科大讯飞作为数据管理生态建设的重要参与者，在政务、医疗、教育、金融、工业等领域都有丰富的数据治理实践经验。在政务领域，科大讯飞承接"数字安徽"一体化平台，加快推进数字政府一体化建设，打造"数字安徽"建设的资源中枢和能力底座，全面支撑数字政府、数字经济、数字社会建设，赋能千行百业。在医疗领域，科大讯飞建立了基于群体健康医疗大数据的人工智能模型，在传染病多点触发监测预警的应用中，实现了医防协同管理、多渠道监测、多点触发预警、流调溯源、辅助研判分析、一体化应急指挥等功能。在教育领域，科大讯飞提出了智慧教育解决方案，实现了教学资源的数字化。科大讯飞通过"因材施教"解决方案，结合学生的 AI 自主学习 C 端产品，实现个性化教学。科大讯飞通过智慧课堂等产品，打破时空限制，实现优质教育资源的共享。例如，在乡镇学校的山区教学点，利用科大讯飞的双师课堂，偏远地区的孩子也能享受到优质的教学资源。在金融领域，科大讯飞打造了星火金融大模型、智能客服系统等。2023 年 10 月，科大讯飞发布了专为金融行业打造的星火金融大模型 V1.0，集成了金融知识问答、文本理解、会话分析、内容生成、分析计算及逻辑推理六大核心能力。在工业领域，科大讯飞推出了智能制造、智能物流等方案，提高了工业生产的自动化和智能化水平。在数据治理方面，科大讯飞协助企业建立了工业互联网平台，实现了生产数据的实时采集和监控。

三、实施"平台+赛道"的发展战略，构建资源战略联盟

从 2017 年下半年开始，科大讯飞实施以讯飞人工智能开放创新平台为依托，以智慧教育、智慧城市、智能服务、智能汽车、智慧医疗等多个行业应用场景为赛道的"平台+赛道"发展战略：平台的功能是整合各相关方资

源，构建互利共生、开放创新的行业生态体系，赋能合作伙伴；赛道即聚焦刚需市场，将人工智能技术与各行业应用场景深度融合，建立"垂直入口+代差"的竞争优势。讯飞开放创新平台的业务模式呈现多样性，主要包括四种：基于收益分成型收费模式、直接交易型盈利模式、以产品和解决方案为主导的盈利模式及间接获利模式。

在数字化时代，随着市场需求的日新月异，人工智能开放创新平台通过技术、成长、解决方案和市场等多维度赋能，为从初创到成熟阶段的团队提供一站式服务，旨在共同构建一个互利共赢的行业生态。自2017年起，科大讯飞设立了开发者扶持基金，并于每年10月24日举办全球开发者节，以吸引并会聚全球顶尖人才，共同推动讯飞开放创新平台的发展。

值得一提的是，讯飞开放创新平台所积累的海量数据，有效弥补了科大讯飞在用户数据方面的不足。通过为开发者提供全周期、全方位的服务支持，讯飞开放创新平台吸引了大量开发者开发创新应用和技术，这些应用和技术又吸引了广泛的终端用户。这种良性循环不仅加强了开发者与平台之间的紧密合作关系，还促进了从源头技术创新到产业技术创新，再到商业模式创新和应用场景的不断拓展。

四、数据智能化，优化内部管理

2019年，科大讯飞推出了"AI+IT"的信息化发展战略，将先进的AI技术与信息化技术相结合，应用于财务管理等领域。这一战略的实施，有效推动了财务会计和管理会计的智能化，为智能财务的实现奠定了坚实的基础。同年，科大讯飞携手合作伙伴，共同研发了智能财务产品。凭借科大讯飞在自然语言处理、智能语音、图像识别、机器学习等人工智能领域的深厚技术积累，结合合作伙伴在财务共享和管理会计领域的IT系统优势，双方共同打造了报账机器人、会计机器人、财务机器人等智能工具。

科大讯飞财务数据智能化在促进企业内部管理优化方面取得了显著成效，主要体现在流程简化、监控预警和标准化管理三个方面。

在流程简化方面，科大讯飞通过财务数据智能化技术，实现了财务流程的自动化和智能化，从而极大地简化了内部财务处理流程。具体而言，智能财务解决方案能够自动完成记账、审批、报销等重复性高的工作，减少了人工干预，提高了工作效率。例如，科大讯飞的报账机器人可以基于

OCR 图像识别技术，实现票据信息的自动识别和录入，减少了员工手动填单和财务审核的工作量。此外，科大讯飞通过构建财务共享中心，实现了财务信息的集中管理和共享，进一步简化了内部财务处理流程。

在监控预警方面，科大讯飞财务数据智能化系统具备实时监控和预警功能，能够及时发现财务异常情况并发出警报。通过智能分析财务数据，系统可以自动识别潜在的风险因素，并生成相应的风险预警报告，提醒企业管理者及时采取措施进行风险控制和防范。这种监控预警机制有助于企业降低经营风险，保障财务安全。

在标准化管理方面，科大讯飞财务数据智能化系统通过制定统一的财务数据处理标准和流程规范，实现了财务管理的标准化。系统能够自动识别并纠正不符合规范的财务数据，确保数据的准确性和一致性。同时，系统还能够自动生成财务报表和报告，避免了手工编制报表时可能出现的错误和疏漏。这种标准化管理有助于提高企业财务管理水平，降低管理成本，提高管理效率。

因此，科大讯飞财务数据智能化在促进企业内部管理优化方面发挥了重要作用。通过流程简化、监控预警和标准化管理三个方面的应用，系统提高了财务管理效率和质量，降低了经营风险，提升了企业竞争力。

五、依托强大 AI 技术，实现精准营销

科大讯飞在 AI 技术方面拥有强大的实力，并在企业营销中得到了广泛应用。科大讯飞 AI 技术在企业营销中的一些主要应用如下。

第一，智能内容创作。科大讯飞的 AI 产品，如"讯飞智作"，该产品提供一站式的智能内容创作平台，包括文本创作、音频制作、视频剪辑等功能。这使用户能够在一个平台上完成所有的创作工作，不仅能极大地提升内容创作的效率和质量，还提高了工作效率，同时也为广告创意提供了无限的可能性。

第二，跨媒体内容适配。科大讯飞的 AI 产品还具有跨媒体内容适配的功能。广告内容可以自动调整以适应不同的媒体平台特性，从而增强用户体验并提高广告效果。这意味着，品牌可以通过一款广告，将其传播到各种不同的媒体平台上，从而实现最大的曝光率。

第三，营销全链路自动化和智能化。科大讯飞推出的 AI 营销云，是一

个集成了 AI 与大数据技术的智能营销平台。该平台凭借智投、智见及智汇等多元化的智能营销产品矩阵，为品牌提供个性化的营销解决方案。科大讯飞 AI 营销云提出了打破当前以"交易场"为中心的主流营销模式，这包括从人群洞察、归因优化、用户分层管理到交易转化等环节，都实现了自动化和智能化，帮助企业实现持续增长。

第四，智能投放平台。科大讯飞推出了针对品牌广告主和中小广告主的智能投放平台，如"智效"和"智投"。这些平台依托强大的 AI 算法技术，能够精准找到潜在用户，实现品牌的强势曝光，帮助广告主快速提升品牌知名度。

因此，科大讯飞的 AI 技术在精准营销和智能内容创作领域具有广泛的应用和优势。它们能够帮助营销人员更准确地了解目标用户、制定有针对性的营销策略，并自动化地完成营销流程的各个环节。

六、结论与展望

随着科技的飞速发展，AI 已逐渐渗透到人们生活的方方面面，科大讯飞作为这一领域的佼佼者，始终站在技术革新的前沿，以其卓越的研发实力和创新能力，引领 AI 技术的新潮流。近年来，科大讯飞凭借对 AI 技术的深入研究和不懈追求，成功打造了一系列具有划时代意义的 AI 产品和应用。未来，科大讯飞将继续秉承"创新、协作、务实、担当"的企业精神，以更加开放的姿态拥抱 AI 技术的新变革。企业将继续加大研发投入，推动 AI 技术的创新和应用，为全球用户带来更加智能化、便捷化的产品和服务。

参考文献

[1]安徽省政府发展研究中心与安徽省经信厅联合调研组．科大讯飞：核心技术驱动打造中国 AI 第一品牌[J]．决策，2022(1)：70-72.

[2]李佳琪．科大讯飞：AI 虚拟人交互平台"扣响"元宇宙大门[J]．科技与金融，2022(11)：13-16.

第一节　管理数据化

在日益复杂多变的市场环境下，企业面临前所未有的挑战。传统的管理模式已经难以应对日益增长的数据量和信息复杂度，需要借助新的技术手段来提升管理效率和决策水平。AI 技术的出现，为企业管理数据化提供了新的解决方案。通过自动化、智能化和精准化的数据处理和分析，AI 技术能够帮助企业更好地理解市场、用户和业务，具体将贯穿企业的数据收集、整理、分析到决策支持、风险管理等环节。数字化的发展，下游企业、下游用户成为决定资源流向的关键，可以使企业分析数字，找准数字流向，研究用户偏好，寻找产品发展方向（谢卫红等，2020）。大数据时代企业要形成数据化管理模式，企业的业务、财务及资产要用数据呈现出来，实现真正的数据化管理。只有实现数据化的管理，一切业务活动才能以数据为依据。

一、数据精确化

传统的管理模式已经难以应对日益增长的数据量和信息复杂度，需要借助新的技术手段来提升管理效率和决策水平。

数据化管理的核心是通过对数据的收集、处理、分析和决策来支持企业的运营和管理。而数据的精确性对保证数据分析的准确性和有效性至关重要。精确数据与粗略数据或统计数据有所区别，精确数据是个体在数据表达上的一种高度细化形式，通过深入观察样本的每个细节而得出，能够精确反映所描述现象的具体状况。在企业管理中，精确数据对制定有效的商业策略、把握市场机会、提升用户满意度等方面具有重要意义。

实现数据精确化是一个多步骤的过程，它涉及从数据收集到数据清洗的各个环节，如图 5-1 所示。

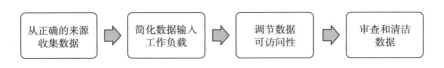

图 5-1　实现数据精确化的步骤

1. 从正确的来源收集数据

在从正确的来源收集数据阶段中，首先需要明确数据来源，这包括数据库、API、用户输入、第三方服务等。其次需要评估数据质量，这包括解数据源的可靠性、准确性和完整性。再次需要选择权威数据源，优先选择那些经过验证、权威的数据源。最后需要使用 API 或官方渠道，即当从第三方服务收集数据时，尽量使用它们提供的 API 或官方渠道。

2. 简化数据输入工作负载

在简化数据输入工作负载阶段中，首先需要自动化数据输入，要求使用自动化工具或脚本来减少手动输入的需求。其次需要设计用户友好的界面，如果数据来自用户输入，则确保界面直观易用，以减少错误和重复输入。再次需要验证输入数据，在数据被接收之前进行实时验证，确保它符合预期的格式和范围。最后需要提供模板或预设选项，对常见的数据输入，提供模板或预设选项，这可以加快输入速度并减少错误。

3. 调节数据可访问性

在调节数据可访问性阶段中，首先需要进行权限管理，确保只有授权的用户才可以访问数据。其次需要数据备份和恢复，定期备份数据，并制订恢复计划以防数据丢失。再次需要数据格式标准化，使用统一的数据格式和命名约定，使数据更易于理解和访问。最后需要使用数据库管理系统，利用 DBMS（数据库管理系统）管理数据，它提供了许多功能，如查询、索引、视图等，以提高数据可访问性。

4. 审查和清洁数据

在审查和清洁数据阶段中，首先需要进行数据验证，检查数据是否完整、准确和一致。其次需要删除重复项，使用去重工具或脚本删除数据中的重复项。再次需要处理缺失值和纠正错误，确定如何处理缺失值，例如，通过插值、删除包含缺失值的记录或使用默认值来填充，同时手动或自动纠正数据中的错误。最后需要使用数据清洗工具，通过利用专门的数据清洗工具自动化上述过程。

因此，为了实现企业管理数据化并要求数据精确化，企业需要从数据源头抓起，明确数据来源，规范数据采集过程，确保数据的准确性和可靠性。同时，企业还需要建立数据的标准化管理，将核心业务数据统一在一个平台上进行管理和治理，以确保数据的一致性和准确性。此外，企业还需要加强内部数据分析，利用数据分析平台对数据进行深入挖掘和分析，以发现问题和机会，并做出针对性的管理策略。

通过实现数据精确化，企业可以更好地了解运营情况、掌握市场动态、提高决策准确性，并推动精细化管理，这将有助于企业在竞争激烈的市场中保持优势，实现可持续发展。

二、数据及时化

数据及时化在企业数据化管理实践中的重要性不容忽视。在评价数据及时性时，需要考虑到整个数据生命周期中的时间因素，从数据源采集到数据最终被使用的整个过程中需要保证数据的及时化。

1. 数据及时化的意义

数据及时化是指数据在生成或获取后，能够迅速被捕获、处理、分析和应用，以支持实时决策和操作的过程。数据及时化的重要性日益凸显，尤其是在现代商业和技术环境中，它已成为提高竞争力和效率的关键因素。数据及时化在企业管理数据化进程中的重要性主要体现在以下四个方面，如图 5-2 所示。

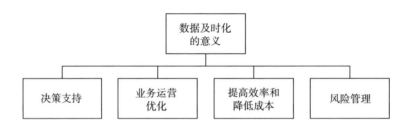

图 5-2　数据及时化的意义

（1）决策支持。在数据化管理的支持下，企业管理者能够基于规律行事，而不是依照个人的主观意愿进行决策。例如，在市场营销方面，数据及时化可以帮助企业更好地了解用户需求，制定更为精准的营销策略。通过对实时数据的分析，企业可以迅速捕捉市场变化，调整产品策略，以满足用户的需求。再如，在项目管理中，利用项目管理工具实现数据实时性可以帮助团队更好地了解项目状态，及时发现问题并作出决策，避免进度滞后，更好地控制风险。因此，无论是市场调研数据、销售数据还是财务数据，数据及时化可以提供准确的信息，帮助管理者作出迅速而明智的决策。

（2）业务运营优化。准确且及时的数据可以帮助企业优化业务运营，主要体现在优化资源配置、增强市场敏感度等方面。通过数据及时化，企业可以实时掌握各种资源的使用情况和效率，如人力资源、物资资源、时间资源等。基于这些数据，企业可以更加精确地预测未来的资源需求，并据此进行资源的优化配置，这有助于企业避免资源的浪费和短缺，提高资源的利用率和效益。此外，数据及时化使企业能够实时追踪市场变化，包括竞争对手的动态、用户需求的变化及行业趋势等。通过对这些数据的分析和挖掘，企业可以更加敏锐地感知市场的脉搏，提前发现市场机会和潜在威胁，从而采取有针对性的措施来应对市场变化。

（3）提高效率和降低成本。数据及时化管理方法能够极大地提高决策效率和降低企业的成本。在跨部门、跨地域的协同工作中，数据及时化有助于实现信息共享和协同决策，提高团队之间的协作效率。同时，数据及时化在优化物流成本和降低运营成本等方面发挥了关键作用。数据及时化有助于企业实现物流信息的实时追踪和监控，优化运输路线和配送计划，降低物流成本。通过数据分析，企业可以发现并消除运营中的浪费和冗余环节，实现精细化管理和成本控制，从而降低运营成本。

（4）风险管理。数据及时化有助于企业进行风险管理，主要体现在早期风险识别、快速响应和持续监控等。首先，及时的数据能够提供对潜在风险的早期预警。当企业能够实时或接近实时地获取和分析数据时，它们可以更快地识别出市场变化、供应链中断、用户需求变化等可能对企业产生负面影响的因素。其次，一旦识别出风险，及时的数据使企业能够迅速制定和实施应对策略。这种快速响应能力对减轻风险影响至关重要，特别是在金融市场、自然灾害或供应链中断等高风险环境中。最后，及时的数据允许企业对风险进行持续监控。通过定期或实时更新数据，企业可以跟踪风险的变化趋势，并根据需要调整风险管理策略。

2. 实现数据及时化需要考虑的因素

企业的数据平台要实现数据的及时化，需要综合考虑多个方面，如图5-3所示。

（1）技术架构。选择合适的技术架构，选择支持实时数据处理和分析的技术架构，如流处理框架（如 Apache Kafka、Apache Flink）或实时数据库系统（如 TimescaleDB、InfluxDB），确保技术架构能够支持高并发、低延迟的数据处理需求，并具备良好的可扩展性和稳定性。

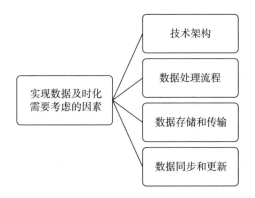

图 5-3　实现数据及时化需要考虑的因素

（2）数据处理流程。优化数据处理流程，设计高效的数据处理流程，包括数据的采集、清洗、转换和加载等环节。企业需要引入自动化和智能化的数据处理工具，减少人工干预，提高处理效率。同时，采用实时数据采集技术，如日志采集、传感器数据收集、API 接口调用等，设定数据采集的频率和方式，根据业务需求进行灵活调整，确保数据的实时性和准确性。

（3）数据存储和传输。数据存储和传输，选择高性能的数据存储系统，如分布式文件系统（如 HDFS）、列式存储数据库（如 HBase、Cassandra）等，以满足实时数据处理和查询的需求。企业可以利用数据压缩和传输优化技术，减少数据传输的延迟和带宽占用。

（4）数据同步和更新。数据同步和更新，建立数据同步和更新机制，确保数据平台中的数据与业务系统中的数据保持一致。采用增量同步或全量同步策略，企业需要根据业务需求选择适合的同步方式，同时引入数据版本控制机制，更新和变更管理数据。

数据及时化在企业数据化管理中扮演着至关重要的角色。通过实现数据的及时化，企业可以更加精准地把握市场机会和用户需求，提高运营效率和服务质量，从而在激烈的市场竞争中立于不败之地。

三、数据标准化

数据标准化是一个对数据的定义、组织、监督和保护进行标准化的过程。数据标准化确保了数据的准确性和一致性，有助于消除不同指标间的量纲和数量级差异，使不同来源的数据可以进行比较和分析。数据标准化是指在系统的设定规则内，缩放数据大小，以此将数据限制在特定的较小的范围内，其中将数据归一处理，统一映射在区间［0，1］内是最有效。

1. 数据标准化的结构

数据标准化的结构可以从以下四点出发，如图 5-4 所示。

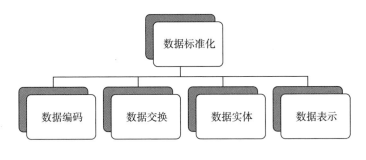

图 5-4　数据标准化的结构

（1）数据编码。数据编码是将数据转换为特定格式或符号的过程，以便数据的存储、传输和处理。编码在计算机科学、通信、数据存储等领域有广泛应用，其目标是确保数据在传输和存储过程中保持完整和准确，同时提升数据处理的效率和可靠性。常见的编码方案包括单极性码、极性码、双极性码、归零码、双相码等。编码的目的是减少信息量，提高处理效率和精度。数据编码是确保数据在存储、传输和处理过程中保持完整性和有效性的关键技术。通过选择适当的编码方式，可以提高数据处理的效率、减小存储空间和传输带宽、增强数据的可靠性和安全性。随着技术的发展，数据编码在计算机科学、通信、数据存储等领域将继续发挥重要作用，推动信息技术的进步。

（2）数据交换。数据交换是指在不同系统、应用或组织之间传输数据，以便实现信息共享和互操作性。数据交换的目标是能够确保数据在发送方和接收方之间进行准确、完整和及时的传递，同时保持数据的一致性和可靠性。数据交换标准化就是在不同系统或平台之间进行数据交换时所遵循的规范和标准，以确保数据在传输过程中能够保持其完整性和一致性。数据交换是实现信息共享和系统互操作性的关键技术，通过使用标准化的格式、协议和方法，可以有效地传递和处理数据。随着技术的发展，数据交换在企业集成、物联网、电子商务和医疗健康等领域的应用将更加广泛和深入，从而推动各行各业的信息化进程。

（3）数据实体。数据实体是数据库和信息系统设计中的一个基本概念，表示现实世界中的某个具体对象或抽象概念，并包含该对象或概念的相关属性。数据实体通常用于描述和组织数据，以便在系统中进行有效的存储、管理和操作。数据实体是指一个具有独立身份和属性的对象或事物。每个数据实体在数据库中都有一个唯一的标识符，称为主键，用于区分不同的实体。数据实体标准化有助于确保数据的准确性和一致性。

（4）数据表示。数据表示是将数据以某种格式或结构进行编码和存储，以便计算机系统和应用程序处理和理解的过程。有效的数据表示方法可以提升数据处理的效率、准确性和可读性，支持各种应用场景。通过统一的数据表示方式，用户可以更直观地了解数据的含义和关系，从而更好地进行数据分析和决策。

因此，数据标准化、数据编码、数据交换、数据实体和数据表示都是数据处理和管理中不可或缺的组成部分，共同构成了数据处理和管理的基础框架，为数据的存储、检索、分析和应用提供了强有力的支持。

2. 数据标准化的流程

实现数据标准化的流程，如图 5-5 所示。

在数据中发现标准　　在数据中评估标准　　让标准在数据上落地

图 5-5　实现数据标准化的流程

（1）在数据中发现标准。首先，需要对数据进行初步的分析，了解数据的来源、类型、格式和结构等信息。其次，进行数据清洗工作，以消除数据中的噪声、缺失值、重复项等问题，确保数据的准确性和完整性。最后，确定标准，需要根据数据的特点和业务需求，确定数据标准化的标准，这可能包括数据的编码规则、格式要求、单位统一等。

（2）在数据中评估标准。首先，根据确定的数据标准，制定相应的评估指标，如数据分布的均匀性、一致性、准确性等。其次，使用统计方法、可视化工具等手段，对原始数据和标准化后的数据进行对比分析，评估数据标准化的效果。最后，根据评估结果，对数据标准进行迭代优化，确保数据标准能够更好地满足业务需求。

（3）让标准在数据上落地。首先，根据数据标准，制定详细的落地方案，包括数据的组织方式、存储结构、传输协议等。其次，按照落地方案，对数据进行标准化处理，包括数据转换、数据迁移等工作。最后，建立数据标准化的监控机制，对标准化后的数据进行定期检查和维护，确保数据始终保持一致性和准确性。

3. 数据标准的在企业重塑管理升级过程中的作用

数据标准化在企业重塑管理升级过程中发挥着重要作用，体现在优化组织结构、引入绩效考核制度和实施精益生产管理等方面。

首先，数据标准化有助于企业优化组织结构，实现更加高效的管理。通过数据标准化，企业可以清晰地了解各个部门的业务数据和工作流程，发现组织中的冗余和重叠部分。基于这些数据，企业可以重新设计组织结构，优化资源配置，减少不必要的层级和部门，提高组织的灵活性和响应速度。数据标准化还可以促进部门之间的协作和沟通。当数据格式和定义统一后，不同部门之间的数据交换和共享变得更加顺畅，有助于打破部门壁垒，加强团队协作。这不仅可以提高工作效率，还可以促进企业内部的创新和发展。

其次，数据标准化为企业引入绩效考核制度提供了有力支撑。通过数据标准化，企业可以建立起全面、准确的绩效考核体系，将员工的业绩与企业的战略目标紧密联系起来。基于标准化数据，企业可以制定明确的考核标准和指标，对员工的业绩进行客观、公正的评估。数据标准化还可以提高绩效考核的透明度和公正性。在数据格式和定义统一后，员工可以清晰地了解自己的业绩数据和考核标准，从而更加积极地参与工作。这有助于激发员工的工作热情和创造力，促进企业的持续发展。

最后，数据标准化对实施精益生产管理具有关键作用。精益生产管理强调基于数据的决策和持续改进，而数据标准化为精益生产管理提供了准确、一致的数据基础。通过数据标准化，企业可以更加准确地收集、整合和分析生产数据，发现生产过程中的浪费和低效环节，为优化生产流程、提高生产效率提供有力的数据支持。数据标准化还可以促进精益生产管理的持续改进和创新。当数据格式和定义统一后，企业可以更容易地进行数据分析和挖掘，发现新的改进机会和创新点。这有助于企业不断优化生产流程、降低生产成本、提高产品质量，从而实现精益生产管理的目标。

数据标准化不仅提高了数据的准确性和可靠性，还增强了数据的可比性和可理解性，降低了数据管理和维护的成本，在企业重塑管理升级的过程中发挥着核心作用，为企业的管理带来革命性的变革。因此，企业在进行管理数据化建设时，应重视数据标准化的工作。

四、数据智能化

数据和 AI 技术的迅猛发展，已经深刻地改变了人类在信息处理和决策制定中扮演的角色。数据提供了智能系统所需的信息和原材料，而智能系统通过算法和模型对这些数据进行处理和分析，从而生成有用的洞察和预测。数字化是信息化时代下的一种智能技术，可以改变产业组织关系和生产方式。数字化实现的前提是打造大数据库、推动数据价值化和实现数据智能化。

在制造业中，人工智能的应用使生产线变得更加智能化。通过与物联网技术的结合，智能生产线能够实时监测设备状态、优化生产计划，从而提高生产效率，降低生产成本。在传统供应链模式下，制造业的生产要素主要是以劳动力为主，劳动力进行加工、运输、搬运、装卸，不仅效率低，而且成本高。而数据智能化主要依赖大数据、人工智能、机器学习等技术手段，实现数据的自动化处理、智能分析和知识发现，让人工智能设备代理人工实现一系列的自动化操作。

1. 数据智能化的内涵

美国数据科学专家瓦勒（Waller）和福西特（Fawcett）从数据处理的角度将数据智能定义为：数据智能是对各种形式的数据进行分析，以便企业可以使用这些数据来扩展其服务或投资。基于管理的视角，把数据智能定义为通过海量数据挖掘、机器学习和深度学习等预判性分析技术，对现实场景内部与外部的大规模数据进行处理与分析，从中获取具有价值、有意义的数据，并用于提高多元实践活动中的管理和决策水平（吴俊杰等，2020）。数据智能化是在大数据引擎的支撑下，运用机器学习、深度学习等先进技术对庞大的、多样化的数据进行处理、分析和挖掘，提取出有价值的信息和知识，赋予数据以"智能"。随后，通过构建相应的模型，不仅能提供问题的解决方案，还能对未来的趋势进行预测。

数据智能化的特点包括大数据和智能，其涉及的数据量非常大，可能包括结构化、非结构化和半结构化数据。这些数据来源广泛，包括企业内部数据、社交媒体数据、物联网数据等。数据智能化需要利用人工智能、机器学习、深度学习等技术，自动化地进行数据处理和知识发现。这些技术可以自动识别数据中的模式和趋势，预测未来的趋势和变化，为企业的决策提供支持。

2. 数据智能化的流程

数据智能主要通过数据采集、数据接入与存储、数据查询与分析、数据化建模四个流程，如图 5-6 所示。

图 5-6　数据智能化的流程

（1）数据采集。数据采集是数据智能化的第一步，它涉及从各种来源（如内部系统、外部 API、物联网设备等）捕获和收集原始数据。采集的数据质量和准确性对后续的数据处理和分析至关重要。

（2）数据接入与存储。数据接入指的是将采集到的数据导入企业的数据存储系统（如数据库、数据仓库、数据湖等）中。数据存储系统需要能够支持大规模数据存储、数据安全，以及数据备份和恢复。数据接入与存储时，需要考虑数据格式、数据清洗、数据转换，以及数据质量监控等问题。

（3）数据查询与分析。数据查询允许用户从数据存储系统中检索和提取数据，以满足特定的业务需求或分析目的。数据分析则是对提取的数据进行深入的探索、统计和建模，以发现数据中的模式、趋势和关联关系。企业通常使用 SQL、NoSQL 查询语言、数据分析工具（如 Excel、Tableau、Power BI 等）或编程语言（如 Python、R）进行数据查询和分析。

（4）数据化建模。数据化建模是将数据转化为有意义的、可操作的模型的过程，以便进行预测、优化和决策支持。建模方法包括统计建模、机器学习、深度学习等，具体取决于问题的复杂性和数据的特性。在建模过程中，需要选择合适的算法、调整模型参数、评估模型性能并进行模型的迭代优化。

数据智能化是一个不断发展和演进的过程，将为企业的决策提供更加准确、高效的支持，推动企业的数字化转型和升级。

● 专栏 5-1 ● **顺丰：数据引领，构建高效物流生态**

一、企业简介

顺丰速运有限公司（以下简称"顺丰"）1993 年成立于在广东顺德，是中国领先的快递物流综合服务商。顺丰经营范围广泛，包括国际货运代理、经济技术咨询、技术信息咨询等。自成立以来，顺丰始终致力于为用户提供快速、安全、可靠的物流服务。2024 年 5 月，顺丰在粤港澳大湾区正式推出了"粤港澳跨城半日达"服务。

二、数据引领顺丰的高质量发展

1. 采用"1+1+N+X"模式，实现数据驱动业务的整体运作

顺丰的数据驱动业务需要一套完整的框架和机制来维持运作，涉及的技术包括大数据、机器学习、运筹算法和人工智能等。因此，顺丰采用了"1+1+N+X"模式，第一个"1"是指大数据底盘，包括数据相关开发工具，从采集到接入，再到资产、质量、服务全流程的工具，确保数据能够顺利、简便地进入平台。第二个"1"是指数据治理体系，包括立法、司法、执法、主数据标准、元数据标准、数据质量、数据仓库标准等，确保数据质量满足业务需求。"N"是指 N 个业务场景，包括运营、财务、市场等各个业务线，如需求预测、业财一体、潜客挖掘等。"X"是指顺丰的智慧供应链战略，围绕消费供应链、生产供应链、制造供应链等打造智慧供应链模型能力，如仓网规划、路径规划、装箱规划、智能调度等。

2. 数字孪生实践，实现管理数据化

顺丰数字孪生的本质是对现实世界的虚拟化，以 1∶1 的比例还原，可以实现在虚拟世界中进行试错和验证，以更高效的方式找到最佳解决方案。对于顺丰来说，主要利用数字孪生技术在点和面两个方面进行验证：在"点"方面，顺丰对中转场进行建模，包括人员、设备、货物流程等，以验证整个分拣计划和资源调度计划的效率。通过这一技术，顺丰能够大大提

高风险计划的验证效率，如一天内能验证超千次班次，比以往验证的效率高很多。此外，当顺丰需要关停某条分拣线或减少人员时，该技术也能快速验证这些变化对整体分拣吞吐的影响，从而做出更优的决策；在"面"方面，顺丰计划对站点、中转场、道路、航线、车辆和人员进行整体建模，形成整个数字孪生的物流网络。这将有助于顺丰进行全网的畅网规划和局部最优调度，提高整体物流效率。经过验证，这一技术可以帮助顺丰节省城市运营线路，已经在内部得到推广和应用。

3. 执行数据中台战略，实现降本增效

数据标准的落地在顺丰整个数据中台战略中是至关重要的核心部分。顺丰将该战略的实施分为以下三个阶段：定战略、定组织和定目标。

首先是定战略，对于顺丰这样业务系统繁多的企业来说，要让各组织达成一致，数据中台对于企业的重要性不言而喻，因此需要明确战略的指引。经过管理层的出面背书，给出了统一的定义：整个数据中台战略的意义是高效连接数据的供给侧和消费侧，持续沉淀数据公共能力，实现数据按需安全共享，以助力集团的经营增长、用户体验和风险控制。

其次是定组织，该项战略需要各业务线和职能线共同参与，因此顺丰确立了数据委员会，包括立法、司法和执法三个关键角色。立法更多的是制定大框架的规则，司法则由信息安全部门和数据架构师来执行监管角色。执法包括数据仓库团队、数据质量团队和数据服务团队，以确保整个数据治理的执行。这三个角色确保了整个运作机制的正常运转。顺丰还建立了相关的数据质量台账，定期公示数据质量，以确保各业务线能够配合执行。

最后是定目标，目标的意义在于将数据标准化过程、中台战略与企业业务增长、成本降低和效率提升的关键指标或事项相互关联，形成合力，推动整个数据驱动业务的主线。

三、结论与展望

顺丰在数据应用方面取得了显著的成果，通过大数据技术实现了对物流全过程的精准掌控和优化，提高了物流效率和用户满意度。未来，顺丰将继续加大在大数据领域的投入和研发力度，推动物流行业的智能化、数字化发展。

参考文献

［1］陈曦，丁旭，冯涛．数字时代物流业的服务转型：基于信息技术替代劳动力视角［J］．产经评论，2022，13(1)：132-145.

［2］马萌．基于区块链的企业成本控制问题探析——以顺丰控股为例［J］．财会通讯，2020(18)：125-127，136.

第二节　管理平台化

管理平台化是应数字变革而产生的一种新型管理理念和实践。随着数字技术的快速发展，企业需要适应新的市场环境和管理需求，通过平台化管理实现关系多样化、能力数字化、绩效颗粒化、结构柔性化和文化利他化。管理平台化是企业应对数字变革、提升竞争力的重要手段。通过实施管理平台化，企业可以优化资源配置、强化监管与风险防控、推动可持续发展并提升服务质量与互动能力。加强引进先进的信息技术当前，制造企业应不断优化内部信息化建设，打造完善的信息管理体系，融合各个部门的业务活动，包含研发、采购、生产及最终的销售环节，实现统一的平台化管理，在系统中加强成本控制环节设置。

一、平台经济

平台是一种交易空间或场所，可以是产品、服务、组织，也可以是商业模式与战略；可以是现实的，也可以是虚拟的(徐晋、张祥建，2006)。随着信息技术的不断发展，平台由单纯的产品平台、虚拟平台演化为平台企业及平台生态系统(高良谋等，2015)。

1. 平台经济的商业模式

如图 5-7 所示，根据平台连接主体不同，将平台经济的商业模式归结为 C2C、B2C、B2B 和 O2O 四种模式，指出这些模式的关键差异在于平台连接的主体不同(蔡昌等，2020)。

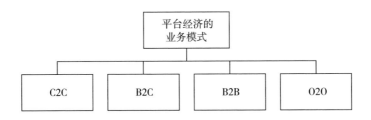

图 5-7　平台经济的商业模式

（1）C2C。即用户与用户之间的电子商务。在这种模式下，平台连接的多边主体都是用户，他们通过平台进行商品或服务的交易。典型例子包括淘宝网、闲鱼等。

（2）B2C。即企业对用户的电子商务。在这种模式下，企业直接面向用户销售产品和服务。用户可以在平台上浏览和购买各种商品，并通过平台完成支付和物流等交易流程。典型例子包括京东、天猫等。

（3）B2B。即企业与企业之间的电子商务。在这种模式下，平台连接的是企业之间的交易活动，包括原材料采购、产品分销等。B2B 平台可以为企业提供更高效、便捷的采购和分销渠道，如阿里巴巴、慧聪网等。

（4）O2O。即线上到线下的电子商务。在这种模式下，平台将线上和线下的商业活动结合起来，通过线上平台吸引用户，并引导他们到线下实体店进行消费。O2O 模式为商家提供了更广阔的市场和更多的营销渠道，同时也为用户提供了更便捷、丰富的购物体验。典型例子包括美团、大众点评等。

这四种模式各有特点，但共同点在于它们都通过平台连接了不同的主体，实现了资源的有效配置和交易的便捷化。同时，这些模式也推动了平台经济的快速发展和变革。

2. 平台经济的特征

有学者对平台经济的特征展开了细致的分析，并提出平台经济具有双边市场性、数据依赖性、轻资产性、交叉网络外部性和盲目扩张性等特征（张旺、白永秀，2024；刘运国等，2024；王诗桾等，2023；尹振涛等，2022；庆丽，2022）。如图 5-8 所示，平台经济具有四大特征：一是属于典型的双边市场，二是有较强的规模经济属性，三是具有一定的类公共属性，四是凸显数据要素的重要性（王先林，2024）。

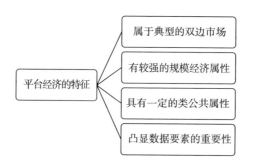

图 5-8　平台经济的特征

（1）属于典型的双边市场。平台经济属于典型的双边市场，涉及两个或多个相互依存的用户群体，通过平台实现供需匹配和交易。平台经济的本质就是利用双边市场的机制，通过连接和协调两个互补的用户群体，创造价值并实现盈利。在双边市场中，平台不仅为双方提供交易场所，还通过提供信息、支付、物流等服务，促进双方交易的达成。这种双边市场的特性使平台能够同时满足供应方和需求方的需求，实现双方的互利共赢。

（2）有较强的规模经济属性。平台经济具有较强的规模经济属性。随着平台用户数量的增加，平台的边际成本逐渐降低，而边际收益逐渐增加。这是因为平台在吸引更多用户的同时，可以进一步优化服务、提高效率、降低成本，从而实现规模经济效应。此外，平台经济还具有网络效应，即随着用户数量的增加，平台的价值增加，进一步促进了平台经济的规模扩张。平台的成功在很大程度上依赖它如何管理和利用双边市场中的网络效应，特别是跨边网络效应。通过有效的战略设计和定价模式，平台能够在竞争激烈的市场中建立并维持其优势地位。

（3）具有一定的类公共属性。平台经济还具备一定的类公共属性，其中包括基础设施性质、社会影响力、公共利益相关性和公共服务责任。如今，一些平台如搜索引擎、社交媒体、电商平台等，已经成为现代社会中不可或缺的基础设施。这些平台为大量用户提供了信息交流、商品交易、社交互动等服务，具有公共服务的性质。平台经济企业在社会经济发展中扮演着重要角色，其经营行为和决策往往对社会产生广泛而深远的影响。例如，电商平台的促销活动可以带动消费增长，社交媒体的舆论导向可以影响用户意见等。平台经济企业的经营行为往往与公共利益密切相关。例如，数据安全和隐私保护、反垄断和公平竞争等问题，都是平台经济企业需要关注并承担相应责任的领域。这些问题的解决不仅关乎企业的商业利益，更关乎社会的公共利益。作为具有一定类公共属性的企业，平台经济企业需要承担一定的公共服务责任。例如，用户在购买商品或享受服务时可能遇到的虚假宣传、假冒伪劣等问题，都需要平台经济企业承担相应的监管和保障责任。

（4）凸显数据要素的重要性。在平台经济中，数据要素的重要性较为显著。平台通过收集、存储、分析和利用大量数据，为用户提供更加精准、个性化的服务。同时，数据也成为平台优化运营、提高效率的关键因素。因此，平台需要加强对数据的管理和保护，确保数据的安全和合规使用。此外，随着大数据、人工智能等技术的发展，数据要素在平台经济中的重要性将更加凸显。

3. 平台经济的重要意义

平台经济在重塑企业管理的进程中，对企业的管理对象、组织架构和管理理念等均产生了深远且显著的影响，从而推动了企业管理的全面革新。

（1）对企业管理对象的变革。随着平台经济的蓬勃发展，企业管理的对象正经历着前所未有的变革。首先，平台经济使企业管理的对象从传统的内部资源和流程，扩展到更为广泛和复杂的外部生态系统，包括平台上的用户、商家、合作伙伴，以及由这些参与者共同构成的复杂网络关系。企业需要更加关注这些外部参与者的需求、行为和互动，以优化平台生态，实现共赢发展。其次，平台经济改变了企业管理的数据对象。传统的管理对象主要是人和流程，AI 时代则增加了数据和算法作为新的管理对象。这意味着管理者需要重新审视和调整管理策略，以适应这些变化。在平台经济中，数据成为企业管理的核心要素。企业不仅要管理传统的结构化数据，还要处理和分析来自平台用户的海量非结构化数据，如用户行为数据、交易数据等。这些数据为企业提供了丰富的市场信息，帮助企业更好地理解用户需求、优化产品设计和提升服务质量。最后，平台经济还改变了企业管理的资源对象。在平台经济中，企业可以更加灵活地利用外部资源，如合作伙伴的资源、第三方服务等，以弥补自身资源的不足。企业需要更加关注资源的整合和优化，以实现资源的最大化利用和价值的最大化创造。

（2）对组织架构的变革。平台经济深刻促进了企业组织架构的变革，为企业带来了更加灵活、高效和适应性强的管理结构。首先，平台经济强调的开放性和共享性推动了企业组织架构的扁平化。传统的层级结构逐渐被淡化，取而代之的是更加灵活、扁平化的组织形态。这种变革使信息在企业内部能够更快速地流通，减少了决策层级，提高了决策效率和响应速度。其次，平台经济促使企业组织架构向网络化发展。在平台经济中，企业不再是孤立的个体，而是作为整个生态系统的一部分与其他参与者进行互动和合作。因此，企业需要构建一种网络化的组织架构，以便更好地与其他企业、合作伙伴和用户进行连接和协同。这种网络化的组织架构有助于企业实现资源共享、优势互补和互利共赢。最后，平台经济还推动了企业组织架构的模块化。企业可以将不同的业务板块和职能部门划分为独立的模块，每个模块都拥有相对独立的管理和决策权。这种模块化的组织架构使企业能够更加灵活地应对市场变化和用户需求，同时也有利于企业实现资源的优化配置和高效利用。

（3）对管理理念的变革。平台经济对企业管理理念也产生了深远的影响。在平台经济中，企业需要树立开放、共享、共赢的管理理念，关注整个生态的可持续发展。企业需要与合作伙伴共同构建良好的商业生态，实现资源共享、优势互补和互利共赢。平台经济对企业发展具有重要意义。通过加入平台经济，企业可以充分利用平台所拥有的庞大用户群体和网络资源，实现更广泛的市场覆盖、降低成本、提高效率、创新驱动、提升用户满意度和跨界融合等目标。因此，企业需要积极拥抱平台经济，探索适合自身发展的商业模式和路径。

● 专栏 5-2　**得物：引领潮流，平台经济绽放新活力**

一、企业简介

得物的运营主体是上海识装信息科技有限公司，该平台不仅提供正品潮流电商服务，还构建了一个丰富的潮流生活社区，为年轻人提供了全新的购物和社交体验。平台通过严格的商品筛选和鉴定机制，确保用户购买的商品均为正品。2024 年 4 月，得物以 710 亿元的企业估值入选《2024·胡润全球独角兽榜》。

二、平台经济绽放新活力

1. 双边市场特征显著

得物作为一个电商平台，其运作模式和特点充分体现了双边市场特征。在得物上，这两个用户群体主要是卖家和买家，或者更广泛地说，是潮流商品的供应者和需求者。得物的双边市场特征主要体现在以下两个方面：首先，在得物上，卖家和买家之间存在强烈的交叉网络外部性。也就是说，卖家愿意在平台上销售商品，是因为平台上有大量的潜在买家；而买家愿意在平台上购物，也是因为平台上有丰富的潮流商品供他们选择。其次，得物通过优惠券、积分奖励、会员制度等一系列的策略，来吸引和留住用户。这些策略不仅考虑了用户的购买意愿和支付能力，还考虑了平台的长期发展和竞争优势。因此，得物上的商品价格是根据市场需求和竞争态势来灵活调整的。

2. 凸显规模经济性

得物的规模经济性主要体现在其庞大的用户基础、丰富的商品种类和高效的运营模式上。首先，得物拥有庞大的用户基础，这为平台提供了巨大的市场潜力，同时也为其带来了规模效应。随着用户数量的增加，得物的交易额和收入也呈现快速增长的趋势。其次，平台涵盖了丰富的商品种类，包括潮鞋、包袋、3C 数码、家居家电、美妆等品类，这使物能够满足不同用户的需求，增强了用户的黏性和活跃度。同时，丰富的商品种类也吸引了更多的商家入驻，进一步扩大了得物的交易规模和市场份额。最后，得物采用了高效的运营模式，通过引入 AI 鉴别技术、严格的质量控制和售后服务等措施，提升了交易效率和用户体验。

3. 类公共属性显著

得物具有一定的类公共属性，主要体现在社区共享与参与、信息透明与公正、潮流趋势引领等方面。首先是社区共享与参与。得物不仅是一个购物平台，更是一个集购物、交流、分享于一体的社区。用户可以在平台上分享自己的购物心得、穿搭经验、潮流趋势等，形成一个活跃的社区氛围。其次是信息透明。得物对商品进行严格的鉴别和审核，确保商品的质量和真实性。最后是潮流趋势引领。得物作为专注潮流领域的电商平台，对潮流趋势的引领和推动具有重要的作用。

4. 充分发挥数据要素的重要性

得物在个性化推荐系统、市场趋势洞察、优化库存管理等方面都充分发挥了数据要素的重要性。在个性化推荐系统方面，得物通过收集和分析用户的浏览历史、购买记录、搜索关键词等数据，构建了高效的个性化推荐系统。该系统能够精准地为用户推荐符合其兴趣和需求的商品，提高用户的购物体验和满意度；在市场趋势洞察方面，得物利用大数据分析工具，对市场趋势进行实时监测和分析。通过对用户数据、销售数据、行业数据的综合分析，得物能够准确把握市场脉搏，预测未来发展趋势；在优化库存管理方面，得物通过数据分析，实现了对库存的精细化管理。根据历史销售数据、库存周转率等指标，得物能够预测商品需求的变化趋势，合理安排库存量，避免库存积压和缺货现象，提高库存周转率。

三、结论与展望

得物作为平台经济的一个典型代表，充分展示了平台经济的核心特征和优势，其独特的商业模式和精细化的运营策略已经取得了显著的成功，同时也为电商行业带来了新的发展机遇和挑战。未来，得物将继续发挥技术驱动的优势，拓展跨界合作和全球化布局，持续提升用户体验和承担社会责任，实现更加稳健和可持续的发展。

参考文献

[1] 赖黎捷，万博，李悦.场景、互动、消费：网购平台的权力特性与实现机制——以"得物 App"为例 [J].传媒论坛，2023，6(8)：38-40.

[2] 张永庆，彭麟茜.C2B2C 模式下潮流电商平台得物 App 竞争力分析 [J].经营与管理，2022(10)：46-51.

二、平台治理

平台经济在赋能经济社会数字化转型方面发挥了积极作用，成为推动经济发展的"新动能""新引擎"，我国平台企业也加快了从高速增长向高质量发展转型的步伐。平台的机会主义和负外部性带来的个人隐私被侵犯的问题（梁正等，2020）、平台的垄断问题和恶意竞争风险（熊鸿儒，2019）、信息不对称带来的"柠檬问题"（汪旭晖、张其林，2017），均给平台治理带来了挑战。

1. 平台治理的定义

目前，学术界对平台治理的定义尚未形成一致观点。哈佛大学管理学家艾森曼（Eisenman）认为，平台治理和平台设计是建构一个双边平台需要考虑的重要环节，其中平台治理是明确参与者权利与义务和定价的一套明确的行为准则；平台设计是一种服务架构，目的是帮助各参与者之间达成交易。美国乔治亚州立大学教授蒂瓦纳（Tiwana）在之前学者的研究基础上增加了环境因素，认为平台是一个生态系统，同时将平台治理可以被理解为"在平台上，由谁来做出哪些关键决策"，这些决策涵盖决策权、控制权和所有权。其中，决策权关联到权利义务治理，控制权与动机治理相对应，所有权则与股权治理紧密相连。

美国学者埃文斯（Evans）从法律视角出发，将平台治理诠释为一种基于既定管理规则的私有性控制，旨在防范和缓解负面网络效应。尽管企业对平台的管理活动会受到法律法规的规范，但在某些情况下，平台内部的私有性控制机制在应对负面网络效应时可能更为灵活和高效。意大利国际机器科学及机构学联合会主席马尔科·赛卡诺里（Marco Ceccagnoli）则认为，平台治理的本质在于平台管理者通过提供服务和制定政策，优化市场竞争环境，从而提升平台用户的整体体验（Ceccagnoli et al.，2012）。

根据上述分析，平台治理涉及企业精心策划的市场规则和公共政策，旨在有效监管平台用户行为并妥善处理平台上的各种问题。其核心目标是提升平台市场的间接网络效应，同时积极缓解其可能带来的负面效应，以此促进平台商业生态系统向更健康、更稳定的方向演进。

2. 平台治理的特征

平台治理是指在数字平台或在线生态系统中，制定和执行规则、标准和政策，以确保平台的有效运作、用户的安全和利益相关者的公正待遇。平台治理涉及管理和调控平台上各类行为，包括内容发布、用户互动、数据使用、交易活动等，以维护平台的秩序、信任和可持续发展。平台治理具有四个特征：多边参与性、双重属性、数据性和垄断性，如图 5-9 所示。

（1）多边参与性。平台治理的一个显著特征是它的多边参与性。这意味着平台不仅涉及平台运营者自身，还涉及平台上的各种用户、服务提供者、内容创作者、广告主等多方参与者。这些参与者之间的相互作用和利益交

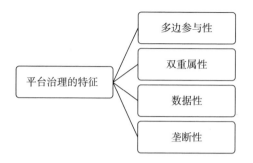

图 5-9　平台治理的特征

织，使平台治理成为一个复杂的系统工程。为了实现良好的治理效果，平台的健康运营需要多方参与者的共同协作，形成合力。

（2）双重属性。平台治理还具有双重属性的特征。一方面，平台作为商业实体，追求经济效益和市场份额是其天然属性；另一方面，平台作为社会基础设施，承担着连接用户、提供服务、促进交流等社会责任。这种双重属性使平台治理需要在经济效益和社会责任之间寻找平衡点。在追求经济效益的同时，也不能忽视对用户权益的保护、对内容质量的把控和对社会公序良俗的维护。

（3）数据性。数据性是平台治理的又一重要特征。随着信息技术的快速发展，数据已经成为平台运营和治理的核心资源。平台通过收集、分析和利用用户数据，可以更好地了解用户需求、优化服务体验、提升运营效率。然而，数据的收集和使用也涉及用户隐私保护、数据安全等敏感问题。因此，在平台治理中，需要建立健全的数据管理制度和隐私保护机制，确保用户数据的安全和合规使用。

（4）垄断性）。平台治理的垄断性特征主要体现某些大型平台在市场上占据主导地位的情况下。这些平台凭借其庞大的用户基础、丰富的数据资源和强大的技术实力，在市场上形成了较强的竞争优势。然而，这种垄断地位也带来了一系列问题，如不公平竞争、滥用市场支配地位等。因此，在平台治理中，需要加强对大型平台的监管和约束，防止其滥用市场地位损害其他参与者和用户的利益。

3. 平台治理下企业管理的视角

在平台治理的背景下，企业管理需要从多个视角出发，以确保平台的健康、稳定和持续发展。如图 5-10 所示，这些视角包括产业组织经济学、战略管理、技术管理及外部监管（周楠等，2023）。

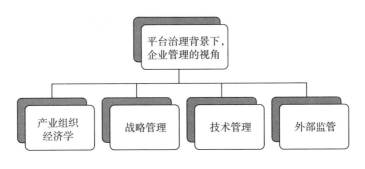

图 5-10　企业管理的视角

（1）产业组织经济学。在产业组织经济学视角下，企业管理者需要基于市场结构分析，制定和调整竞争政策，以促进平台市场的公平竞争、防止垄断行为。同时，企业管理者需要推动平台与产业链上下游企业之间的合作与协同，提升整个产业链的效率和创新能力。

（2）战略管理。在战略管理视角下，企业管理者需要明确平台的定位和发展目标，制定符合平台特点的长期战略规划。同时，通过对平台价值链的深入分析，识别出关键价值环节和潜在增值点，并对其进行优化和升级。

（3）技术管理。在技术管理视角下，企业管理者需要鼓励和支持平台在技术创新方面的投入和应用，从而提升平台的技术实力和竞争力。同时，企业管理者需要建立健全的平台数据治理体系，确保用户数据的安全和合规使用。

（4）外部监管。在外部监管视角下，要求企业在平台治理中遵守法律法规和政策要求。企业管理者需要密切关注政策法规的动态变化，确保平台的运营符合相关法律法规和政策要求。此外，企业在运营过程中，还需要加强与政府、行业协会等监管机构的沟通和合作，共同维护市场秩序和公平竞争。

因此，在平台治理过程中，企业管理者需要综合考虑产业组织经济学、战略管理、技术管理和外部监管视角，并根据平台的特点和实际情况选择合适的治理手段。同时，还需要关注平台的动态变化和市场环境的演变，及时调整和优化治理策略，以确保平台能够持续健康地发展。

三、平台效应

1. 平台效应的定义

在国内，当平台经济理论最早被提出时，指出建立平台实现的资源共享、联合开发，整合并利用关联组织的能力来构建一种新型的竞争体系，进而发挥一定的"平台效应"。共享经济利用网络平台聚集、整合现实世界人力资源和物质资源并获得良好发展，产生了平台效应（谢新水，2018）。世界经济论坛创始人兼执行主席克劳斯·施瓦布（Klaus Schwab）认为，平台效应描述的是以数字业务为主导的组织通过构建网络平台，成功连接多种产品和服务的供需双方，从而实现规模收益的持续扩大。这一效应使少数几家数字平台在市场上占据了主导地位。简而言之，平台效应体现了一种正向增强的循环机制，即平台上用户的数量和活跃度不断增长，进一步促进了平台所能提供的服务种类和价值的增加。平台效应的核心在于用户和服务提供者之间的互动，用户数量的增加为服务提供者带来了更多的机会来提供服务和产品，而且用户数量的规模越大，平台提供的服务就越多样化。

2. 平台效应的内涵与特点

平台效应的特点在于其广泛的资源整合能力，通过"网罗各方资源、服务产业链上下游"，平台能够有效地组织各类资源，实现合作各方的共赢。如图 5-11 所示，平台效应的产生离不开网络效应和规模效应。

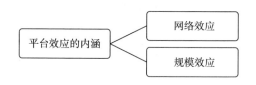

图 5-11　平台效应的内涵

（1）网络效应。网络效应是指一个产品或服务的价值随着使用它的人数增加而增加的现象。当用户基数增大时，平台对每个用户的价值也会增加。换句话说，在一个社交平台上，随着用户数量的增加，每个用户都能找到更多的朋友、联系人或潜在的业务伙伴，从而提高了平台的使用价值和吸引力。网络效应还促进了用户之间的互动和协作，进一步增强了平台的吸引力和价值。按照梅特卡夫定律，网络的价值以网络用户数量的平方的速度增长。而按照里德定律，随着联网人数的增长，网络用户的网络价值会呈指数级增加。

（2）规模效益。规模效应是指随着生产或经营规模的扩大，单位成本降低、收益增加的现象。在平台经济中，规模效应体现在随着用户基数的扩大，平台可以更有效地利用资源，降低边际成本，提高盈利能力。例如，一个电商平台可以通过吸引更多的卖家和买家来降低交易成本、提高交易效率，从而实现规模经济。此外，规模效应还可以帮助平台扩大市场份额，增强市场竞争力，进一步巩固其市场地位。

3. 平台效应的利用策略

在网络效应方面。首先，企业需要识别并创造能够促进用户之间互动和连接的条件。网络效应的核心在于用户之间的相互作用能够增加产品或服务的价值。因此，企业需要通过各种手段，如社交功能、兴趣社区等，将用户紧密地联系在一起，形成一个活跃的用户网络。其次，企业需要不断优化用户互动体验。通过提供丰富的互动功能和激励机制，鼓励用户积极参与社区建设，分享经验和知识，形成正向的网络效应。这种互动不仅能够增强用户黏性，还能为企业带来更多的商业机会和增长潜力。最后，企业还应积极探索构建用户生态的可能性。通过引入第三方服务、内容创作者等合作伙伴，拓展用户生态的边界，提供更多元化、个性化的服务，满足用户日益增长的需求。这种生态的扩张将进一步巩固企业的网络效应，形成强大的竞争优势。

在规模效应方面。首先，企业可以通过扩大生产规模来降低成本。随着产量的增加，固定成本将被分摊到更多的产品上，从而降低单位产品的成本。这将使企业在价格上更具竞争力，吸引更多的用户。其次，企业优化供应链管理，确保原材料的稳定供应和成本控制。通过与供应商建立长期稳定的合作关系，企业可以获得更有利的采购价格，并减少库存和物流成本。企业还可以采用先进的供应链管理技术和工具，进一步提高物流效率和准确性，从而降低运营风险。再次，企业可以通过集中采购和规模化采购来降低成本。集中采购可以与供应商进行集团性谈判，获得更有利的采购价格；规模化采购则可以通过批量采购来降低单位成本。这些策略将有助于企业提高采购效率，降低成本，提升竞争力。最后，企业可以通过扩大销售网络来增加销售量。通过开拓新的销售渠道，如电商平台、海外市场等，企业可以覆盖更广泛的用户群体。同时，与经销商和代理商建立合作关系，共同拓展市场，将进一步提升企业的销售规模和市场份额。这种规模的扩大将为企业带来更多的收入和利润，推动企业的可持续发展。

平台效应是通过用户数量的增加，带来更多的服务和价值，进而形成正反馈循环，推动平台的持续发展。这种效应在电子商务平台、社交媒体平台、共享经济平台等各类平台上都有显著体现，是平台成功的关键因素之一。通过理解和利用平台效应，企业可以更好地吸引和服务用户，从而实现持续业绩增长和获得成功。

●专栏 5-3● 大众点评：利用平台效应打造本地生活服务生态

一、企业简介

大众点评的运营主体是上海汉涛信息咨询有限公司。大众点评的核心业务主要包括餐饮点评、酒店预订、旅游推荐、电影票务等。大众点评旨在为用户提供真实、有价值的用户点评和商家推荐。

二、平台效应的有力发挥

1. 创新驱动下平台的构建

大众点评在发展过程中，逐步构建了一个完整的生态平台，为用户和商家提供全方位的服务和支持。起初大众点评通过采用 UGC+OGC 模式，建立了一个庞大的用户社区。"大众点评"是通过用户贡献内容的 UGC（用户生成内容）运营模式发展起来的。大众点评的 UGC 模式主要围绕吃喝玩乐话题展开，这些话题内容几乎没有专业门槛，因此用户层级较广、参与的积极性较高，且由于这是用户自发生成内容来进行分享和扩散，因此 UGC 模式体现了真实性强、内容成本低、流量吸附力大的特点。随后，"大众点评"开始逐步采用点评头条、排行榜等职业生产内容（OGC）模式产生优质平台内容，同时可以为商家进行精准营销和传播。在 OGC 模式下，一方面要平台通过大数据技术对用户和商家的动态进行分析和挖掘，精准找出当前的消费热点和消费趋势；另一方面，平台要以文字、图片和链接等方式将相关信息整合成可读性较强的文章，为目标用户传递精准智能的优质内容，最终引导用户决策。

2. 网络效应

大众点评的网络效应主要体现在以下几个方面：信息丰富度、信任机制、社交互动和商家合作。

在信息丰富度方面，随着用户数量的增加，大众点评平台上的商家信息、用户评价、优惠活动等数据日益丰富。这使新用户更容易找到感兴趣的商家，同时也为老用户提供了更多元化的选择。

在信任机制方面，大众点评通过用户评价、商家评分等机制建立了信任体系。随着用户数量的增加，评价数量也相应增多，这有助于形成更加准确和客观的商家评价，从而增强用户对平台的信任度。

在社交互动方面，大众点评不仅是一个信息查询平台，还是一个社交平台。用户可以在平台上分享自己的消费体验、点评商家、参与话题讨论等。随着用户数量的增加，社交互动的频率和活跃度也会提高，这有助于增强用户黏性，促进平台社区的形成和发展。

在商家合作方面，随着用户数量的增加，大众点评对商家的吸引力也会增强。因此，更多商家愿意与平台合作，同时也会提供优惠活动、独家折扣等，以吸引更多用户。这种合作关系有助于提升平台的商业价值，形成良性循环。

3. 规模效应

大众点评的规模效应主要体现在成本优化、运营效率、影响力提升和创新发展。在成本优化方面，随着用户数量和商家数量的增加，大众点评在技术研发、市场推广、用户服务等方面的投入可以分摊到更多的用户身上，从而降低单位成本。同时，平台也可以通过与商家合作、引入广告等方式增加收入，进一步提升盈利能力。

在运营效率方面，大众点评通过优化算法、提升系统性能等手段，不断提高平台的运营效率。随着用户数量的增加，平台可以更好地利用这些技术和资源，为用户提供更加快速、准确、便捷的服务。

在影响力提升方面，大众点评作为国内领先的本地生活服务平台，具有强大的品牌影响力和市场地位。大众点评的影响力并不局限于商业领域，还具有一定的社会影响力。通过用户的点评和分享，大众点评可以反映社会的消费趋势、文化风尚等信息，对社会产生一定的影响。

在创新发展方面，规模效应使大众点评有更多的资源和能力进行技术创新和业务拓展。例如，大众点评利用深度学习等先进技术在自然语言处理（NLP）领域取得了突破，使平台能够更准确地理解用户需求和商家信息，从而提供更优质的服务。

三、结论与展望

大众点评的网络效应和规模效应相互促进，平台效应十分显著，推动了平台的持续发展和壮大。凭借其庞大的用户群体和多样化的服务内容，大众点评在国内生活服务领域崭露头角。随着市场竞争的加剧和用户需求的变化，大众点评需要不断创新和优化，以保持领先地位并实现可持续发展。

参考文献

[1]杜贺.大数据分析在大众点评的运用[J].西部皮革，2020，42(2):59.

[2]刘娜.数字美食的实践者分析框架：以大众点评 App 为考察点[J].新闻与写作，2024(1)：81-94.

第三节　管理 AI 化

在新技术理论、经济社会发展的共同推动下，AI 技术以其颠覆性的特质迅速崛起，并逐步成为推动第四次科技革命的核心驱动力。除了数字技术普遍具备的开放性、能动性和生成性，AI 还具备了连接性、强大的认知能力和不易被察觉的隐匿性。AI 带来的影响主要体现在两个方面：一是作为新的"关键生产要素"的创造，二是推动经济社会向智能化方向的深度融合与发展，这些影响使 AI 成为推动经济增长和发展的重要通用技术（沈文玮，2018）。因此，管理 AI 化，即智能化 AI 管理系统的应用，是指利用人工智能技术对企业管理的各个方面进行分析和处理，以提高管理效率、降低管理成本，并为企业管理工作带来更加高效的解决方案。

一、AI 人机价值创造应用

AI 技术通过加强内外部数据资源的连接与共享，极大地提升了其组件之间的互联性。此外，AI 还凭借其独特的学习和自我纠正机制，以及对用户行为的高精度预测和影响力，显著增强了其认知能力。值得一提的是，根据美国埃森哲研究部信息技术和商业研究领域董事总经理詹姆斯·威尔逊（James Wilson）的观点，AI 应用往往具有高度的隐蔽性，不易被用户直接察觉，却能更有效地引导用户行为向更优化的方向发展。AI 技术展现出的新特征和数字化技术的特征并非完全相同，这自然引出了对其价值创造模式新特点的重视。价值创造涉及通过技术革新优化生产工艺、合理调配资源、推出新产品和服务等多种途径，从而提高资源利用效率、降低成本、改善利润、增强竞争优势及创新服务形式（谢卫红等，2020）。

在智能化服务的环境下，数据可得性较高的行业将成为 AI 技术应用的先行者，如图 5-12 所示。由于金融、医疗、公共安全、交通、零售、教育、商业服务等行业的数据电子化水平高、数据集中且质量上乘，这些领域将率先迎来大量的 AI 场景应用，用于解决行业面临的关键问题和痛点。

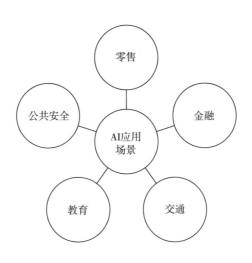

图 5-12　AI 应用场景

在金融领域，AI 展现出巨大的应用前景。智能个人身份识别技术能有效应对金融安全隐患，智能高频交易技术提升金融决策效率，智能投顾则协助金融机构更好地服务用户，开拓更广阔的市场。未来 AI 将继续推动金融行业的创新和变革，提高效率、降低风险、优化客户体验，最终为行业和社会创造更多价值。

在交通领域，AI 技术将广泛用于智能汽车、无人驾驶及交通规划等场景，旨在解决当前交通行业所面临的驾驶体验不佳、道路拥堵等核心问题。人工智能在交通领域的广泛应用将显著提升交通系统的效率、安全性和可持续性。通过自动驾驶、智能交通管理、物流优化、智能基础设施和公共安全等方面的创新，AI 将为未来交通带来革命性的变革，改善人们的出行体验，推动交通行业的持续发展。

在教育领域，AI 技术已经应用到个性化教学、智能辅助教学、智能评估与反馈、智能管理与服务，以及推动教育创新与发展等方面。通过智能导师系统、自动化评估、虚拟教学助手、远程教育和教师辅助等方面的创新，AI 将为教育行业带来深刻变革，推动教育的创新和可持续发展。随着技术的不断进步和应用的不断深入，AI 将在教育领域将发挥更加重要的作用，为教育事业的发展注入新的活力和动力。

在公共安全领域，AI 技术的应用覆盖了从视频监控、智能应急、数据分析到网络安全等多个方面。智能化的技术手段提高了公共安全的保障能力，并为用户带来了更加安全、便捷的生活环境。AI 在公共安全领域的广泛应用将显著提高应急响应、犯罪预防、交通管理和灾害预警的效率和效果。通过视频监控与分析、紧急事件监测、智能交通管理和公共健康监测等方面的创新，AI 将为公共安全带来深刻变革，提升社会安全水平，推动公共安全管理的智能化和现代化。

在零售领域，AI 技术应用于智能支付系统、智能客服与售后系统、智能推荐系统、智能库存管理和虚拟试衣间等场景中，极大地提升了零售业的效率、用户体验及营销精准度。AI 在零售领域的广泛应用将显著提升运营效率、客户体验和市场竞争力。通过个性化推荐、智能客服、库存管理、价格优化和增强现实等方面的创新，AI 将为零售行业带来深刻变革，推动零售业的智能化和现代化发展。

AI 人机价值创造应用正在不断地拓展和深化，为各行各业带来了新的商业机会和变革。随着技术的不断进步和应用场景的不断拓展，AI 人机价值创造应用将会在未来发挥更加重要的作用。AI 应用领域及场景描述如

表 5-1 所示。

表 5-1　AI 应用领域及场景描述

应用领域	场景描述
金融领域	风险管理和合规、算法交易、信用评分和贷款审批、投资管理、客户服务和体验、欺诈检测和防范、市场预测和分析、保险、合规和监管技术等
交通领域	自动驾驶、交通管理和优化、车辆管理和维护、智能物流、智能基础设施、乘客体验优化、公共安全等
教育领域	个性化学习、智能评估和反馈、虚拟教学助手、教育资源管理、远程教育和在线学习、教师辅助和专业发展、教育公平等
公共安全领域	犯罪预防与侦查、应急响应与管理、交通管理、公共健康与安全、智能城市管理、数据分析与决策支持等
零售领域	个性化购物体验、智能客服与支持、库存管理与供应链优化、价格优化与动态定价、视觉搜索与增强现实、客户行为分析与需求预测、防损与安全、体验店与无人零售等

● 专栏 5-4 ● 招商局：AI 引领企业走向变革之路

一、企业简介

招商局集团股份有限公司（以下简称"招商局"）是中央直接管理的国有重要骨干企业，总部位于中国香港，是在中国香港成立运营最早的中资企业之一，是一家百年央企、综合央企、驻港央企。招商局是一家业务多元的综合企业，主要业务集中于交通物流、综合金融、城市与园区综合开发、战略性新兴产业。当前正在锚定世界一流企业目标，打造"两条曲线"，促进"第三次创业"，推动传统产业转型升级和战略性新兴产业培育发展。招商局连续 19 年荣获国务院国资委经营业绩考核 A 级，连续六个任期获评"业绩优秀企业"。

2023 年，招商局经营效益稳中向好，获得高质量发展并迈出新步伐，全年实现营业收入 9244 亿元，利润总额为 2269 亿元，同比增长 3.5%；净利润为 1911 亿元，同比增长 6.4%；总资产约为 13.5 万亿元，同比增长 8.2%。进入新时代以来，招商局实现跨越式发展，总资产增长约 35 倍，营业收入、利润总额、净利润复合增长率分别高达 27%、22%、22%。

二、基于 AI 技术打造数字员工平台

数字化战略是招商局五大专项战略之一。为了抓住新一轮科技革命和产业变革的重大机遇，招商局在国家提倡的关键创新科技技术萌芽阶段就积极参与其中，凭借其在技术基础设施和智能算法方面的显著进步，构建了以招商云、数据湖为基础的自主数字赋能平台，衍生出第一位数字员工。

1. 首个数字员工平台

招商局结合行业领先的 AI 自动建模、自然语言处理、语音合成、图形图像渲染等创新技术，成功打造了首个数字员工平台——"招商如影"。这一平台通过革命性的人机交互方式，为员工提供了强大的赋能工具。

"招商如影"平台围绕数字员工的形象、人设、技能和交互四大关键要素，设计了一套标准化的管理功能，包括但不仅仅限于技能与形象管理、对话策略管理、音视频合成管理、消息管理、权限管理、租户管理及人设问答库管理。平台还配备了数字员工服务审核数据统计分析等工具，全面支持数字员工产品的管理与运营。

此外，"招商如影"平台深入挖掘招商局旗下多元产业的实际应用场景，整合推出了多样化的数字员工解决方案。这些解决方案涵盖了视频主播、培训讲师、营销、客服及工作秘书等多种数字员工角色，旨在满足在不同业务场景下的特定需求，进一步提升工作效率和服务质量。

2. 集团首个数字员工

2022 年，招商局将"招商传承"与"数字秘籍"碰撞，创造出了集团首个数字员工"招小影"。"招小影"是"招商如影"孵化出的首位数字员工。"招小影"利用最新的神经网络渲染和多模态人工智能技术，实现了与真人无异的样貌和神态。"招小影"除了有好看的外形，还身怀"十八般武艺"，并如影随形地伴在每个招商人左右。不仅如此，以"数据洪流"和"超级智能"驱动的"招小影"还具备自我学习和进化的能力，让企业员工每天都能体验到更精准的帮助。

"招小影"强大的技能树兼具深度、广度与精度。它既有文化宣传、工作汇总等通用技能，又具备知识管理和业影融合等能力。

（1）文化宣传。借助多样化的艺术表现手法，结合"招小影"亲切温婉的

形象，让招商文化跨越时空、焕发新生，讲好招商局创新故事，传递招商局的文化力量。

（2）工作汇总。代办服务让您事事有着落，语音与文字让您轻松应对信息传递，差旅服务让您差旅全程无忧，百问百答让您从生活到工作都有秘书相伴。

（3）知识管理。拥有招商海量数据与知识的全能秘书，无时无刻全天候为您排忧解难，并且不断学习与成长，融合场景，聚合国内外新闻、社区与多渠道资源内容，帮您"招闻天下"。

（4）业影融合。与业务场景深度融合，定制领域专业技能，快速成长为业务专家。目前，"招小影"已应用于产权登记、数据采集、快报编制等场景。

三、结论与展望

招商局的 AI 技术在管理中的应用已经取得了显著的成果，其数字员工平台和数字员工在实践中的应用展现出了巨大的潜力和价值。通过 AI 技术，招商局整合推出了多样化的数字员工解决方案，使员工体验到更加精细化的解决方案，提高了管理和工作效率。未来，随着技术的不断进步和市场的不断变化，招商局将继续深化 AI 技术在管理中的应用，推出更多具有创新性和实用性的产品和解决方案。

参考文献

［1］陈宏兵，张彦超. 招商局集团服务国家大局推动时代进步［J］. 中国航务周刊，2022（47）：36-41.

［2］本刊讯. 中远海运集团、招商局集团《财富》世界 500 强排名持续上升［J］. 中国航务周刊，2022（32）：19.

二、AI 实践价值主导路径

AI 对于当下社会和时代有着不可或缺的价值和意义。有学者认为，无论从技术支持、科学方法、学习方法还是技术应用的角度来看，AI 变革世界，人类要接受和适应智能机器，享受未来美好生活（黄欣荣，2018）。美国数据领域学者克里斯托弗·约翰·马太（Christopher John Matheus）指出，在人工智能领域，数据挖掘技术（DM）因其深厚的理论和实践价值而备受关注。这项技术依托数据库（KDD），综合采用自动聚类、机器学习、模式匹配及数据摘要等方法，从海量的数据库中发掘出潜藏的、有价值的决策支持信息，代表了数据库技术与机器学习方法的完美结合。因此，在企业管理运营过程中，AI 实践价值的主导路径是数据的挖掘技术。

当前，企业进行数据挖掘主要聚焦那些可以整合到数据库里的结构化数据。数据挖掘首先，根据数据的特性选择适合的规则模板；其次，对数据进行筛选、清洗和格式转换；再次，企业利用归纳学习方法、决策树方法、粗集方法、最邻近方法、人工神经网络技术及遗传算法等技术手段对数据进行深入挖掘，如图 5-13 所示。挖掘出的结果经过解析转化为有价值的知识，经过筛选后充实到企业知识库中，为其决策过程提供有力支持。

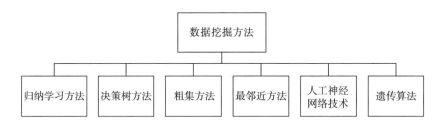

图 5-13　数据挖掘方法

1. 归纳学习方法

归纳学习是从一组具体事实中推导出一般原理的过程。归纳学习方法是机器学习的一类重要方法，其核心思想是从有限的训练数据中归纳出一般性的规律或模式，用于预测和解释未知数据。归纳学习包括多个方法和算法，常见的有决策树、规则学习、贝叶斯分类、支持向量机、神经网络等。在数据挖掘中，归纳学习方法常用于从大量数据中提取有用的模式或规则。企业利用归纳学习方法对市场数据进行分析，从而洞察市场趋势、用户行为及竞争对手的策略。通过对历史销售数据、市场反馈等信息的归纳学习，企业能够更准确地理解市场需求，为产品研发、市场营销和用户服务等决策提供有力支持。

2. 决策树方法

决策树通过树状结构进行决策，具有直观易理解的特点。决策树方法是一种常用的机器学习算法，适用于分类和回归任务。决策树是一种树形结构，其中每个内部节点表示一个属性上的测试，每个分支代表一个测试输出，每个叶节点代表一个类别。企业利用决策树方法对大量数据进行分类和预测，如用户细分、产品推荐等。通过决策树，企业可以清晰地看到不同决策路径下的可能结果，从而制定出更符合市场实际和企业目标的决策方案。

3. 粗糙集方法

粗糙集理论是一种处理不确定性和模糊性的数学工具，主要用于近似分类和规则生成，在知识发现、数据挖掘、模式识别和决策支持系统等领域有广泛的应用。粗集方法通过定义上下近似集来处理不确定的数据，从而提取有用的知识和规则。在实际应用中，粗集理论能够帮助企业识别和处理数据中的不确定性因素，从而提供更加准确和可靠的决策支持。通过利用粗集理论提取的规则和模式，企业可以更加精准地把握市场机会，降低决策风险，提高决策效率。

4. 最邻近方法

最邻近方法是一种常见的分类和回归算法，特别适用于模式识别和机器学习领域。它基于相似性度量（通常是距离）来进行预测，主要包括最近邻算法和 K-近邻算法（K-Nearest Neighbors，KNN）。最邻近方法是一种基于实例的学习算法，根据数据集中与新数据点最接近的 K 个邻居的类别来预测新数据点的类别。最邻近方法常用于分类和回归问题，特别适用于具有多个连续或离散特征的数据集。该方法的性能受 K 值选择和数据集大小的影响。在企业中，最邻近方法被广泛应用于精准营销、个性化推荐等领域。通过分析历史销售数据、用户行为等信息，企业可以利用最邻近方法找出与目标用户相似的用户群体，并据此进行产品推荐或营销策略的制定，从而提升销售转化率和用户满意度。

5. 人工神经网络技术

人工神经网络是一种模拟生物神经网络结构和功能的机器学习模型，由大量的神经元（处理单元）相互连接而成，广泛应用于分类、回归、图像识别、自然语言处理等领域。人工神经网络技术通过训练来学习数据中的模式，并使用这些模式对新数据进行分类或预测。人工神经网络技术在图像识别、语音识别、自然语言处理等领域具有广泛应用。在企业中，人工神经网络被广泛应用于图像识别、语音识别、自然语言处理等领域。通过训练神经网络模型，企业可以实现对图像、文本等复杂数据的自动化处理和分析，从而发现数据中隐藏的规律和模式，为企业的产品研发、市场策略制定等提供有力支持。

6. 遗传算法

遗传算法是一种基于自然选择和遗传机制的优化算法，由 John Holland 在 20 世纪 60 年代提出。遗传算法通过模拟生物进化过程，搜索最优解或接近最优解，广泛应用于复杂优化问题、机器学习、人工智能等领域。遗传算法使用编码技术将问题的解表示为染色体，通过选择、交叉和变异等操作产生新的解，并评估其适应度以决定是否保留或淘汰。企业经常面临一些组合优化的问题，如生产调度、物流配送等。遗传算法可以通过编码和解码方式，将这些问题转化为搜索空间中的解，并利用遗传机制进行搜索和优化。通过遗传算法的搜索，企业可以找到最优或近似最优的解决方案，提高运营效率和降低成本。遗传算法是一种强大的优化工具，基于自然选择和遗传机制，通过种群进化搜索最优解。尽管存在计算成本高、参数敏感等问题，但其全局搜索能力和适应性使其在优化问题、机器学习、工程设计和生物信息学等领域具有广泛的应用前景。

归纳学习方法、决策树方法、粗集方法、最邻近方法、人工神经网络技术及遗传算法等技术手段在企业管理运营过程中发挥着重要作用，不仅能够帮助企业深入挖掘数据中的价值，还能够优化决策过程、提升运营效率并推动企业创新发展。这些技术手段的实践应用充分体现了 AI 在企业管理中的实践价值，为企业带来更大的竞争优势和市场机会。

三、AI 预期价值呈现效果

关于 AI 技术的预期价值呈现效果，美国 AI 领域研究学者米勒（Miller）指出，近几年，随着 AI 技术的发展及其与传统行业经营模式和业务流程产生实质性融合，"商业应用"已成为 AI 技术在当前阶段最为鲜明的主题词，而 AI 技术的商业落地势必会改变企业内部运作和生产经营的过程，为企业发展带来诸多机遇和动力。

1. AI 时代企业管理的预期呈现效果

如图 5-14 所示，本书从管理者智能化、管理属性技术性、管理决策最优化和管理伦理冲突性等方面逻辑分析了 AI 时代企业管理的预期呈现效果（徐鹏等，2020）。

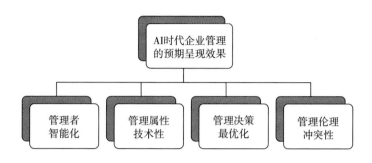

图 5-14　AI 时代企业管理的预期呈现效果

（1）管理者智能化。AI 员工成为被管理者无疑是最显著的特征。美国埃森哲首席技术与创新官保罗·多尔蒂（Paul Daugherty）提出，经过诸多实践案例的证明，AI 作为一种虚拟劳动力，可以更有效率、更低成本地完成工作，增加企业利润。新西兰机器人科学家克里斯托夫·巴特内克（Christoph Bartneck）指出，AI 员工以其机械化和自动化的特性，能够在预设的科学规则下自主执行任务，并且能够长时间、高效率地工作，甚至在精确算法的指导下，几乎无须人工直接监控。因此，在此背景下，智能机器人将以"员工"的身份进入企业内部，而且对人的替代会扩展到越来越多的领域，尤其是那些复杂性高、以高技术和高智商为条件但不需自主决策的工作岗位。

（2）管理属性技术性。在 AI 时代，管理属性展现出了更多的维度，包括管理理论的科学性、管理实践的艺术性，以及管理过程的技术性。管理理论是指导管理实践的基础，基于科学的方法和原理，通过实证研究和逻辑推理，揭示了管理活动的本质和规律。管理理论需要与时俱进，吸纳新的科技元素，如大数据、云计算、机器学习等，以适应新的管理环境和挑战；管理实践是管理理论的具体应用，它涉及人与人、人与组织之间的复杂关系。虽然技术为管理提供了更多的便利和可能性，但管理的核心仍然是理解和协调人际关系，这需要管理者具备高超的沟通技巧、领导力和决策能力。技术已经渗透到管理的各个环节。从数据收集、数据分析到决策制定、执行监控，都离不开技术的支持。因此，管理者需要具备一定的技术素养，要能够熟练运用各种管理工具和技术手段，以提高管理效率和质量。

（3）管理决策最优化。决策贯穿管理的全过程，是管理工作的核心。在 AI 时代，管理决策准则会被颠覆，随着 AI 技术逐步进入工程化、实用化阶段，管理决策思维正从"有限理性"和"满意即可"过渡到"极限理性"和"最优选择"。英国计算机科学学者乔治·巴扬尼斯（George Baryannis）指出，AI 不仅能够整合组织内外部的庞大数据，还能通过集成信息和构建情景模拟来协助分析、推导和处理复杂问题。同时，AI 技术的发展也让机器逐渐展现出类似人脑的智能，模拟人类的某些思维过程和智能行为。这使计算机具备了更强的分析和决策能力，能够在更高层次上发挥作用。因此，AI 以卓越的数据处理能力、深度算法及模拟人脑智能的能力，为管理者提供了强有力的支持，帮助他们更加高效、精准地作出决策。

（4）管理伦理冲突性。伦理是关于人类价值观、行为准则和动机评判的哲学思考。管理伦理是指企业在运营过程中，主动承担起对投资者、用户、员工、政府及社会各方的责任和义务，以确保管理与社会道德规范的高度一致性。随着 AI 技术在企业中被广泛采用，企业的管理效率得到了显著提升。然而，如果企业管理者的素质或内部管理制度未能与时俱进，仅仅依赖智能化管理手段追求效率的提升，可能会忽视管理伦理的要求。这种单纯追求效率而忽视人性化和道德标准的做法，并不符合管理伦理的核心理念。因此，在享受 AI 带来的便利和效率提升的同时，企业也需要重视管理者素质的提升和内部管理制度的完善，以确保管理实践与伦理原则相契合。

2. 管理人性化、制度严格化和手段智能化三者的共存与融合

美国技术与管理领域的著名专家托马斯·达文波特（Thomas Davenport）强调，在实施管理手段的智能化策略时，企业管理者必须具备深度的认知，这包括明确了解哪些技术最适合执行哪些特定类型的任务，以及每种技术所具备的优势和潜在的局限性。同时，他们还需警惕并识别这些技术可能带来的管理伦理问题。这种全面的了解有助于管理者在制定和执行智能管理策略时，既能充分发挥技术的优势，又能有效规避潜在的伦理风险，确保管理活动的合规性和道德性。因此，如图 5-15 所示，管理人性化、制度严格化和手段智能化三者如何共存并有机融合，是每个企业和每个管理者都要面临的挑战。

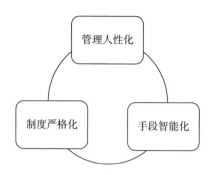

图 5-15　AI 时代管理者面临的挑战

（1）管理人性化。在管理中注重人格平等，尊重员工的意见和建议，给予他们足够的自主权和信任。为员工提供职业培训和发展机会，帮助他们实现自我价值和职业目标。营造积极、健康的工作氛围，提供良好的工作条件和资源，关注员工的心理健康。建立多元化的沟通渠道，定期开展员工大会，倾听员工的想法和意见，及时解决他们的困惑和问题。建立公平的薪酬福利体系和激励机制，确保员工的努力得到合理的回报。

（2）制度严格化。通过建立和完善严格的规章制度，并确保这些制度能够公正、公平、公开地实施，从而实现高效管理和控制的过程。严格的管理方式在计划、组织、领导和控制等环节都做到严谨、慎重、认真、理性，使组织的各个成员严格按照规定，实现组织目标。

制度严格化并不意味着完全不宽松或不自由，只有在满足企业大局的前提下，充分尊重每一个人，才能让员工在完成自己工作的同时，开发出更大的潜能。因此，制度严格化需要在严格与人性化之间找到平衡点，既要确保制度的有效执行，又要避免过度控制导致员工的不满和抵触情绪；既要了解员工的需求和心理，又要制定严格的制度来规范行为。这种结合可以通过灵活的制度设计来实现，即在制度框架内给予员工一定的自主权，满足他们的个性化需求。

（3）手段智能化。一是技术手段的辅助（Technical Means Aided）。通过引入先进的技术和工具，如虚拟个人助理（VPA）、机器人流程自动化（RPA）等，极大地提高管理效率，同时实现管理的人性化、制度的严格化和手段的智能化。例如，用友公司通过这些技术帮助用户提高了财务共享服务中心的运作效率，并实现了管理三者共存和有机融合。二是无感考勤系统。利用 AI 技术实现更准确的考勤管理，减少人工考勤带来的错误率，同时通过数据分析为企业提供更全面的信息支持。这种技术手段不仅提高了管理的智能化水平，还在一定程度上体现人性化管理，因为员工不需要频繁打卡，减少了员工的困扰。三是信息化建设和精细化管理。加快信息化建设，打造"智能型"制度体系，可以在制度建设的基础上实现精细化管理。这种管理模式不仅强调制度的严格执行，还注重通过数据分析和智能化手段来优化管理流程。

企业可以在管理人性化、制度严格化和手段智能化之间找到平衡点，实现三者的共存和有机融合。这不仅有助于提高管理效率，还能增强员工的满意度和企业的竞争力。

章末案例

平安好医生："AI+医疗"，重塑企业管理新格局

一、企业简介

平安健康医疗科技有限公司（以下简称"平安好医生"）是中国领先的一站式医疗健康生态平台，致力于通过"移动医疗+AI"，为每个家庭提供一位家庭医生，为每位用户提供一份电子健康档案和健康管理计划。目前，平安好医生已经形成在线医疗、健康商城及健康互动等重点业务板块。平安好医生入选"2024 福布斯中国品牌价值系列评选"年度好品牌 Top 50。

二、以数据为舵，领航智能管理

在当今数字化时代，数据已成为推动医疗服务创新和提高效率的关键力量。平安好医生，作为国内领先的互联网医疗健康平台，正积极运用先进的算法和模型，对海量的用户数据进行深度挖掘，以发现疾病的发病趋势、用户群体的特征等有价值的信息。

1. 数据收集与整合

在数据收集与整合方面，平安好医生通过移动应用、在线平台、健康设备等多渠道收集用户的健康数据，包括生理指标、生活习惯、疾病史等，确保数据的全面性和准确性。随后将收集到的数据经过严格的清洗和整合

后，存储在平安好医生的数据库中，形成用户个人的健康档案。这些档案不仅详细记录了用户的健康状况，还通过 AI 技术进行分析，为用户提供个性化的健康建议。例如，基于用户的血糖、血压等生理指标数据，系统会为用户提供针对性的饮食和锻炼建议，帮助用户改善健康状况。

2. 数据分析

在数据分析方面，平安好医生运用先进的算法和模型，通过对用户健康数据的分析，实时追踪疾病的发病趋势。这些趋势分析并不仅仅限于传统的疾病监测，而是结合了用户的地理位置、生活习惯、年龄、性别等多维度信息，为疾病的预防和控制提供了更精准的数据支持。例如，通过分析用户的搜索记录和问诊数据，平台可以及时发现流感、手足口病等季节性传染病的发病高峰，并提前进行预警和防控。除了疾病的发病趋势，平安好医生还关注用户群体的特征分析。通过对用户数据的挖掘，平台可以了解不同用户群体的健康状况、疾病偏好、就医习惯等信息。这些信息对提高医疗服务的针对性和效率具有重要意义。例如，针对老年用户，平台可以推出更加便捷的线上问诊和药品配送服务；对于年轻用户，可以提供更为个性化的健康管理和疾病预防建议。这些信息不仅有助于提升医疗服务的精准性和效率，还为医疗研究和政策制定提供了重要的参考依据。为了更好地展示数据分析结果，平安好医生还提供了数据可视化功能。用户可以通过详细的健康报告和直观的图表、图形等形式，清晰地了解自己的健康状况和变化趋势。这种直观的数据展示方式，使用户更容易理解和接受健康建议，增强了健康管理的效果。

3. 数据共享与协作

在数据共享与协作方面，平安好医生还注重支持多用户共享健康数据，允许家庭成员或朋友相互了解对方的健康状况。用户还可以创建家庭群组，实现更便捷的数据管理和共享。这种数据共享机制不仅增强了家庭成员间的健康互动和关怀，还有助于及时发现和应对潜在的健康问题。此外，平安好医生还与众多医疗机构建立了紧密的合作关系，通过数据共享，实现了医疗资源的优化配置。例如，平安好医生可以将患者的电子病历、检查报告等数据与医疗机构进行共享，帮助医生更全面地了解用户的病情，制定更精准的治疗方案。

三、构建智慧平台，引领高效管理

平安好医生在医疗服务领域积极推行管理平台化战略，通过构建高效、智能的管理平台，为用户提供全方位、个性化的健康管理服务。平安好医生管理平台化战略的核心是打造一个集医疗咨询、健康管理、药品购买、健康保险等多功能于一体的综合性健康管理平台。该平台通过整合线上线下资源，为用户提供一站式的健康管理服务，旨在解决用户看病难、挂号难、预约难等问题。首先，平安好医生借助人工智能技术，实现了智能化医疗咨询功能。用户可以通过平台随时随地向医生咨询健康问题，获得专业的医疗建议。平台拥有全职线上医师上千名，签约医生达到5万多名，这为用户提供了及时、专业的医疗服务。其次，平台根据用户的个人健康数据、生活习惯等信息，为用户提供个性化的健康管理方案。通过数据分析，平台可以为用户推荐适合的健康饮食、锻炼计划等，帮助用户改善健康状况。再次，平安好医生与多家药品供应商合作，为用户提供便捷的药品购买服务。用户可以在平台上直接购买所需药品，享受快速配送服务。平台还提供药品真伪查询服务，确保用户购买到安全、有效的药品。最后，平安好医生还为用户提供健康保险服务，帮助用户降低医疗费用风险。用户可以在平台上选择适合自己的保险产品，享受全面的健康保障。

1. 塑造平台经济新动力

平安好医生管理平台化不仅是医疗服务的创新，更是平台经济在互联网医疗领域的生动体现。平台经济以数字技术为基础，通过数据驱动和平台支撑，实现资源的优化配置和高效利用。平安好医生正是抓住这一趋势，成功地将平台经济的理念应用于医疗健康管理领域。

（1）形成庞大的医疗生态系统。平安好医生作为一个综合性健康管理平台，会聚了医生、用户、药品供应商等多方参与者，形成了一个庞大的医疗生态系统。在这个平台上，各方参与者可以便捷地交流、合作和交易，实现了医疗资源的共享和优化配置。

（2）提供个性化健康管理服务。平安好医生通过数据驱动的方式，为用户提供个性化的健康管理服务。平台收集和分析用户的健康数据，结合AI技术，为用户提供精准的健康建议、用药指导和疾病预警等服务。这种基于数据的健康管理方式，不仅提高了医疗服务的效率和精准度，也提升了用户的体验和满意度。

（3）推动医疗服务的创新与发展。平安好医生还利用平台经济的优势，推动医疗服务的创新和发展。通过与医疗机构、药品供应商等合作伙伴的紧密合作，平台不断引入新的医疗技术和服务模式，为用户提供更加全面、便捷、高效的医疗服务。

2. 构筑平台治理新体系

平安好医生在管理平台化的过程中，充分认识到平台治理的重要性，并进行了深入实践与探索。

（1）平台准入条件。平安好医生对平台上的医生、药品供应商等合作伙伴实施了严格的准入机制。通过审核医生的执业资格、专业背景和服务质量，确保医生具备提供高质量医疗服务的能力。同时，对药品供应商进行资质审核和产品质量检查，确保平台上的药品安全、有效。

（2）规则体系。平安好医生明确了平台上的各方参与者的权利和义务。这些规则包括医生的服务标准、药品的质量要求、用户的权益保障等，为平台的公平、有序运行提供了有力保障。

（3）用户反馈。平安好医生建立了用户反馈机制。用户可以通过平台对医生的服务、药品的质量等方面进行评价和反馈，平台会及时收集、整理用户反馈，并根据反馈结果进行改进和优化。这种用户反馈机制不仅提升了用户体验，也促进了平台服务的不断完善。

（4）数据安全和隐私保护。平安好医生通过建立完善的数据安全管理制度和技术防护措施，确保用户数据的安全和隐私得到保护。在技术层面，平安好医生采用多种先进的防护措施确保用户数据的安全。首先，通过 SSL/TLS 等加密技术对传输的数据进行加密，以防止数据在传输过程中被截获或篡改。其次，对于存储的数据，平安好医生也采用了相应的加密技术，确保即使数据被非法获取，也无法被轻易解密。最后，为了进一步保护用户的隐私权，平安好医生对用户的敏感信息进行了匿名化处理。通过脱敏和匿名技术，使敏感信息与具体用户不再直接关联，从而降低了数据泄露的风险。

（5）纠纷解决。平安好医生建立了纠纷解决机制。当平台上出现纠纷时，平台会积极介入，协助各方进行沟通和协商，力求达成公平、合理的解决方案。这种纠纷解决机制不仅保障了用户的权益，也维护了平台的稳定运行。

平安好医生管理平台化进行了深入的平台治理实践。通过建立严格的准入机制、制定明确的规则体系、建立用户反馈机制、强化数据安全和隐私保护，以及建立纠纷解决机制等措施，确保了平台稳定运行和用户权益得到保障。

3. 激发平台效应新势能

平安好医生平台在发展过程中，充分利用了网络效应和规模效应，推动了其业务的快速增长和市场份额的扩大。平安好医生拥有庞大的用户基数，注册用户数已突破 4 亿，如此庞大的用户基数为平台提供了丰富的社交资源和互动机会。通过在线问诊、健康咨询等服务，用户之间的互动频繁，增强了用户黏性和活跃度，进一步放大了网络效应。此外，平台提供的在线问诊、挂号预约购药等服务，极大地促进了用户之间的互动。用户可以在平台上分享自己的健康经验、咨询专业医生，形成一种正向的网络效应。最后，平安好医生充分利用其母公司平安集团的生态优势，与多个领域的合作伙伴建立了紧密的合作关系。这种生态建设不仅为用户提供了更加全面、便捷的服务，还增强了用户之间的连接，促进了信息的流通和共享，进一步强化了网络效应。

随着业务规模的扩大，平安好医生在成本控制和运营效率方面也取得了显著成效。通过优化供应链管理、提高运营效率等措施，企业有效地降低了成本，提升了盈利能力。这种规模效应的发挥，使平安好医生更具竞争力。此外，平安好医生在互联网医疗行业中占据了重要地位。随着其业务规模的不断扩大，其在行业中的市场份额也在逐步提升。这种市场份额的提升又进一步增强了其规模效应，有助于企业在竞争中保持领先地位。

四、AI 赋能，企业管理智能升级

平安好医生在医疗领域广泛运用 AI 技术，为用户提供更加高效、便捷、精准的服务。平安好医生对 AI 技术的具体应用包括智能导诊系统、智能辅助诊疗系统、远程医疗服务和个性化健康管理等。

平安好医生的智能导诊系统，通过自然语言处理技术，准确理解用户输入的病情描述，结合专业的医学知识库，为用户推荐合适的科室和医生。该系统拥有超过 3000 种疾病的诊断知识，能够判断上百种疾病和症状，大大提高了分诊的准确率，减少了用户由分诊错误导致的等待时间。

平安好医生开发的智能辅助诊疗系统，利用深度学习算法，结合用户的个体特征，为医生提供更精准的诊断和治疗建议。该系统能够迅速分析用户的病历、检查报告等文本信息，提取关键信息，辅助医生快速判断病症。例如，在肺癌筛查中，系统能够自动检测CT扫描图像中的肿瘤，并准确量化肿瘤的大小、位置和形态等指标，为医生提供重要的诊断依据。

平安好医生通过AI技术，实现了远程医疗服务。用户可以通过视频通话、在线问诊等方式，与医生进行远程交流，获取专业的医疗建议。在此过程中，AI技术可以帮助医生快速分析用户的病情，提供初步的诊断建议，有效缓解了偏远地区医疗资源不足的问题，提升了医疗服务的可及性。

平安好医生利用AI技术，对用户的健康数据进行分析，包括健康记录、基因组信息、生活方式等，为用户提供个性化的健康管理和治疗推荐。基于这些分析，系统可以为用户制定最佳的治疗方案，推荐合适的药品或保健品，提供个性化的健康管理建议。

这些应用不仅展示了平安好医生利用AI技术在管理方面的创新能力，也体现了AI技术在医疗领域的巨大潜力和价值。

五、结论与展望

平安好医生通过运用先进的算法和模型对海量用户数据进行挖掘和分析，建立高效、便捷的在线医疗服务平台，进行"AI+医疗"的实践与探索，不仅为用户提供了更加便捷、高效的医疗健康服务，还为企业带来了全新的管理变革和发展机遇。未来，平安好医生将继续发挥其在医疗健康领域的领先优势，推动AI技术在医疗健康领域的应用和发展，为人们的健康福祉作出更大的贡献。

参考文献

[1]徐蕾，赵悦.互联网+医疗行业影响因素及盈利模式研究——以"平安好医生"为例[J].经济研究导刊，2021(20)：22-25.

[2]李秀芝.转折关头的平安好医生[J].中国企业家，2020(11)：86-89.

［3］韩璐．平安好医生出圈［J］.21 世纪商业评论，2020(10)：68-71.

［4］刘青青．平安好医生上半年"超预期成绩单"：在线医疗逆市增长 106.8%，启动全面战略升级［J］.商学院，2020(9)：40-41.

本章小结

　　管理数据化、管理平台化和管理 AI 化是现代企业管理中的三个重要趋势，它们各自具有独特的优势和价值，可以帮助企业提高管理效率、优化资源配置、促进创新发展。随着技术的不断进步和应用场景的不断拓展，这些趋势将在未来的企业管理中发挥越来越重要的作用。然而，随着 AI 在企业管理中的应用越来越广泛，也带来了一些挑战和问题，如数据安全和隐私保护、AI 决策的透明度和可解释性、AI 技术的人才短缺等。因此，企业在应用 AI 技术时，需要综合考虑这些因素，制定合理的战略和计划。

参考文献

［1］Ballestar M T, Camina E, Díaz – Chao Á, et al. Productivity and Employment Effects of Digital Complementarities［J］. Journal of Innovation & Knowledge, 2021, 6(3): 177-190.

［2］Baryannis G, Validi S, Dani S, et al. Supply Chain Risk Management and Artificial Intelligence: State of the Art and Future Research Directions［J］. International Journal of Production Research, 2019, 57(7): 2179-2202.

［3］Buyya R, Yeo C S, Venugopal S, et al. Cloud Computing and Emerging IT Platforms: Vision, Hype, and Reality for Delivering Computing as the 5th Utility［J］. Future Generation Computer Systems, 2009, 25(6): 599-616.

［4］Ceccagnoli M, Forman C, Huang P, et al. Cocreation of Value in a Platform Ecosystem！The Case of Enterprise Software［J］. MIS Quarterly, 2012, 36(1): 263-290.

［5］Davenport T H, R. Artificial Intelligence for the Real World［J］. Harvard Business Review, 2018, 96(1): 108-116.

［6］Eisenmann T, Parker G, Alstyne M. Strategies for Two-sided Markets［J］. Harvard Business Review, 2006, 84(10): 92-101, 149.

［7］Evans D S. Governing Bad Behavior by Users of Multi-Sided Platforms［J］. Social Science Electronic Publishing, 2012, 41(11): 2119-2137.

［8］Francis J, Lafond R, Olssoni P, et al. The Market Pricing of Accruals Quality［J］. Journal of Accounting and Economics, 2005(2): 295-327.

［9］Kravet T, Shevlin T. Accounting Restatements and Information Risk［J］. Review of Accounting Studies, 2010(2): 264-294.

［10］Matheus C J, Chan P K. Systems for Knowledge Discovery in Databases［J］. IEEE Transactions on Knowledge and Data Engineering, 1993, 5(6): 903-913.

［11］Miller S M. AI：Augmentation，More So Than Automation［J］. Asian Management Insights，2018，5(1)：1-20.

［12］Nambisan S，Wright M，Feldman M. The Digital Transformation of Innovation and Entrepreneurship：Progress，Challenges and Key Themes［J］. Research Policy，2019，48(8)：103773.

［13］Schou P K，Bucher E，Waldkirch M. Entrepreneurial Learning in Online Communities［J］. Small Business Economics，2022，58(4)：2087 - 2108.

［14］Sillic M. Critical Impact of Organizational and Individual Inertia in Explaining Non-Compliant Security Behavior in the Shadow IT Context［J］. Computers & Security，2019，80：108-119.

［15］Tang J，Kacmar K M(MICKI)，Busenitz L. Entrepreneurial Alertness in the Pursuit of New Opportunities［J］. Journal of Business Venturing，2012，27(1)：77-94.

［16］Tiwana，Amrit，Konsynski，et al. Platform Evolution：Coevolution of Platform Architecture，Governance，and Environmental Dynamics［J］. Information Systems Research，2010，21(4)：675-687.

［17］Waller M A，Fawcett S E. Data Science，Predictive Analytics，and Big Data：A Revolution that will Transform Supply Chain Design and Management［J］. Journal of Business Logistics，2013，34(2)：77-84.

［18］Wilson H J，Daugherty P R. Collaborative Intelligence：Humans and AI are Joining Forces［J］. Harvard Business Review，2018，96(4)：114-123.

［19］Zhang X，Chu Z，Ren L，et al. Open Innovation and Sustainable Competitive Advantage：The Role of Organizational Learning［J］. Technological Forecasting and Social Change，2023，186：122114.

［20］Zlotowski J，Yogeeswaran K，Bartneck C. Can We Control It? Autonomous Robots Threaten Human Identity，Uniqueness，Safety，and Resources［J］. International Journal of Human-Computer Studies，2017，54：10048.

［21］安徽省政府发展研究中心与安徽省经信厅联合调研组．科大讯飞：核心技术驱动打造中国 AI 第一品牌［J］．决策，2022(1)：70-72.

［22］白永秀，李嘉雯，王泽润．数据要素：特征、作用机理与高质量

发展[J]. 电子政务, 2022(6): 23-36.

[23]白长虹. 创业、企业家精神与管理工具的演化[J]. 南开管理评论, 2018, 21(5): 1.

[24]本刊讯. 中远海运集团、招商局集团《财富》世界500强排名持续上升[J]. 中国航务周刊, 2022(32): 19.

[25]毕达天, 王福, 杜小民, 等. 短视频产业场景式服务及其价值创造路径研究[J]. 情报理论与实践, 2021, 44(2): 71-76.

[26]蔡昌, 马燕妮, 刘万敏. 平台经济的税收治理难点与治理方略[J]. 财会月刊, 2020(21): 120-127.

[27]蔡春花. 商业模式数字化与企业绩效——基于"互联网+"板块259家上市企业的实证研究[J]. 商业研究, 2022(2): 1-11.

[28]蔡翠红. 新科技革命与国际秩序转型变革[J]. 人民论坛, 2024(4): 8-13.

[29]蔡跃洲, 马文君. 数据要素对高质量发展影响与数据流动制约[J]. 数量经济技术经济研究, 2021, 38(3): 64-83.

[30]曹平, 吴世峰. 变革管理理论前沿述评[J]. 科技管理研究, 2016, 36(6): 205-209.

[31]陈纯, 任奎, 杨小虎, 等. 区块链与科学数据治理[J]. 科学通报, 2024, 69(9): 1137-1141.

[32]陈冬梅, 王俐珍, 陈安霓. 数字化与战略管理理论——回顾、挑战与展望[J]. 管理世界, 2020, 36(5): 220-236, 20.

[33]陈宏兵, 张彦超. 招商局集团服务国家大局推动时代进步[J]. 中国航务周刊, 2022(47): 36-41.

[34]陈剑, 黄朔, 刘运辉. 从赋能到使能——数字化环境下的企业运营管理[J]. 管理世界, 2020, 36(2): 117-128, 222.

[35]陈金晓. 人工智能驱动供应链变革——平台重构、生态重塑与优势重建[J]. 当代经济管理, 2023, 45(5): 50-63.

[36]陈秀英, 刘胜, 沈鸿. 以数字化转型赋能提升新质生产力[J]. 新疆社会科学, 2024(2): 41-45.

[37]陈英梅. 组织双元能力对技术跨越的影响机理研究——技术生态位中介作用及组织敏捷性调节作用[J]. 技术经济与管理研究, 2021(2):

15-18.

[38]陈泽楷，郭文星. 数字经济助推我国流通业高质量发展探讨[J]. 商业经济研究，2022(6)：24-27.

[39]陈志军，牛璐，刘振."技术立企"带动制造企业转型——海信集团的持续经营之道[J]. 管理学报，2022，19(12)：1733-1743.

[40]程豹，于晓彤，蒋建武. 持续导向型人力资源管理量表开发与验证研究[J]. 管理学报，2022，19(4)：534-544.

[41]崔淼，周晓雪. 克服组织惯性：数字化战略更新的实现及演进路径研究[J]. 科研管理，2022，43(10)：89-98.

[42]崔平，彭鸽. 数据要素参与分配：价值、困境与路径[J]. 上海经济研究，2022(6)：27-35.

[43]董香书，王晋梅，肖翔. 数字经济如何影响制造业企业技术创新：基于"数字鸿沟"的视角[J]. 经济学家，2022(11)：62-73.

[44]杜金玲，刘娅. 影视业股权激励动因及效果分析——以华策影视为例[J]. 中国管理信息化，2022，25(21)：129-131.

[45]甘迎春，王萦新. 基于领导力与专业技能融合的种业公司人才培养策略研究[J]. 分子植物育种，2024，22(2)：681-685.

[46]高驰. 牵手博世，赛力斯试图摆脱对华为的依赖[J]. 汽车与配件，2023(17)：58-59.

[47]高良谋，于也丁. 组织学习对开放式创新"导向—能力"关系影响研究[J]. 财经问题研究，2015(12)：95-103.

[48]高腾飞，陈刚，陈颖. 数字服务化视角下的企业管理变革：内在逻辑、动力基础与实践路径[J]. 贵州社会科学，2022(2)：135-143.

[49]管军，马迎新. 零售业数字化转型面临的挑战及对策研究[J]. 商业观察，2024，10(11)：25-28.

[50]郭吉涛，姚佳成. 数字经济与企业风险承担：管理自主权的调节效应[J]. 河海大学学报(哲学社会科学版)，2022，24(1)：83-91，112.

[51]郭润萍，龚蓉，陆鹏. 战略学习、组织敏捷性与机会迭代——基于数字化新创企业的实证研究[J]. 外国经济与管理，2024(7)：22-37.

[52]郭馨梅，陈思宁. 数字经济赋能流通业高质量发展的效应研究[J]. 价格理论与实践，2023(6)：93-98.

［53］郭一鹤．数字化转型对企业绩效的影响——以格力电器为例［J］．全国流通经济，2023(16)：53-56.

［54］韩璐．平安好医生出圈［J］.21世纪商业评论，2020(10)：68-71.

［55］何德旭，张昊，刘蕴霆．新型实体企业促进数实融合提升发展质量［J］.中国工业经济，2024(2)：5-21.

［56］何邓娇．企业智能化转型能够影响费用黏性吗？［J］.财会通讯，2024(4)：54-58.

［57］侯翠梅，苏杭．智能化转型对企业创新绩效的影响研究——基于数字化能力的视角［J］.工程管理科技前沿，2023，42(2)：83-89.

［58］侯阳阳．哈佛分析框架下四维图新战略研究［J］.老字号品牌营销，2024(7)：61-63.

［59］胡海波，毛纯兵，卢海涛，等．企业机会窗口打开过程：基于组织警觉的案例研究［J］.管理评论，2022，34(1)：228-241.

［60］华力创通：中国电信集采中标金额不便透露［J］.股市动态分析，2018(45)：30.

［61］黄欣荣．人工智能对人类劳动的挑战及其应对［J］.理论探索，2018(5)：15-21.

［62］惠宁，张林玉．数字经济驱动与文化产业高质量发展［J］.北京工业大学学报(社会科学版)，2024，24(2)：31-47.

［63］惠炜．人工智能与劳动收入份额——来自中国城市数据的经验证据［J］.北京工业大学学报(社会科学版)，2022，22(6)：99-112.

［64］贾军，薛春辉．区块链应用对客户关系治理与企业创新关系影响研究［J］.软科学，2022，36(8)：123-129.

［65］江积海．商业模式创新中"逢场作戏"能创造价值吗？——场景价值的理论渊源及创造机理［J］.研究与发展管理，2019，31(6)：139-154.

［66］姜琳琳．雅戈尔多元化的绩效研究［J］.会计师，2023(16)：20-22.

［67］姜中裕，吴福象．耐心资本、数字经济与创新效率——基于制造业A股上市公司的经验证据［J］.河海大学学报(哲学社会科学版)，2024，26(2)：121-133.

［68］蒋建林，陈建国，郑荣跃．工程项目组织间壁垒问题分析——以

装配式建筑项目为例[J].软科学，2019，33(3)：106-110.

[69]蒋鑫，周轩.数字化成熟度模型：研究评述与展望[J].外国经济与管理，2024，46(1)：77-91.

[70]克劳斯·施布尔.第四次工业革命[M].李菁，译.北京：中信出版社，2016.

[71]赖黎捷，万博，李悦.场景、互动、消费：网购平台的权力特性与实现机制——以"得物App"为例[J].传媒论坛，2023，6(8)：38-40.

[72]蓝文永，黄香华，俞康慧.传统制造企业数字化转型过程的价值创造——以海康威视为例[J].财会月刊，2023，44(7)：135-141.

[73]李奥，施星语，马永斌.雅戈尔破解品牌内卷[J].企业管理，2024(3)：65-68.

[74]李碧珍.数字化如何助推体育用品制造业企业实现价值共创——基于安踏集团数字化转型的研究[J].福建师范大学学报(哲学社会科学版)，2024(2)：56-71，169.

[75]李国杰，程学旗.大数据研究：未来科技及经济社会发展的重大战略领域——大数据的研究现状与科学思考[J].中国科学院院刊，2012，27(6)：647-657.

[76]李佳琪.科大讯飞：AI虚拟人交互平台"扣响"元宇宙大门[J].科技与金融，2022(11)：13-16.

[77]李柯.格力电器数字化转型[J].财富时代，2024(2)：99-101.

[78]李莉.浅析掌阅科技图书短视频营销成功之道[J].视听，2020(5)：166-168.

[79]李廉水，石喜爱，刘军.中国制造业40年：智能化进程与展望[J].中国软科学，2019(1)：1-9，30.

[80]李凌.平台经济发展与政府管制模式变革[J].经济学家，2015(7)：27-34.

[81]李律成，曾媛杰，柯小俊.创新生态系统视角下企业数字化转型研究述评与展望[J].科技进步与对策，2024(13)：151-160.

[82]李群，朱明丽.不确定情境下价值观管理塑造组织韧性的机理研究——基于华为的案例分析[J].现代管理科学，2023(6)：106-115.

[83]李新丽，万寿义，程俊.企业社会责任承担影响信息风险

吗?——基于边界调节和中介传导的双重检验[J]. 管理学刊, 2022, 35(1): 142-158.

[84]李秀芝. 转折关头的平安好医生[J]. 中国企业家, 2020(11): 86-89.

[85]李岩. 赛力斯何以出圈——张兴海三次大跨界秘闻[J]. 创新世界周刊, 2023(6): 61-63.

[86]李永发, 李珂珂, 王四青. 资源整合视角下科技型企业商业模式演化机制与策略——基于四维图新的探索性案例研究[J]. 珞珈管理评论, 2023(6): 70-94.

[87]李玉倩. 三一重工数字化转型中价值创造研究[J]. 合作经济与科技, 2024(6): 111-113.

[88]李政, 廖晓东. 发展"新质生产力"的理论、历史和现实"三重"逻辑[J]. 政治经济学评论, 2023, 14(6): 146-159.

[89]李子林. 从理性互惠走向情感联结: 企业与社会组织可持续跨部门合作的形成机制[J]. 湖北社会科学, 2023(3): 59-67.

[90]连俊华, 董庆前. 数字经济、人力资本与产业结构升级关系研究——来自我国省级面板数据的经验证据[J]. 价格理论与实践, 2024(1): 135-139.

[91]梁国栋. 新一代企业智慧风险管理: 数字化与智能化[J]. 中国注册会计师, 2023(5): 107-112.

[92]梁继, 苑春荟. 数据生产要素的市场化配置研究[J]. 情报杂志, 2022, 4(4): 173-180.

[93]梁荣成. 中国的世界级领先企业华为人力资源管理之道[J]. 边疆经济与文化, 2024(4): 120-133.

[94]梁正, 余振, 宋琦. 人工智能应用背景下的平台治理: 核心议题、转型挑战与体系构建[J]. 经济社会体制比较, 2020(3): 67-75.

[95]林海芬, 陈梦雅, 曲廷琛. 组织学习视角行业惯例的演化过程案例研究[J]. 科研管理, 2022, 43(2): 137-148.

[96]林磊, 阮亦南. "平台化"的生产与消费: 短视频作为一种"情动"媒介[J]. 现代传播(中国传媒大学学报), 2024, 46(3): 148-160.

[97]林楠. 中贝通信打造第二主业[J]. 支点, 2023(4): 49-51.

［98］林憬．泛娱乐业态基于知识产权的价值创造模式研究——以华策影视为例［J］．吉林工商学院学报，2021，37（3）：26-31．

［99］林依达．华懋科技布局光刻胶业务谜团［J］．证券市场周刊，2021（38）：28-31．

［100］刘超然．背靠华为"扶不起"的拓维信息［J］．英才，2023（5）：42-44．

［101］刘海建，李纪琛，李颖，等．元宇宙移动互联下企业数字责任创新［J］．科研管理，2024，45（5）：65-74．

［102］刘娜．数字美食的实践者分析框架：以大众点评 App 为考察点［J］．新闻与写作，2024（1）：81-94．

［103］刘攀，李子琦，王红菊．数字化转型对供应链企业协同创新的影响研究［J］．郑州大学学报（哲学社会科学版），2023，56（3）：67-72，127．

［104］刘青青．平安好医生上半年"超预期成绩单"：在线医疗逆市增长106.8%，启动全面战略升级［J］．商学院，2020（9）：40-41．

［105］刘伟，卢泓方，于龙振，等．智能化转型、经济政策不确定性与制造业创新——基于创新动机视角［J］．广东财经大学学报，2024，39（3）：4-19．

［106］刘运国，金淞宇，范锶丹．网络招聘平台商业模式对企业价值的影响及机理研究——以 BOSS 直聘为例［J］．财会通讯，2024（10）：3-11．

［107］刘哲铭．大淘宝，大调整［J］．中国企业家，2022（2）：41-45．

［108］陆岷峰．新发展格局下数据要素赋能实体经济高质量发展路径研究［J］．社会科学辑刊，2023（2）：143-151．

［109］罗建强，蒋倩雯．数字化转型下产品与服务创新优先级演化分析——基于海尔智家案例［J］．科学学研究，2022，40（9）：1710-1720．

［110］罗瑾琏，李树文，唐慧洁，等．数字化生产力工具的创新突破条件与迭代过程：容智信息科技的案例研究［J］．南开管理评论，2023，26（5）：27-40，83．

［111］马鸿佳，林樾．数字平台企业如何实现价值创造？——遥望网络和海尔智家的双案例研究［J］．外国经济与管理，2023，45（9）：22-37．

［112］孟涛，周小柯．工业4.0时代生产新模式及管理创新探讨［J］．

现代管理科学，2017(8)：36-38.

［113］孟韬，李佳雷．数字经济时代下企业组织惯性的重构路径研究［J］．管理案例研究与评论，2020，13(2)：170-184.

［114］欧阳日辉．数据要素促进数字经济和实体经济深度融合的理论逻辑与分析框架［J］．经济纵横，2024(2)：67-78.

［115］潘慧．云从科技：人机协同 赋能行业应用［J］．广东科技，2023，32(2)：28-33.

［116］潘家栋，肖文．新型生产要素：数据的生成条件及运行机制研究［J］．浙江大学学报(人文社会科学版)，2022，52(7)：5-15.

［117］钱雨，孙新波，苏钟海，等．传统企业动态能力与数字平台商业模式创新机制的案例研究［J］．研究与发展管理，2021a，33(1)：175-188.

［118］钱雨，孙新波，孙浩博，等．数字化时代敏捷组织的构成要素、研究框架及未来展望［J］．研究与发展管理，2021b，33(6)：58-74.

［119］乔冰琴，段全虎，高翠莲．企业大数据分析挖掘及大数据 BI 工具应用实践［J］．会计之友，2021(24)：131-137.

［120］秦琳，张永军，康建朝．让高天赋学生获得适宜的教育——国际天才教育前沿研究、政策与实践启示［J］．人民教育，2022(10)：61-65.

［121］庆丽．实现平台经济公平竞争的挑战与对策分析［J］．理论探讨，2022(1)：146-151.

［122］曲亮，包冰乐．平台场域内中等收入人群"滑落"风险形成与治理机制——基于美团外卖骑手的案例研究［J］．管理案例研究与评论，2024，17(1)：36-55.

［123］任保平，贺海峰．中国数字经济发展的空间分布及其特征［J］．统计与信息论坛，2023(8)：28-40.

［124］任保平，李婧瑜．数据成为新生产要素的政治经济学阐释［J］．当代经济研究，2023(11)：5-17.

［125］任渊，李英健，王永生，等．AIops 智能运维在 IT 系统中的应用发展［J］．智能城市，2024，10(4)：4-7.

［126］沈文玮．论当代人工智能的技术特点及其对劳动者的影响［J］．当代经济研究，2018(4)：63-69.

［127］石达，曹庆贺．论数据驱动型企业滥用市场支配地位规制［J］．

财会月刊，2021(15)：140-149.

[128]束超慧，王海军，金姝彤，等．人工智能赋能企业颠覆性创新的路径分析[J]．科学学研究，2022，40(10)：1884-1894.

[129]宋建，王怡静．企业数字化转型是就业机遇还是替代危机：来自中国上市公司文本分析的证据[J]．中国软科学，2024(4)：131-143.

[130]苏敬勤，武宪云．数字化转型企业如何实现组织惯性重构[J]．南开管理评论，2024，27(2)：150-160.

[131]苏靖淇．Ka 宽带卫星通信市场的应用研究[J]．中国新通信，2020，22(19)：15-16.

[132]苏密．镧明稀土发布新一代冷热管理科技产品[J]．纺织服装周刊，2023(34)：25.

[133]孙国强，谢雨菲．区块链技术、供应链网络与数据共享：基于演化博弈视角[J]．中国管理科学，2023，31(12)：149-162.

[134]孙浩博，孙新波．智能互联环境下场景化服务对价值共创的影响[J]．东北大学学报(自然科学版)，2023，44(11)：1663-1672.

[135]斯考伯·罗伯特，伊斯雷尔·谢尔．即将到来的场景时代[M]．赵乾坤，周宝曜，译．北京：北京联合出版公司，2014.

[136]孙维章，宋文，孙莹．基于包容性创新的短视频平台商业模式研究——以快手为例[J]．财会通讯，2023(4)：164-170.

[137]孙新波，周明杰，张明超．数智赋能驱动场景价值创造实现机理——基于海尔智家和小米的案例分析[J]．技术经济，2022，41(12)：181-195.

[138]孙媛媛．拓维信息的算力突围[J]．小康，2023(24)：48-50.

[139]谭峰．中国巨石：一流专精特新企业的成长历程[J]．国资报告，2023(6)：105-108.

[140]谭丽平，丁水波．在非舒适区中创造舒适[J]．中国企业家，2023(12)：72-75.

[141]唐要家，王钰，唐春晖．数字经济、市场结构与创新绩效[J]．中国工业经济，2022(10)：62-80.

[142]陶飞，张辰源，刘蔚然，等．数字工程及十个领域应用展望[J]．机械工程学报，2023，59(13)：193-215.

[143]陶好飞，黄戈林，高超，等．领导干部领导力的内涵、实践与历史经验[J]．管理世界，2022，38(9)：16-31．

[144]特步321整合营销：跑步的味道[J]．中国广告，2022(5)：90-93．

[145]田根源．云计算技术在新能源汽车智能制造中的应用与发展[J]．储能科学与技术，2024，13(5)：1748-1750．

[146]汪旭晖，张其林．平台型网络市场中的"柠檬问题"形成机理与治理机制——基于阿里巴巴的案例研究[J]．中国软科学，2017(10)：31-52．

[147]王福，高化，刘俊华，等．场景如何基于供应链赋能商业模式创新？——快手和抖音的双案例研究[J]．管理案例研究与评论，2023，16(3)：275-290．

[148]王福，刘俊华，长青，等．场景链如何赋能新零售商业模式生态化创新？——海尔智家案例研究[J]．南开管理评论，2024(6)：1-22．

[149]王佳燕，李超平．组织敏捷性：概念、诊断与提升研究综述[J]．管理现代化，2018，38(6)：118-121．

[150]王建平．工业4.0战略驱动下企业平台生态圈构建与组织变革[J]．科技进步与对策，2018，35(16)：91-96．

[151]王娟娟，李玲，宋雪倩．数字经济对我国区域发展格局的影响[J]．西北民族大学学报(哲学社会科学版)，2023(3)：102-115．

[152]王琳，陈志军，崔子钰．数字化转型下知识耦合如何重构组织边界？——基于创业警觉的认知逻辑[J]．南开管理评论，2023(1)：1-17．

[153]王明国，吴龙乾．高新技术企业价值评估研究——以海康威视为例[J]．北方经贸，2023(4)：75-78．

[154]王鹏．电商企业多维度动态能力、企业战略定位与企业效益的互动关系[J]．商业经济研究，2022(16)：84-87．

[155]王蔷馨，李静，苏昕．商贸流通企业数字化转型的风险与防范[J]．商业经济研究，2024(5)：126-129．

[156]王诗桴，高廷帆，杨利宏．创新激励还是创新封杀？——基于大科技平台股权投资市场的微观证据[J]．管理世界，2023，39(9)：176-197．

[157]王涛，占小军，徐小凤．韧性领导力对员工行为的双刃剑效应研究[J]．管理学报，2024，21(3)：371-380．

［158］王铁骊．敏捷性组织的概念模型及其支持体系研究［J］．现代管理科学，2004（7）：46-47.

［159］王先林．平台经济领域强化反垄断的正当性与合理限度［J］．苏州大学学报（哲学社会科学版），2024，45（2）：73-84.

［160］王欣兰，石美琪．数字化转型如何驱动企业动态能力生成实现价值创造？——基于三一重工的纵向单案例研究［J］．财会通讯，2024（6）：153-159.

［161］王学欢，傅小龙．大模型时代人工智能技术的应用趋势——以云从科技从容大模型为例［J］．中国安防，2023（12）：53-58.

［162］王亚男，王昇．AI 时代饲料企业人力资源规划与财务管理协同发展研究［J］．中国饲料，2024（6）：89-92.

［163］王勇，吕毅韬，窦斌，等．互联网平台的主体责任与分类分级——基于公共物品的视角［J］．经济社会体制比较，2022（5）：27-37.

［164］王钰祺．国货品牌强强联手，2021"寻梦大唐 汉为观止"主题行摄之旅，助力比亚迪"向新而行"［J］．国际品牌观察，2022（8）：49-51.

［165］王子阳，罗浚知，魏炜．基于美团黑珍珠榜单的数字原生企业商业模式设计机制研究［J］．管理学报，2023，20（12）：1737-1749.

［166］韦影，宗小云．企业适应数字化转型研究框架：一个文献综述［J］．科技进步与对策，2021，38（11）：152-160.

［167］魏龙，刘嘉利，蔡培民．工业智能化与高技术产业全球价值链地位——基于社会网络分析视角［J］．软科学，2024（4）：1-13.

［168］魏平，王伟栋．中国巨石：提升玻纤绿色设计水平争做"双碳""零"跑者［J］．中国建材，2022（12）：72-75.

［169］吴慧敏．海康威视：全年归母利润有望挑战 160 亿~170 亿［J］．股市动态分析，2024（8）：42-43.

［170］吴俊杰，刘冠男，王静远，等．数据智能：趋势与挑战［J］．系统工程理论与实践，2020，40（8）：2116-2149.

［171］吴绍泽．新能源浪潮下广汽集团企业战略与价值创造研究［J］．现代营销（上旬刊），2023（3）：119-121.

［172］武立东，李思嘉，王晗，等．基于"公司治理—组织能力"组态模型的制造业企业数字化转型进阶机制研究［J］．南开管理评论，2023（9）：

1-27.

[173]武志强.改革赋能新发展：纵看央企核心竞争力增挡提速[J].国有资产管理，2023(8)：42-50.

[174]肖红军，沈洪涛，周艳坤.客户企业数字化、供应商企业 ESG 表现与供应链可持续发展[J].经济研究，2024，59(3)：54-73.

[175]肖雄.股东自己责任抑或替代责任？——以"德力西案"与"十三冶案"为切入点[J].安徽大学学报(哲学社会科学版)，2019，43(6)：139-147.

[176]谢鹏，马璐，韦依依，等.数字化领导力与组织创新：数字平台能力和环境竞争性的作用[J].经济与管理研究，2023，44(1)：129-144.

[177]谢伟丽，石军伟，张起帆.人工智能、要素禀赋与制造业高质量发展——来自中国 208 个城市的经验证据[J].经济与管理研究，2023，44(4)：21-38.

[178]谢卫红，李忠顺，李秀敏，等.数字化创新研究的知识结构与拓展方向[J].经济管理，2020(12)：184-202.

[179]谢新水.共享经济的负面表征及行政监管的有效性[J].理论与改革，2018(1)：162-172.

[180]熊鸿儒.我国数字经济发展中的平台垄断及其治理策略[J].改革，2019(7)：52-61.

[181]徐浩庆，马艳菲，杨晓雯.数字化转型对企业市场价值的影响研究[J].学习与探索，2024(3)：95-103.

[182]徐晋，张祥建.平台经济学初探[J].中国工业经济，2006(5)：40-47.

[183]徐静，李俊林.基于数据挖掘的重大错报风险识别和评估研究[J].财经理论与实践，2022，43(6)：79-85.

[184]徐雷，李政，郭晓玲.人工智能算法决策与企业研发"合谋"[J].中国软科学，2024(6)：214-224.

[185]徐雷，赵悦.互联网+医疗行业影响因素及盈利模式研究——以"平安好医生"为例[J].经济研究导刊，2021(20)：22-25.

[186]徐鹏，徐向艺.人工智能时代企业管理变革的逻辑与分析框架[J].管理世界，2020，36(1)：122-129+238.

［187］徐柔柔．剩余收益模型在信息技术行业的估值应用——以海康威视为例［J］．现代工业经济和信息化，2024，14（1）：168-171.

［188］徐伟呈，范爱军．数字金融、内驱机制与实体经济增长：基于实体企业金融化的研究视角［J］．山西财经大学学报，2022（1）：28-42.

［189］许延军．基于业务流程固化下的企业精细化管理模式［J］．经济研究导刊，2019（20）：8-9.

［190］许志勇，管威．数智时代企业内部控制优化策略探究［J］．财会通讯，2024（2）：128-133.

［191］杨国明．进击的"未来工厂"向智能制造要质量要增量［J］．施工企业管理，2024（5）：114-116.

［192］杨善林，李霄剑，张强，等．人工智能与管理变革［J］．中国管理科学，2023，31（6）：1-11.

［193］杨琰琰，曾豪．中国新能源汽车进口价格上涨对比亚迪营销策略的影响及对策研究［J］．价格月刊，2022（12）：36-40.

［194］杨阳．赛力斯：华为光环之下 未来路在何方［J］．股市动态分析，2023（13）：50-51.

［195］杨媛媛，王卫红．工业 4.0 时代企业品牌传播路径创新研究［J］．企业经济，2017，36（3）：29-33.

［196］姚利磊．字节跳动"白菜价"拯救掌阅科技［J］．英才，2021（1）：31-33.

［197］姚小涛，亓晖，刘琳琳，等．企业数字化转型：再认识与再出发［J］．西安交通大学学报（社会科学版），2022，42（3）：1-9.

［198］叶康涛，孙苇杭．会计软件采用与企业生产率——来自非上市公司的证据［J］．会计研究，2019（1）：45-52.

［199］易加斌，张梓仪，杨小平，等．互联网企业组织惯性、数字化能力与商业模式创新［J］．南开管理评论，2022，25（5）：29-42.

［200］尹西明，薛美慧，丁明磊，等．面向新质生产力发展的企业主导型产业科技创新体系：逻辑与进路［J］．北京理工大学学报（社会科学版），2024（5）：29-37.

［201］尹振涛，陈媛先，徐建军．平台经济的典型特征、垄断分析与反垄断监管［J］．南开管理评论，2022，25（3）：213-226.

[202]应倩.人工智能时代企业财务会计向管理会计转型的对策探讨[J].企业改革与管理,2022(12):130-132.

[203]俞立平,胡甲滨.高技术企业稳定创新与突击创新作用机制研究[J].云南财经大学学报,2024,40(5):98-110.

[204]岳宇君,顾萌.人工智能会改变制造企业的成本黏性吗?[J].东南大学学报(哲学社会科学版),2022,24(1):90-99,147.

[205]张华.数字经济下企业发展的机遇与挑战[J].商业经济研究,2018(24):101-104.

[206]张静,李华军,赵燕,等.资源拼凑、价值创造与后发企业颠覆性创新——基于广汽集团新能源汽车产业的案例分析[J].科技管理研究,2022,42(10):87-97.

[207]张军红,马淑贞.数字化让大显示"聚好看"访海信集团高级副总裁、聚好看科技股份有限公司总经理于芝涛[J].经济,2022(11):62-63.

[208]张龙鹏,李长乐.中国产业的全球价值链参与和地位:基于文献综述视角[J].科技管理研究,2022,42(8):111-118.

[209]张璐,薛慧耀,常雅荔,等.不法常可:如何突破组织惯例的路径依赖——基于资源能力视角的案例研究[J].科学学与科学技术管理,2023,44(2):56-74.

[210]张璐.大数据统计分析方法在经济管理领域中的应用[J].上海商业,2023(12):36-38.

[211]张娜,李志兰,牛全保.突发公共事件情境下组织敏捷性形成机理研究[J].经济管理,2021,43(3):161-176.

[212]张旺,白永秀.数据商品生产及其流通的政治经济学分析[J].当代经济研究,2024(5):5-16.

[213]张永庆,彭麟茜.C2B2C模式下潮流电商平台得物App竞争力分析[J].经营与管理,2022(10):46-51.

[214]张志鑫,郑晓明.数字领导力:结构维度和量表开发[J].经济管理,2023,45(11):152-168.

[215]张志学,管延军,田也壮,等.数字经济时代的领导力与组织创新专栏介绍[J].管理科学,2023,36(3):1-2.

[216]长青，黄荟婕，张璐，等．企业能力视角下价值主张形成机理研究——以小米公司为例[J]．科技进步与对策，2020，37(13)：102-111.

[217]赵发珍．图书馆治理数字化转型：理论内涵、内在机理及推进路径[J]．图书馆学研究，2023(3)：2-8.

[218]赵会会，孙国强，王莉．区块链+企业网络：交互融合前因探源——基于扎根理论和 FCM 方法[J]．经济问题，2024(1)：84-91.

[219]赵睿．工业 4.0 时代商业大数据技术智能供应链的模式研究[J]．商业经济研究，2018(6)：30-33.

[220]赵艺璇，钱庆乐，成琼文．关键核心技术创新视角下数实资源融合如何驱动企业生态位跃升？[J]．科技进步与对策，2024(6)：1-10.

[221]周佳慧.OEM 企业如何打破全球价值链的低端锁定——基于组织学习视角的探索性案例研究[D]．大连：东北财经大学，2022.

[222]郑彬，范鑫，尹茗，等．数字经济发展的经验、挑战与路径选择——以福建省为例[J]．科技管理研究，2023，43(23)：96-103.

[223]郑称德，于笑丰，杨雪，等．平台治理的国外研究综述[J]．南京邮电大学学报(社会科学版)，2016，18(3)：26-41.

[224]郑明璐，刘林澍，叶浩生．社会等级的进阶路径及其演化：来自比较研究的启示[J]．心理科学进展，2024，32(6)：951-964.

[225]郑志强，何佳俐．企业数字化转型对技术创新模式的影响研究[J]．外国经济与管理，2023，45(9)：54-68.

[226]周昊杨，刘洪．数字变革型领导力对员工数字化转型开放性的影响机制研究——一个被调节的中介模型[J]．软科学，2024(4)：89-94.

[227]周楠，蔡梦雨，许昕，等．平台治理的研究视角、方法与展望[J]．管理案例研究与评论，2023，16(6)：692-708.

[228]周炜，海伦贝尔·李，宗佳妮．企业战略变革影响组织韧性的效果与边界[J]．科研管理，2024，45(3)：105-112.

[229]周文，李吉良．国家竞争优势与中国式现代化[J]．东南学术，2024(3)：20-30.

[230]周文辉，胡蓉，杨筱卿．基于边界跨越的制造企业服务数字化转型：三一重工案例研究[J]．科学学研究，2024(7)：1472-1481.

[231]周文辉，周依芳，任胜钢．互联网环境下的创业决策、价值共创

与创业绩效［J］. 管理学报，2017，14(8)：1105-1113.

［232］周翼翔，姜文杰. 战略创业如何推动 AI 新创企业跨越式发展?——基于云从科技的案例研究［J］. 管理案例研究与评论，2021，14(3)：278-294.

［233］周永斌，和军，牛娟娟. 企业数字化转型、不确定性预期与实业投资［J］. 统计与决策，2024，40(11)：162-167.

［234］朱东云，褚建勋. 中国人工智能研究热点与趋势——基于中文社会科学引文索引(CSSCI)论文的分析［J］. 科技管理研究，2024，44(10)：1-12.

［235］朱克力. 新兴产业发展，如何行稳致远［J］. 检察风云，2024(8)：32-33.

［236］朱秀梅，林晓玥. 企业数字化转型：研究脉络梳理与整合框架构建［J］. 研究与发展管理，2022，34(4)：141-155.

［237］朱永跃，余莉花. 数字化领导力对制造业员工敏捷性的影响：基于认知—情感双路径视角［J］. 科技进步与对策，2024(6)：1-10.

［238］庄雷，王飞. 通信网络、金融发展与技术创新［J］. 山西财经大学学报，2020，42(10)：42-51.

［239］邹波，杨晓龙，刘昶. 基于大数据合作资产的场景化创新价值创造机制研究［J］. 科技进步与对策，2023，40(24)：1-9.